MANUEL
DU PERCEPTEUR
ET
DU CONTRIBUABLE.

AVIS IMPORTANT.

Toutes les Ordonnances relatives à la Loi du 28 avril 1816, qui seront rendues d'ici au 1er Janvier 1817, seront imprimées, même format et mêmes caractères, et seront délivrées *gratis*, feuille par feuille, à mesure qu'elles paraîtront dans le Bulletin des Lois, à l'acquéreur de ce volume; il lui suffira de faire parvenir, *franc de port*, aux sieurs GUILLAUME et Cie, le bon au porteur que l'on trouvera à la fin du volume.

DE L'IMPRIMERIE D'ABEL LANOE.

MANUEL
DU PERCEPTEUR
ET
DU CONTRIBUABLE,

CONTENANT :

1.º LA LOI DU 28 AVRIL 1816, conforme à l'édition de l'imprimerie Royale, dans laquelle on trouve *les dispositions réglementaires* sur les budgets de 1814, 1815 et 1816 ; les contributions directes, ordinaires et extraordinaires ; l'acquittement de l'arriéré ; les droits d'enregistrement, du sceau, du timbre et des hypothèques ; les retenues sur les traitemens ; la création et l'organisation d'une nouvelle caisse d'amortissement et d'une caisse de dépôts et consignations ; les droits sur les boissons, les cartes, le tabac ; les droits d'octroi ; le nouveau tarif des douanes, etc.

2.º LES ORDONNANCES DU ROI, concernant *les contributions directes et indirectes ; le timbre ; l'enregistrement ; les douanes ; le transit des soies du Piémont et de l'Italie ; les tabacs ; les acquits-à-caution ; les hypothèques ; les cautionnemens ; la liquidation de l'arriéré ; l'amélioration du sort du clergé ; la caisse d'amortissement ;* la caisse des dépôts et consignations ; les agens de change et courtiers ; les commissaires-priseurs ; *les permis de port d'armes ; les grains et farines,* etc., etc., etc.

3.º DES NOTES CONSIDÉRABLES renfermant *les dispositions des lois, décrets et réglemens* antérieurs *confirmés, modifiés ou abrogés par la loi du 28 avril,* et notamment *les tarifs de perception* DES CONTRIBUTIONS FONCIÈRE, PERSONNELLE ET MOBILIÈRE, DES PORTES ET FENÊTRES ET DES PATENTES, *les réglemens* concernant LE TIMBRE, L'ENREGISTREMENT, etc.

4.º TROIS TABLES, savoir : une *des titres, chapitres et paragraphes de la loi du 28 avril 1816 ;* une *des Ordonnances par ordre de date,* avec *les numéros du Bulletin* où se trouve chaque ordonnance ; enfin, une *Table alphabétique et raisonnée des matières,* très-détaillée.

Prix : 5 fr., broché, pour Paris, et 6 fr., franc de port.

———

PARIS,

GUILLAUME et Compagnie, rue Haute-Feuille, n.º 14.

LOI

SUR LES FINANCES.

A Paris, le 28 avril 1816.

LOUIS, par la grâce de Dieu, ROI DE FRANCE ET DE NAVARRE, à tous présens et à venir, SALUT.

Nous avons proposé, les chambres ont, avec des amendemens agréés par nous, adopté, et NOUS AVONS ORDONNÉ et ORDONNONS ce qui suit :

TITRE Ier.

Budget de 1814.

ART. Ier. Le budget des neuf derniers mois de 1814 est définitivement réglé en recettes, conformément à l'état A ci-annexé, à la somme de cinq cent trente-trois millions sept cent treize mille neuf cent quarante francs quatre centimes ;

En dépenses, conformément à l'état B ci-annexé, à la somme de six cent trente-sept millions quatre cent trente-deux mille cinq cent soixante-deux francs soixante-cinq centimes.

Il sera pourvu à l'excédant des dépenses par le mode déterminé au titre *de l'Arriéré.*

2. Le budget de 1814 est fermé.

Les recouvremens qui seroient encore faits sur cet exercice, seront réunis aux recettes de 1816, et viendront accroître ses ressources.

TITRE II.

Budget de 1815.

3. Le budget des recettes de l'année 1815 est fixé, con-

1 *

formément à l'état C ci-annexé, à sept cent cinquante-trois millions cinq cent dix mille francs.

Le budget des dépenses est réglé, conformément à l'état D ci-annexé, à la somme de huit cent quatre-vingt-trois millions neuf cent quarante-trois mille francs.

Il sera pourvu à l'excédant des dépenses par le mode déterminé au titre *de l'Arriéré.*

TITRE III.

Contributions extraordinaires de 1815.

Confirmation des Ordonnances du Roi, qui ont autorisé, pendant l'occupation militaire, des impôts extraordinaires, et régularisation des levées extraordinaires faites à la même époque.

4. L'ordonnance du 16 août 1815, qui a autorisé la levée d'un emprunt de cent millions, et toutes les autres ordonnances qui ont approuvé les impositions locales levées dans les départemens (1), par les autorités administratives, pendant l'occupation militaire, sont confirmées.

Les contribuables en retard sont tenus d'acquitter leur taxe dans les deux mois de la promulgation de la présente loi, sous les peines portées en ladite ordonnance et autres de droit.

5. Les impositions locales mentionnées en l'article précédent, qui ont été établies par voie de centimes additionnels aux contributions directes, ne seront perçues que jusqu'à concurrence des sommes nécessaires à l'acquittement des charges qui les ont nécessitées. À cet effet, une commission de six membres, nommée par le conseil général du département dans sa prochaine réunion, et présidée par le préfet, vérifiera et arrêtera tous les comptes. Le montant des dépenses sera réparti entre les contribuables primitivement imposés ; ceux qui auroient payé au-delà du contingent qui leur sera assigné par cette répar-

tition, seront remboursés de l'excédant sur les cotes des retardataires.

6. Dans les départemens où il a été fait, pendant l'occupation militaire de 1815, des réquisitions de guerre, soit en argent, soit en denrées, soit en marchandises, autres que celles énoncées en l'article 11, ou passé des marchés pour la fourniture de ces denrées ou marchandises, il sera formé une commission semblable à celle mentionnée en l'article précédent. Toutes les réclamations, accompagnées de pièces justificatives et de l'avis du sous-préfet, devront être transmises à cette commission avant le 15 août prochain pour tout délai. Elle vérifiera et arrêtera tous les comptes et marchés, et proposera, pour la régularisation, la répartition et le mode d'acquittement, des mesures qui, pour leur exécution, devront être autorisées par une ordonnance du Roi.

7. Les impositions mises ou à mettre pour acquitter ces dépenses extraordinaires, n'étant point assimilées aux contributions directes ordinaires, seront, en ce qui portera sur la contribution foncière des biens ruraux, moulins et usines, et nonobstant toute stipulation relative au paiement des contributions, de quelque nature que ce soit, par moitié à la charge des propriétaires, et par moitié à celle des fermiers à prix fixe, soit en argent, soit en denrées.

Quant aux colons, métayers ou cultivateurs de biens ruraux, à portion de fruits par partage avec les propriétaires, si, par leurs conventions, ces colons et métayers sont obligés au paiement de la contribution foncière ordinaire, ils supporteront la moitié du montant de ces impositions; et l'autre moitié sera à la charge des propriétaires : si, au contraire, par les conventions, les colons ne sont pas obligés au paiement de la contribution foncière ordinaire, le paiement en restera en totalité à la charge du propriétaire.

8. Outre les dix millions accordés par le Roi sur la liste civile, toutes les contributions directes arriérées et dûes au 1er. janvier 1815 seront employées en dégrèvement et secours pour les départemens qui ont le plus souffert pen-

dant l'occupation militaire de 1815. Le mode de répartition sera réglé par des ordonnances du Roi.

9. La réquisition de guerre levée extraordinairement en vertu de l'ordonnance du 16 août 1815, sera remboursée de la même manière que la dette arriérée.

10. Les mesures d'exécution de ce remboursement seront réglées par une ordonnance du Roi.

11. Les vingt millions avancés par les départemens pour l'habillement et l'équipement des troupes étrangères, seront acquittés par moitié dans les années 1816 et 1817, et portés aux budgets extraordinaires de ces deux années.

TITRE IV.

Acquittement de l'Arriéré.

12. Les créances antérieures au 1er. avril 1814, et les dépenses restant à acquitter sur le service des neuf derniers mois de 1814 et sur l'exercice de 1815, en excédant des recettes de ces deux exercices, seront réunies sous le titre d'*Arriéré antérieur au 1er. janvier 1816.*

13. Les créances arriérées pour lesquelles il n'a pas encore été délivré d'obligations, en exécution de la loi du 23 septembre 1814, continueront à être liquidées conformément aux lois existantes, et dans les formes déterminées par les ordonnances de Sa Majesté.

Elles porteront intérêt à cinq pour cent sans retenue, payable par semestre, à compter de la publication de la présente loi, quelle que soit l'époque de la liquidation.

Il sera délivré aux créanciers liquidés des reconnaissances du montant de leur liquidation ; ces reconnaissances ne seront pas négociables, et ne pourront être transportées que dans les formes déterminées par la loi pour les cessions d'obligations entre particuliers.

14. Les propriétaires de ces reconnaissances auront la faculté de les échanger contre des inscriptions de leur montant au grand-livre de la dette publique. Celles de ces reconnaissances qui n'auront pas été inscrites au grand-

livre, seront acquittées suivant le mode qui sera fixé dans la session de la Chambre de 1820.

15. Les lois des 20 mars 1813 et 23 septembre 1814 sont rapportées en ce qu'elles ont de contraire à la présente.

En conséquence, la vente des bois de l'Etat cessera d'avoir lieu, et les biens des communes non encore vendus seront remis à leur disposition , comme ils l'étaient avant lesdites lois.

TITRE V.

Fixation du Budget de 1816.

16. Le budget de 1816 est divisé en budget ordinaire et budget extraordinaire.

17. Le budget ordinaire comprend les dépenses publiques ordinaires et les recettes ordinaires qui doivent y subvenir.

Le budget extraordinaire comprend les charges extraordinaires résultant des traités et conventions du 20 novembre, et les recettes extraordinaires destinées à les acquitter.

18. La dépense ordinaire est réglée , conformément à l'état E annexé à la présente loi, à la somme de cinq cent quarante-huit millions deux cent cinquante-deux mille cinq cent vingt francs.

La recette ordinaire de l'année 1816 est fixée, conformément à l'état F annexé à la présente loi , à la somme de cinq cent soixante-dix millions quatre cent cinquante quatre mille neuf cent quarante francs.

19. La dépense extraordinaire de l'année 1816 est, conformément à l'état G annexé à la présente loi, fixée à la somme de deux cent quatre-vingt-dix millions huit cent mille francs.

La recette extraordinaire est réglée, conformément à l'état H ci-annexé, à la somme de deux cent soixante-neuf millions cent quarante mille sept cent vingt-un francs.

Le complément sera formé par l'excédant des recettes ordinaires énoncées en l'article précédent.

TITRE VI.

Contributions directes de 1816.

20. La contribution foncière, la contribution personnelle et mobilière, et la contribution des portes et fenêtres, seront perçues en 1816, en principal, sur le même pied qu'en 1815, et réparties dans les mêmes formes (2).

21. Les patentes continueront d'être établies et perçues comme en 1815 (3).

22. Les centimes additionnels aux quatre contributions directes, perçus en 1815, conformément aux tableaux annexés à la loi du 23 septembre 1814 (4), continueront de l'être en 1816.

23. Il sera prélevé, sur les cinquante centimes de la contribution foncière et de la contribution personnelle et mobilière, douze centimes pour les dépenses variables des départemens.

24. Sur ces douze centimes, dix seront immédiatement remis à la disposition des départemens, et employés suivant les ordonnances des préfets, qui seront tenus de se conformer aux budgets, tels qu'ils seront arrêtés par les conseils généraux, et approuvés par le ministre de l'intérieur. Les deux autres centimes seront à la disposition de ce ministre, pour venir au secours des départemens dont les dépenses variables excèdent le produit des centimes imposés dans le système des fonds communs.

25. La répartition et la sous-répartition de la contribution foncière et de la contribution personnelle et mobilière seront faites par les conseils généraux et par les conseils d'arrondissement.

26. La répartition et la sous-répartition de la contribution des portes et fenêtres seront faites, comme précédemment, par les préfets et sous-préfets.

27. Les traitemens fixes et remises des receveurs généraux et des receveurs particuliers, ainsi que les remises

des percepteurs à vie, seront imposés en sus dans les rôles des quatre contributions.

28. Il sera aussi, comme précédemment, imposé en sus cinq centimes au principal de la contribution foncière et de la contribution personnelle et mobilière de 1815, pour subvenir aux dépenses des communes. Il ne pourra, sous aucun prétexte, être fait de prélèvement sur ces cinq centimes.

Dans le cas où, ces centimes épuisés, la commune aurait à pourvoir à une dépense véritablement urgente, le maire, sur l'autorisation du préfet, convoquera le conseil municipal; la délibération, prise à la majorité des voix, sera adressée au préfet, qui la transmettra au ministre secrétaire d'état de l'intérieur, pour y être définitivement statué.

29. Les lois et réglemens sur le cadastre continueront d'être exécutés; néanmoins la nouvelle répartition entre les cantons cadastrés, ordonnée par l'art. 14 de la loi du 20 mars 1813 (5), sera suspendue pour 1816, de manière que tous les cantons cadastrés auront en principal les mêmes contingens qu'en 1813.

30. Les départemens qui, au moyen du dernier traité de paix, et des délimitations qui seront faites en conséquence, se trouveront éprouver une distraction de territoire, éprouveront aussi sur les contributions directes une diminution en raison de ces distractions.

31. Les biens qui ont cessé ou cesseront d'être dans la propriété ou possession de l'Etat, soit à titre de restitution, soit à titre de donation en majorat, ou de toute autre manière, accroîtront le contingent des communes où ils seront situés : ils seront, d'après une matrice particulière rédigée dans la forme accoutumée, cotisés comme tous les autres biens de même nature de la commune, ou, s'il n'en existe pas dans cette commune, comme ceux qui se trouveront dans les communes les plus voisines.

Les redevances sur les mines seront perçues comme par le passé.

32. Toutes contributions directes ou indirectes, autres que celles autorisées ou maintenues par la présente loi, à quelque titre et sous quelque dénomination que ce soit,

sont formellement interdites, à peine, contre les autorités qui ordonneroient, contre les employés qui confectionne-roient les rôles ou tarifs, et ceux qui en feroient le recou-vrement, d'être poursuivis comme concussionnaires.

33. Les demandes en décharge et réduction, remises et modérations sur les contributions foncière, personnelle et mobilière, portes et fenêtres, et patentes, continueront d'être instruites et jugées comme précédemment.

34. Il sera perçu extraordinairement en 1816,

1°. Cent dix centimes sur les patentes, y compris dix centimes pour frais de non-valeurs et dégrèvement;

2°. Cinquante centimes sur le principal des portes et fenêtres;

3°. Dix centimes sur le principal de la contribution per-sonnelle et mobilière.

Le paiement en sera fait par huitième, à compter du 1er. mai de la présente année.

35. Indépendamment des contributions autorisées par les articles ci-dessus, les conseils généraux de département pourront, avec l'approbation du ministre de l'intérieur, établir des impositions facultatives, dont le montant ne devra pas excéder cinq centimes du principal des contribu-tions foncière, personnelle et mobilière de 1816.

36. Les produits de ces contributions locales et extraor-dinaires seront recouvrés par les receveurs des contributions directes, et versés dans la caisse du receveur général du département, qui les tiendra à la disposition des départe-mens pour être employés comme il est spécifié à l'art. 24.

TITRE VII.

Droits d'Enregistrement, Hypothèques, Timbre, etc.

§. 1er. *Droits d'Enregistrement.*

37. A compter de la promulgation de présente la loi, et jusqu'à ce que l'acquittement des charges extraordinaires

soit terminé, les droits d'enregistrement, timbre et hypothèques, seront perçus avec les augmentations énoncées
aux articles suivans.

38. Tous actes judiciaires en matière civile, tous jugemens en matière criminelle, correctionnelle ou de police,
seront, sans exception, soumis à l'enregistrement sur les
minutes ou originaux.

Les greffiers ne seront personnellement tenus de l'acquittement des droits que dans les cas prévus par les art. 35
et 37 de la loi du 22 frimaire an VII. Ils continueront de
jouir de la faculté accordée par l'article 37, pour les jugemens et actes y énoncés (6).

Il sera délivré aux greffiers, par le receveur de l'enregistrement, des récépissés, sur papier non timbré, des extraits de jugement qu'ils doivent fournir en exécution
dudit article 37. Ces récépissés seront inscrits sur leurs répertoires.

39. Les jugemens des tribunaux en matière de contributions publiques ou locales, et autres sommes dues à
l'Etat et aux établissemens locaux, seront assujettis aux
mêmes droits d'enregistrement que ceux rendus entre particuliers.

40. Les héritiers, légataires et tous autres appelés à exercer des droits subordonnés au décès d'un individu dont
l'absence est déclarée, sont tenus de faire, dans les six mois
du jour de l'envoi en possession provisoire, la déclaration
à laquelle ils seroient tenus s'ils étoient appelés par effet
de la mort, et d'acquitter les droits sur la valeur entière
des biens ou droits qu'ils recueillent.

En cas de retour de l'absent, les droits payés seront res-
titués, sous la seule déduction de celui auquel aura donné
lieu la jouissance des héritiers.

Ceux qui ont obtenu cet envoi jusqu'à ce jour, sans avoir
acquitté les droits de succession, jouiront d'un délai de
six mois, à compter de la publication de la présente, pour
faire leur déclaration et payer les droits, sans être assujettis à l'amende.

41. Seront assujetties au droit fixe de cinquante centimes,

1.º Les significations d'avoué à avoué pour l'instruction des procédures devant les tribunaux de première instance ;

2º. Les assignations et tous autres exploits devant les prud'hommes.

42. Seront sujettes au droit fixe d'un franc, les significations d'avoué à avoué, devant les cours royales.

43. Seront sujets au droit fixe de deux francs,

1°. Les acquiescemens purs et simples ;

2°. Les actes de notoriété ;

3º. Les actes refaits pour nullité ou autre motif, sans aucun changement qui ajoute aux objets des conventions ou à leur valeur ;

4°. Les avis de parens ;

5º. Les autorisations pures et simples ;

6º. Les certificats de cautions et de cautionnemens ;

7°. Les consentemens purs et simples ;

8°. Les décharges également pures et simples et les récépissés de pièces ;

9°. Les déclarations aussi pures et simples en matière civile et de commerce.

10º. Les dépôts d'actes et de pièces chez les officiers publics.

11.º Les dépôts et consignations de sommes et effets mobiliers chez des officiers publics, lorsqu'ils n'opèrent pas la libération des déposans, et les décharges qu'en donnent les déposans ou leurs héritiers, lorsque la remise des objets déposés leur est faite ;

12º. Les désistemens purs et simples ;

13º. Les exploits et autres actes du ministère des huissiers qui ne peuvent donner lieu au droit proportionnel.

Sont exceptés les exploits relatifs aux procédures devant les juges de paix, les prud'hommes, les cours royales, la cour de cassation, et les Conseils de Sa Majesté, jusques et compris les significations des jugemens et arrêts définitifs, les déclarations d'appel ou de recours en cassation ; les significations d'avoué à avoué, et les exploits ayant pour objet le recouvrement des contributions directes ou indirectes, publiques ou locales ;

14°. Les lettres missives qui ne contiennent ni obligation, ni quittance, ni aucune autre convention donnant lieu au droit proportionnel ;

15°. Les nominations d'experts hors jugement ;

16°. Les procès-verbaux et rapports d'employés, gardes, commissaires, séquestres, experts et arpenteurs ;

17°. Les procurations et pouvoirs pour agir, ne contenant aucune stipulation ni clause donnant lieu au droit proportionnel ;

18°. Les promesses d'indemnités indéterminées et non-susceptibles d'estimation ;

19°. Les reconnoissances pures et simples ne contenant aucune obligation ni quittance ;

20°. Les résiliemens purs et simples faits par actes authentiques, dans les vingt-quatre heures des actes résiliés ;

21°. Les rétractations et révocations ;

22°. Les reconnoissances d'enfans naturels par acte de célébration de mariage.

44. Seront sujets au droit fixe de trois francs,

1°. Les adjudications à la folle enchère, lorsque le prix n'est pas supérieur à celui de la précédente adjudication ;

2°. Les compromis ou nominations d'arbitres, qui ne contiennent aucune obligation de sommes et valeurs donnant lieu au droit proportionnel ;

3°. Les déclarations ou élections de command et d'ami, lorsque la faculté d'élire un command a été réservée dans l'acte d'adjudication ou le contrat de vente, et que la déclaration est faite par acte public et notifiée dans les vingt-quatre heures de l'adjudication ou du contrat ;

4°. Les réunions de l'usufruit à la propriété, lorsque la réunion s'opère par acte de cession, et qu'elle n'est pas faite pour un prix supérieur à celui sur lequel le droit a été perçu lors de l'aliénation de la propriété ;

5°. Les titres nouvels et reconnaissance de rentes dont les contrats sont justifiés en forme ;

6°. Les connaissemens ou reconnaissances de chargemens par mer;

7°. Les exploits et autres actes du ministère des huissiers relatifs aux procédures devant les cours royales, jusques et compris la signification des arrêts définitifs :

Sont exceptées les déclarations d'appel et les significations d'avoué à avoué;

8°. Les transactions, en quelque matière que ce soit, qui ne contiennent aucune stipulation de sommes et valeurs, ni dispositions soumises à un plus fort droit d'enregistrement;

9°. Les jugemens définitifs des juges de paix rendus en dernier ressort, d'après la volonté expresse des parties, au-delà des limites de la compétence ordinaire, lorsqu'ils ne contiennent pas de dispositions donnant ouverture à un droit proportionnel supérieur;

10°. Les jugemens interlocutoires ou préparatoires, ordonnances et autres actes énoncés dans les n.°ˢ 6 et 7 du deuxième paragraphe de l'art. 68 de la loi du 22 frimaire an VII (7), lorsqu'ils auront lieu dans les tribunaux de première instance, de commerce ou d'arbitrage, et ne seront pas de l'espèce de ceux dont il sera parlé dans l'article suivant;

11°. Les significations d'avocat à avocat dans les instances à la cour de cassation et aux Conseils de Sa Majesté.

45. Seront sujets au droit fixe de cinq francs,

1°. Les exploits et autres actes du ministère des huissiers, relatifs aux procédures devant la Cour de cassation et les Conseils de Sa Majesté, jusques et compris les significations des arrêts définitifs :

Le premier acte de recours est excepté;

2°. Les contrats de mariage et actes de formation ou de dissolution de société, actuellement soumis au droit fixe de trois francs;

3°. Les partages de biens meubles et immeubles entre copropriétaires, à quelque titre que ce soit, pourvu qu'il en soit justifié.

4°. Les testamens et tous autres actes de libéralité qui

ne contiennent que des dispositions soumises à l'événement du décès, et les dispositions de même nature qui sont faites par contrat de mariage entre les futurs, ou par d'autres personnes ;

5°. Les jugemens des tribunaux civils prononçant sur l'appel des juges de paix ; ceux desdits tribunaux et des tribunaux de commerce ou d'arbitres, rendus en premier ressort, contenant des dispositions définitives qui ne donneraient pas lieu à un droit plus élevé ;

6°. Les arrêts interlocutoires ou préparatoires rendus par les cours royales, lorsqu'ils ne seront pas susceptibles d'un droit plus élevé, et les ordonnances et actes désignés dans les nos. 6 et 7 , deuxième paragraphe de l'article 68 de la loi du 22 frimaire an VII (8), devant les mêmes cours ;

7°. Les reconnoissances d'enfans naturels autrement que par acte de mariage ;

8°. Les actes et jugemens interlocutoires ou préparatoires des divorces.

46. Seront assujettis au droit fixe de dix francs,

1°. Les jugemens rendus en dernier ressort par les tribunaux de première instance ou les arbitres, d'après le consentement des parties, lorsque la matière ne comportait pas ce dernier ressort, sauf la perception du droit proportionnel, s'il s'élève au-delà de dix francs ;

2°. Les arrêts définitifs des cours royales dont le droit proportionnel ne s'éleverait pas à dix francs ;

3°. Les arrêts interlocutoires ou préparatoires de la Cour de cassation et des Conseils de Sa Majesté.

47. Seront sujets au droit fixe de vingt-cinq francs,

1°. Le premier acte de recours en cassation ou devant les Conseils de Sa Majesté, soit par requête, mémoire ou déclaration, en matière civile, de police simple ou de police correctionnelle ;

2°. Les arrêts des cours royales portant interdiction ou prononçant séparation de corps entre mari et femme ;

3°. Les arrêts définitifs de la Cour de cassation et des Conseils de Sa Majesté.

48. Seront sujets au droit fixe de cinquante francs,

1°. Les actes de tutelle officieuse ;

2°. Les jugemens de première instance admettant une adoption, ou prononçant un divorce*.

49. Seront sujets au droit fixe de cent francs,

1°. Les arrêts de cour d'appel confirmant une adoption ;

2°. Ceux qui prononceront définitivement sur une demande en divorce : s'il n'y a pas d'appel, ce droit sera perçu sur l'acte de l'officier de l'état civil.

5o. Seront soumises au droit de vingt-cinq centimes par cent francs, les lettres de change tirées de place en place, et celles venant de l'étranger ou des colonies françaises, lorsqu'elles sont protestées faute de paiement.

Elles pourront n'être présentées à l'enregistrement qu'avec l'assignation.

Dans le cas de protêt faute d'*acceptation*, les lettres de change devront être enregistrées seulement avant que la demande en remboursement ou en cautionnement puisse être formée contre les endosseurs ou le tireur.

Seront sujets au droit de cinquante centimes par cent francs, les cautionnemens de se représenter ou de représenter un tiers, en cas de mise en liberté provisoire, soit en vertu d'un sauf-conduit dans les cas prévus par le Code de procédure et par le Code de commerce, soit en matière civile, soit en matière correctionnelle ou criminelle.

51. Seront sujets au droit d'un franc par cent francs,

1°. Les abonnemens pour fait d'assurance ou grosse aventure :

Le droit sera perçu sur la valeur des objets abandonnés ;

En temps de guerre, il ne sera dû qu'un demi-droit ;

2°. Les actes et contrats d'assurance :

Le droit sera perçu sur la valeur de la prime ;

---

* Le divorce a été aboli par une loi du 8 mai 1816.

En temps de guerre, il n'y aura lieu qu'au demi-droit ;

3°. Les adjudications au rabais et marchés pour constructions, réparations, entretien, approvisionnemens et fournitures dont le prix doit être payé par le trésor royal, ou par les adminitrations locales, ou par des établissemens publics.

52. Le droit d'enregistrement des ventes d'immeubles est fixé à cinq et demi pour cent ; mais la formalité de la transcription au bureau de la conservation des hypothèques ne donnera plus lieu à aucun droit proportionnel.

53. Les droits des donations entre-vifs et des mutations qui s'effectuent par décès, soit par succession, soit par testament ou autres actes de libéralité à cause de mort, de propriété ou d'usufruit de biens meubles et immeubles entre époux, en ligne collatérale et entre personnes non parentes, seront perçus selon les quotités ci-après :

Pour les biens *immeubles*,

D'un époux à un autre époux, par donation ou testament, trois francs par cent francs ;

Des frères et sœurs à des frères et sœurs et descendans d'iceux, successions de neveux et nièces, petits-neveux et petites-nièces, dévolues à des oncles et tantes grands-oncles et grand'tantes, et autres parens au degré successible, cinq francs par cent francs ;

Entre toutes autres personnes, sept francs par cent francs ;

Pour les biens *meubles,*

Entre époux, un et demi pour cent ; entre frères, sœurs, oncles, tantes, neveux et nièces, et autres parens au degré successible, deux et demi pour cent ;

Entre toutes autres personnes, trois et demi pour cent.

Lorsque l'époux survivant ou les enfans naturels sont appelés à la succession, à défaut de parens au degré successible, il seront considérés, quant à la quotité des droits, comme personnes non parentes.

2

Lorsque les donations entre-vifs auront été faites par contrat de mariage aux futurs, il ne sera perçu que moitié du droit.

54. Dans tous les cas où les actes seront de nature à être transcrits au bureau des hypothèques, le droit sera augmenté d'un et demi pour cent, et la transcription ne donnera plus lieu à aucun droit proportionnel.

55. Il sera perçu, au profit du trésor royal, un droit d'enregistrement suivant le tableau ci-apès.

Aucune expédition desdites lettres-patentes ne pourra être délivrée par le conseil du sceau des titres, que le droit d'enregistrement n'ait préalablement été payé.

ETAT des Droits de sceau perçus par le Conseil du sceau des titres, et du Droit d'enregistrement proposé pour le compte du Trésor royal.

DATES des ordonnances	NATURE DES LETTRES-PATENTES SCELLÉES.	MONTANT du droit du sceau.	MONTANT du droit d'enregistr. proposé à 20 p. cent.
Ordonnances des 18 et 26 octobre 1814.	Renouvellement de lettres-patentes, portant confirmation du même titre et changement d'armoiries. . . . . { de comte.	100	20 fr.
	de baron.	50	10
	de chevalier.	15	3
	Collation du titre de duc.	»	5,000
	Collation du titre héréditaire de marquis, comte, vicomte et baron, lettres-patentes de chevalier et lettres de noblesse. . . . . { de marquis et comte.	6,000	1,200
	de vicomte.	4,000	800
	de baron.	3,000	600
	de chevalier.	60	12
	Lettres de noblesse.	600	120
	Grandes lettres de naturalisation.	gratis.	»
	Lettres de déclaration de naturalité.	100	20
	Lettres portant autorisation de se faire naturaliser ou de servir à l'étranger.	500	100
	Dispenses d'âge pour mariage.	100	20
	Dispenses de parenté pour le mariage.	200	40
Ordonnance du 25 déc. 1814.	Lettres portant renouvellement d'anciennes armoiries. . . . . { pour les villes de 1.re classe.	150	50
	pour les villes de 2.e id. . .	100	20
	villes et communes de 3.e id.	50	10
	Lettres accordant des armoiries aux villes qui n'en ont pas encore. . . . . { Les villes de 1.re classe. . .	600	120
	Celles de 2.e id.	400	80
	Celles de 3.e id.	200	40

56. L'article 42 de la loi du 22 frimaire an VII (9) continuera d'être exécuté : néanmoins, à l'égard des actes que le même officier aurait reçus, et dont le délai d'enregistrement ne seroit pas encore expiré, il pourra en énoncer la date, avec la mention que ledit acte sera présenté à l'enregistrement en même temps que celui qui contient ladite mention ; mais dans aucun cas l'enregistrement du second

acte ne pourra être requis avant celui du premier, sous les peines de droit.

57. Lorsqu'après une sommation extrajudiciaire ou une demande tendant à obtenir un paiement, une livraison, ou l'exécution de toute autre convention dont le titre n'aurait point été indiqué dans lesdits exploits, ou qu'on aura simplement énoncée comme verbale, on produira, aux cours d'instance, des écrits, billets, marchés, factures acceptées, lettres ou tout autre titre émané du défendeur, qui n'auraient pas été enregistrés avant ladite demande ou sommation, le double droit sera dû, et pourra être exigé ou perçu lors de l'enregistrement du jugement intervenu.

58. Il ne pourra être fait usage, en justice, d'aucun acte passé en pays étranger ou dans les colonies, qu'il n'ait acquitté les mêmes droits que s'il avait été souscrit en France et pour des biens situés dans le royaume ; il en sera de même pour les mentions desdits actes dans des actes publics.

59. Les droits de mutation établis par la présente loi ne seront perçus que sur les mutations qui surviendront après sa publication ; les lois antérieures s'appliqueront aux mutations effectuées jusqu'à ladite publication.

Quant aux actes, l'article 1er. de la loi du 27 ventôse an IX (10) continuera d'être exécutée.

§. II. *Des Hypothèques.*

60. Le droit d'inscription des créances hypothécaires sera d'un pour mille, sans distinction des créances antérieures ou postérieures à la loi du 11 brumaire an VII.

La perception de ces droits suivra les sommes et valeurs de vingt francs en vingt francs inclusivement, et sans fraction.

61. Les actes de transmission d'immeubles et droits immobiliers susceptibles de transcription, ne seront assujettis à cette formalité que pour un droit fixe d'un franc, outre le droit du conservateur, lorsque les droits en au-

ront été acquittés de la manière prescrite par les article 52 et 54 de la présente loi.

§. III. *Du Timbre et autres Droits.*

62. A compter de la promulgation de la présente loi, le droit du timbre ordinaire et extraordinaire pour les actes sera fixé ainsi qu'il suit :

	fr.	c.
Demi-feuilles de petit papier............	0	35.
Feuilles *Idem*.	0	70.
Feuilles de moyen papier...............	1	25.
Feuilles de grand papier...............	1	50.
Feuilles de dimensions supérieures.......	2	00.

63. Aucune expédition, copie ou extrait d'acte reçus par des notaires greffiers ou autres dépositaires publics, ne pourra être délivré que sur papier d'un franc vingt-cinq centimes.

Il n'est point dérogé à ce qui a lieu pour les certificats de vie des rentiers et des pensionnaires de l'Etat ou des administrations et établissemens publics (11).

64. Les droits du timbre proportionnel sur les effets de commerce seront augmentés des deux cinquièmes du montant fixé par l'article 10 de la loi du 13 brumaire an VII (12).

65. Toutes les affiches, quel qu'en soit l'objet, seront sur papier timbré, qui sera fourni par la régie, et dont le débit sera soumis aux mêmes règles que celui du papier timbré destiné aux actes.

Conformément à la loi du 28 juillet 1791 (13), ce papier ne pourra être de couleur blanche ; il portera le même filigrane que les autres papiers timbrés.

Le prix de la feuille portant vingt-cinq décimètres carrés de superficie, sera de dix centimes ; celui de la demi-feuille, de cinq centimes.

66. Les avis et autres annonces, de quelque nature et espèce qu'il soient, assujettis au timbre par la loi du 6 prairial an VII (14), qui ne sont pas destinés à être affichés, pourront être imprimés sur papier blanc.

Le prix de la feuille sera de dix centimes ; celui de la demi-feuille de cinq centimes ; celui du quart de feuille, de deux centimes et demi ; celui du demi-quart, cartes et autres de plus petite dimension, sera d'un centime.

Le papier sera fourni par la régie ; les cartes seront fournies par les particuliers, mais timbrées avant tout emploi.

67. La subvention du dixième ne sera point ajoutée aux droits de timbre énoncés aux cinq articles précédens.

68. Il est défendu aux imprimeurs de tirer aucun exemplaire desdites annonces, affiches ou avis, sur papier non timbré, sous prétexte de les faire frapper d'un timbre extraordinaire. Une ordonnance déterminera l'époque à laquelle l'approvisionnement de la régie permettra de faire exécuter le présent article.

69. La contravention d'un imprimeur à ces dispositions sera punie d'une amende de cinq cents francs, sans préjudice du droit de Sa Majesté de lui retirer sa commission.

Ceux qui seront convaincus d'avoir ainsi fait afficher et distribuer des imprimés non timbrés, seront condamnés à une amende de cent francs.

Les afficheurs et distributeurs seront, en outre, condamnés aux peines de simple police, déterminées par l'art 474 du Code pénal (15).

L'amende sera solidaire, et emportera contrainte par corps.

70. Les autres dispositions des lois du timbre relatives aux prospectus, catalogues de livres, tableaux et objets de science et journaux (16), continueront d'être exécutées. Celles qui concernent le timbre des journaux s'appliqueront à tous ouvrages, de quelque étendue qu'ils soient, qui paraîtraient, soit régulièrement, soit irrégulièrement par mois, par semaine, soit par numéros, quand même le service n'en serait pas régulier.

71. Il ne pourra, sous quelque prétexte que ce soit, être admis aucune espèce de papier au timbre en débet, et les receveurs seront poursuivis en recette de tous les

droits résultant du timbre des feuilles qui auront été frappées, sans qu'aucune dispense ou crédit accordé puisse être invoqué par eux.

72. Les livres de commerce qui, aux termes du Code de commerce, doivent être paraphés (17), seront timbrés, à tous les feuillets, d'un timbre spécial, et dont le prix sera, indépendamment du papier que les parties fourniront;

Pour les registres de papier petit ou moyen,

	fr.	c.
Par chaque feuillet, *recto* et *verso*	o	20
Pour les registres de grand papier	o	3o
Pour les registres de toutes autres dimensions supérieures	o	5o

Tous individus assujettis à tenir des livres par les lois et réglemens seront tenus de les faire timbrer, sous peine d'une amende de cinq cents francs pour chaque contravention. Ils seront néanmoins admis à présenter au *visa* pour timbre leurs livres actuels dans les trois mois de la promulgation de la présente loi, sans qu'il puisse être exigé d'amende pour contravention aux lois antérieures. Ils ne seront tenus que de faire timbrer la partie de leursdits livres ou registres qui se trouvera alors en blanc.

73. Le paraphe qui doit précéder l'usage d'un registre, sera enregistré moyennant un simple droit d'un franc.

74. Aucun livre assujetti au timbre par les lois ne pourra être produit en justice ou devant des arbitres, déposé à un greffe en cas de faillite, ni énoncé dans aucun acte, s'il n'est timbré, ou si l'amende n'a été acquittée.

Aucun concordat ne pourra être rédigé sans énoncer si les livres du failli sont revêtus des formalités ci-dessus, ni recevoir d'exécution avant que les amendes aient été payées.

75. Seront *solidaires* pour le paiement des droits de timbre et des amendes,

Tous les signataires, pour les actes synallagmatiques;

Les prêteurs et les emprunteurs, pour les obligations;

Les créanciers et les débiteurs, pour les quittances;

Les officiers ministériels qui auront reçu ou rédigé des actes énonçant des actes ou livres non timbrés.

76. Le recouvrement des droits de timbre et des amendes de contravention y relatives sera poursuivi par voie de contrainte; et, en cas d'oppositions, les instances seront instruites et jugées selon les formes prescrites par les lois des 22 frimaire an VII et 27 ventose an IX sur l'enregistrement (18).

En cas de décès des contrevenans, lesdits droits et amendes seront dus par leurs successeurs, et jouiront, soit dans les successions, soit dans les faillites ou tous autres cas, du privilége des contributions directes.

77. Les autres dispositions des lois, décrets et ordonnances, auxquelles il n'est pas dérogé par la présente loi, et qui régissent actuellement la perception des droits d'enregistrement, hypothèques, timbre, greffes, passeports, ports d'armes, et décime pour franc sur ceux de de ces droits qui n'en sont pas affranchis, sont et demeurent maintenues. Néanmoins, le droit sur les permis de port d'armes est réduit à quinze francs.

TITRE VIII.

Des traitemens.

78. Nul ne pourra cumuler en entier les traitemens de plusieurs places, emplois ou commissions, dans quelque partie que ce soit; en cas de cumul de deux traitemens, le moindre sera réduit à moitié; en cas de cumul de trois traitemens, le troisième sera en outre réduit au quart, et ainsi en suivant cette proportion.

Il n'est toutefois dérogé à aucune disposition des lois sur l'incompatibilité de certaines fonctions.

La réduction portée par le présent article n'aura pas lieu pour les traitemens cumulés qui seront au-dessous de trois mille francs.

79. A compter du 1.er janvier de la présente année, et jusqu'à ce qu'il en soit autrement ordonné, tous traitemens et salaires accordés à des fonctionnaires ou employés payés, soit par des fonds fournis par le trésor royal, soit par les recettes provenant de contributions publiques, directes ou indirectes dont ils sont agens; toutes remises accordées à des receveurs, percepteurs, payeurs, sur les sommes qu'ils reçoivent ou qu'ils payent pour l'Etat ou ses régies, seront assujettis à une retenue proportionnelle conforme au tarif ci-après :

Tarif des Retenues à opérer, à partir du 1er. janvier 1816, au profit du Trésor royal, sur tous les traitemens, appointemens et salaires payés sur les budgets ministériels, ou sur les fonds spéciaux ou recettes particulières des diverses Administrations ou Etablissemens publics.

SÉRIE des classes.	CLASSES DES TRAITEMENTS.			CENTIMES de retenue.	SÉRIE des classes.	CLASSES DES TRAITEMENTS.			CENTIMES de retenue.
	fr.		fr.	c.		fr.		fr.	c.
1re	de 501	à	1,000	1	18e	de 13,001	à	14,000	18
2e	de 1,001	à	1,500	2	19e	de 14,001	à	15,000	19
3e	de 1.501	à	2,000	3	20e	de 15,001	à	16,000	20
4e	de 2,001	à	2,500	4	21e	de 16,001	à	17,000	21
5e	de 2,501	à	3,000	5	22e	de 17,001	à	18,000	22
6e	de 3,001	à	3,500	6	23e	de 18,001	à	19,000	23
7e	de 3,501	à	4,000	7	24e	de 19,001	à	20,000	24
8e	de 4,001	à	4,500	8	25e	de 20,001	à	30,000	25
9e	de 4,501	à	5,000	9	26e	de 30,001	à	40,000	26
10e	de 5,001	à	6,000	10	27e	de 40,001	à	50,000	27
11e	de 6,001	à	7,000	11	28e	de 50,001	à	60,000	28
12e	de 7,001	à	8,000	12	29e	de 60,001	à	70,000	29
13e	de 8,001	à	9,000	13	30e	de 70,001	à	85,000	30
14e	de 9,001	à	10,000	14	31e	de 85,001	à	100,000	31
15e	de 10,001	à	11,000	15	32e	de 100,001	à	150,000	32
16e	de 11,001	à	12,000	16	33e	de 150,001	à	300,000	33
17e	de 12,001	à	13,000	17					

Ladite retenue sera faite sur les traitemens et portions de traitemens cumulés.

Sont seuls exceptés de la retenue prescrite par l'article précédent, les employés et salariés dont le traitement est au-dessous de cinq cents francs, et les militaires au-dessous du grade de sous-lieutenant.

TITRE IX.

Des Cautionnemens.

§. Ier. *Supplémens de Cautionnemens à fournir par les Comptables du Trésor.*

80. A partir du 1er. janvier 1816, les cautionnemens que les receveurs généraux ont fournis, d'après la loi du 2 ventôse an XIII, pour les recettes qu'ils font sur le produit de l'enregistrement, des domaines et des douanes (19) s'étendront aux recettes provenant des contributions indirectes, des tabacs, des sels, de la loterie, et généralement de tous les produits indirects.

Ce supplément sera fixé conformément à l'état annexé à la présente loi sous le n°. 1er. ainsi que le cautionnement primitif l'avait été par l'article 16 de la loi du 2 ventôse an XIII.

81. Les receveurs des arrondissemens autres que celui du chef-lieu du département (20), fourniront pour les mêmes produits, ainsi que pour l'enregistrement, les domaines et les douanes, un cautionnement qui est fixé par le tarif annexé sous le n°. 2.

82. Les cautionnemens des percepteurs sont fixés au douzième du montant total, en principal et centimes additionnels, des recettes qu'ils font sur les quatre contributions directes pour le compte du trésor, des départemens et des communes.

Dans les villes de Paris, Bordeaux, Marseille, Lyon, Montpellier, Nantes, Rouen, Lille, Strasbourg, Orléans, Toulouse, Amiens, Metz, Dijon, Caen, Rennes, Nîmes et Versailles, le cautionnemment des percepteurs ne sera que du quart en sus de celui auquel ils sont assujettis.

83. Les cautionnemens des receveurs des communes sont fixés au dixième de toutes les recettes qu'ils font pour le compte des communes.

84. Les cautionnemens des payeurs divisionnaires et des payeurs des départemens, sont fixés d'après l'état annexé à la présente loi sous le n°. 3.

85. Les inspecteurs, contrôleurs principaux, contrôleurs ambulans et contrôleurs de ville pour les contributions indirectes, employés des manufactures de tabacs, contrôleurs de navigation, contrôleurs de salines ou vérificateurs, seront tenus de fournir un cautionnement en numéraire d'après le tarif annexé à la présente loi sous le n°. 4.

86. Les cautionnemens des conservateurs des hypothèques seront augmentés et fixés conformément au tarif ci-joint, n°. 5.

87. Les divers agens de l'administration des douanes fourniront des cautionnemens ou des supplémens de cautionnement, conformément à l'état ci-joint, sous le n°. 6.

§. II. *Cautionnemens et Supplémens de Cautionnemens à fournir par les Officiers ministériels, Agens de change, Courtiers de commerce, et autres non Comptables du Trésor.*

88. Les cautionnemens des avocats à la cour de cassation, notaires, avoués, greffiers et huissiers à notre cour de cassation et dans les cours royales et tribunaux de première instance, tribunaux de commerce et justices de paix, sont fixés, en raison de la population et du ressort des tribunaux de la résidence de ces fonctionnaires, conformément au tarif annexé à la présente loi sous les numéros 7, 8 et 9.

89. Il pourra être établi, dans toutes les villes et lieux où Sa Majesté le jugera convenable, des commissaires-priseurs dont les attributions seront les mêmes que celles des commissaires-priseurs établis à Paris par la loi du 27 ventôse an IX (21).

Ces commissaires n'auront, conformément à l'article premier de ladite loi, de droit exclusif que dans le chef-lieu de leur établissement. Ils auront, dans tout le reste de l'arrondissement, la concurrence avec les autres officiers ministériels, d'après les lois existantes.

En attendant qu'il ait été statué par une loi générale sur les vacations et frais desdits officiers, ils ne pourront percevoir autres et plus forts droits que ceux qu'a fixés la loi du 17 septembre 1793.

90. Il sera fait, par le Gouvernement, une nouvelle fixation des cautionnemens des agens de change et courtiers de commerce : cet état sera réglé sur la population et le commerce des lieux où résident lesdits agens de change et courtiers, et portera les cautionnemens au *minimum* de quatre mille francs et au *maximum* de cent vingt-cinq mille francs.

91. Les avocats à la cour de cassation, notaires, avoués, greffiers, huissiers, agens de change, courtiers, commissaires-priseurs, pourront présenter à l'agrément de Sa Majesté des successeurs, pourvu qu'ils réunissent les qualités exigées par les lois. Cette faculté n'aura pas lieu pour les titulaires destitués.

Il sera statué, par une loi particulière, sur l'exécution de cette disposition, et sur les moyens d'en faire jouir les héritiers ou ayant-cause desdits officiers.

Cette faculté de présenter des successeurs ne déroge point, au surplus, au droit de Sa Majesté de réduire le nombre desdits fonctionnaires, notamment celui des notaires, dans les cas prévus par la loi du 25 ventôse an XI sur le notariat.

§. III. *Dispositions générales.*

92. Les cautionnemens et supplémens de cautionnemens demandés par la présente loi, seront versés au trésor, savoir : un quart en numéraire, un mois après la promulgation de la présente loi ; et les trois autres quarts, en obligations payables à la fin des mois de juillet, octobre et décembre 1816.

A l'égard des cautionnemens intégraux à fournir pour des créations de places nouvelles, ou pour des mutations, ils seront versés en numéraire avant l'installation des fonctionnaires.

93. L'intérêt des cautionnemens et des supplémens de cautionnemens continuera d'être payé, comme pour le cautionnement primitif, au taux et aux époques usités pour le passé.

94. Les fonds de tous les cautionnemens fournis jus-

qu'à ce jour ayant été remis au trésor, il demeure chargé de rembourser le capital lorsqu'il y aura lieu, et d'en payer les intérêts ainsi que ceux des supplémens et des cautionnemens nouveaux qu'il recevra en exécution de la présente loi.

L'intérêt des cautionnemens nouveaux sera fixé à quatre pour cent sans retenue.

95. Il sera pourvu au remplacement des fonctionnaires qui ne fourniraient pas les cautionnemens et supplémens de cautionnemens dans le délai ci-dessus fixé, ou qui manqueroient de s'acquitter aux époques déterminées ci-dessus.

96. Nul ne sera admis à prêter serment et à être installé dans les fonctions auxquelles il aura été nommé, s'il ne justifie préalablement de la quittance de son cautionnement.

97. La faculté conservée à des fonctionnaires de l'ordre judiciaire, employés des administrations civiles, receveurs des communes et comptables de deniers publics, de fournir tout ou partie de leurs cautionnemens en immeubles ou en rentes sur l'Etat, ne sera pas accordée à ceux qui seront nommés à partir de la publication de la présente loi. Ces cautionnemens devront, en conséquence, être fournis, à l'avenir, en numéraire pour la totalité.

TITRE X.

De la Caisse d'amortissement et de la Caisse des dépôts.

98. La caisse d'amortissement actuellement existante sera liquidée Les sommes dont elle est débitrice passeront à la charge du trésor, qui sera tenu de rembourser les capitaux et de payer les intérêts dans les cas et aux époques où il y aura lieu auxdits remboursement et paiement.

99. Il sera créé une nouvelle caisse d'amortissement, qui sera surveillée par six commissaires.

La commission de surveillance sera composée d'un

pair de France, président; de deux membres de la Chambre des députés; de celui des trois présidens de la cour des comptes qui sera désigné par le Roi; du gouverneur de la banque de France, et du président de la chambre de commerce de Paris.

Les nominations du pair de France, et des deux membres de la Chambre des députés seront faites par le Roi sur une liste de trois candidats présentés par la Chambre des pairs, et de six candidats présentés par la Chambre des députés.

Les nominations seront faites pour trois ans.

Les membres sortans seront rééligibles.

100. La caisse d'amortissement sera dirigée et administrée par un directeur général, auquel il pourra être adjoint un sous-directeur.

Il y aura un caissier responsable.

101. Le directeur général, le sous-directeur et le caissier seront nommés par le Roi. Les traitemens du directeur général, du sous-directeur et du caissier, seront fixés par le Roi, sur la proposition de la commission de surveillance.

102. Le directeur général sera responsable de la gestion et du détournement des deniers de la caisse, s'il y a contribué ou consenti.

Il ne pourra être révoqué que sur une demande motivée de la commission de surveillance directement adressée au Roi.

103. Le caissier sera responsable du maniement des deniers. Il fournira un cautionnement dont le montant sera réglé par une ordonnance du Roi, sur la proposition de la commission.

104. Le revenu des postes est exclusivement et immuablement attribué à la caisse d'amortissement.

Ce revenu sera versé par douzième, de mois en mois, à ladite caisse; si le produit de chaque mois ne s'élève pas au douzième de quatorze millions, la différence sera payée par le trésor, dans les quinze premiers jours du mois suivant.

Le caissier de l'administration des postes ne sera valablement libéré des sommes qu'il aura dû verser à la caisse d'amortissement, que par un récépissé du caissier de cette caisse.

105. Il sera versé, en outre, dans la première quinzaine de chaque mois, par le trésor royal, à la caisse d'amortissement, une somme de cinq cent mille francs.

106. Les versemens à faire en vertu des deux articles ci-dessus auront lieu, pour cette année, par huitième, à compter du 1er. mai 1816.

107. A mesure que lesdites sommes seront versées dans la caisse d'amortissement, l'emploi en sera fait en achats de rentes sur le grand-livre de la dette publique.

108. Les sommes qui rentreront par le paiement des semestres, seront également et immédiatement employées en achats de rentes.

109. Les rentes acquises par la caisse au moyen 1°. des sommes affectées à sa dotation, 2°. des arrérages desdites sommes, seront immobilisées, et ne pourront, dans aucun cas ni sous aucun prétexte, être vendues ni mises en circulation, à peine de faux et autres peines de droit contre tous vendeurs et acheteurs.

Lesdites rentes seront annullées aux époques et pour la quotité qui seront déterminées par une loi.

110. La caisse d'amortissement ne pourra recevoir aucun dépôt ni consignation de quelque espèce que ce soit.

Les dépôts, les consignations, les services relatifs à la Légion d'honneur, à la compagnie des canaux, aux fonds de retraite, et les autres attributions (l'amortissement excepté) confié à la caisse actuellement existante, seront administrés par un établissement spécial sous le nom de *Caisse de dépôts et consignations.*

111. Cet établissement est soumis à la même surveillance et aux mêmes règles de responsabilité et de garantie que la nouvelle caisse d'amortissement instituée par la présente loi.

Il sera organisé, par une ordonnance royale, sur la proposition des commissaires surveillans mentionnés en l'article 99 de la présente loi.

112. Tous les trois mois, les commissaires surveillans entendront le compte qui leur sera rendu de la situation de ces établissemens. Ce compte sera rendu public.

Ils vérifieront, toutes les fois qu'ils le jugeront utile, et au moins une fois par mois, l'état des caisses, la bonne tenue des écritures, et tous les détails administratifs.

113. La commission fera passer au directeur général les observations qu'elle jugera convenables, et qui cependant ne seront point obligatoires pour lui.

114. A la session annuelle des Chambres des Pairs et des Députés, le pair de France, comme commissaire du Roi, au nom de la commission et en présence du directeur général, fera un rapport aux deux Chambres sur la direction morale et sur la situation matérielle de ces établissemens.

Ce rapport et les tableaux dont il pourra être accompagné, seront rendus publics.

115. Il ne pourra, dans aucun cas, ni sous aucun prétexte, être porté atteinte à la dotation de la caisse d'amortissement. Ces établissemens sont placés, de la manière la plus spéciale, sous la surveillance et la garantie de l'autorité législative.

116. La condition mise par la loi du 5 décembre 1814 à la restitution des biens provenant d'émigrés, qui ont été cédés à la caisse d'amortissement (22), est révoquée : ces biens seront rendus aux propriétaires lorsqu'ils auront rempli les formalités prescrites par cette loi.

A l'égard des biens à restituer qui consisteraient en domaines engagés, la loi du 11 pluviôse an XII et le paragraphe second de l'article 15 de celle du 14 ventôse an VII sont rapportés (23). Les possesseurs réintégrés ne seront assujettis qu'à l'exécution des autres dispositions de cette dernière loi.

La présente disposition sera commune à tous les engagistes.

TITRE XI.

Crédit supplémentaire.

117. Il est ouvert au ministre des finances, pour le service de l'année 1816, un crédit de six millions de rente : en conséquence, le Gouvernement est autorisé à créer et à faire inscrire au grand-livre de la dette publique, à mesure des besoins, jusqu'à concurrence de ce crédit.

118. Ce crédit servira à pourvoir aux dépenses indispensables et imprévues, et au déficit qui pourroit exister entre les recettes et les dépenses, tant du budget ordinaire que du budget extraordinaire.

119. Le ministre des finances rendra compte, lors de la présentation du budget de 1817, de la réalisation et de l'emploi de tout ou partie de ce crédit, qui sera régularisé par la loi des finances de 1817.

120. Il est ouvert au même ministre un autre crédit semblable de six millions de rente, qui ne pourra être employé qu'à diminuer pour l'avenir, s'il y a lieu, les charges extraordinaires de l'Etat.

Le ministre des finances rendra compte, lors de la présentation du budget de 1817, des opérations qu'il aura pu faire en vertu du présent article.

TITRE XII.

121. Les dispositions des lois, décrets et ordonnances relatives aux perceptions concernant l'instruction publique, les postes et loteries, continueront d'être exécutées. Les lois, décrets et arrêtés qui seroient contraires à la présente, sont annullés.

122. Les comptes des dépenses de chaque ministère, qui doivent, conformément aux lois antérieures, être rendus chaque année, seront imprimés. Les comptes des années 1814 et 1815 seront présentés à la prochaine session des Chambres ; ceux de 1816 le seront à la session de 1817, et avant la présentation du budget de 1818.

ÉTAT A — à annexer à la loi.

BUDGET DÉFINITIF DE L'ANNÉE 1814.

ÉTAT B — à annexer à la loi.

RECETTES.

NATURE DES REVENUS.	BUDGET GÉNÉRAL.	RECETTES faites pendant les trois iers. mois de 1814.	RESTE. — RECETTES imputables sur les neuf derniers mois de 1814.
	f. c.	f. c.	f. c.
Contrib. directes.	265,165,898 11	25,666,228 62	239,499,669 40
Enreg. et domain.	87,021,741 25	14,178,185 39	72,843,555 86
Bois.	26,698,499 41	83,311 5	26,615,188 36
Douanes et sels.	48,351,369 69	4,183,383 99	41,167,985 70
Contribut. indirectes et tabacs.	61,010,521 66	12,138,527 34	48,881,994 32
Loterie.	»	»	»
Postes.	7,794,552 4	25,718 69	7,768,833 35
Salines de l'Est.	2,000,000	. . . .	2,000,000
Fonds de la ville de Paris.	2,136,000	. . . .	2,136,000
Recettes diverses.	6,576,447 11	2,785,066 87	3,791,380 24
Centim. extraord. de 1813 et 1814.	51,174,730 43	. . . .	51,174,730 43
Versem. du dom. extraordinaire.	9,515,500 00	. . . .	9,515,500
Transp. à l'exercice 1814, des recettes faites du 1er. avril 1814, au 1er. octobre 1815, sur les ex. 1813 et antér.	13,236,412 89	. . . .	13,236,412 89
	580,691,672 59	59,060,421 95	521,031,250 64

Transport à l'exercice 1814, de l'excédant des recettes faites sur les produits affectés au paiement de l'arriéré, comparativement aux dépenses faites sur les mêmes produits. (*Voir* l'état n°. 11.) . . . 12,084,689 40

TOTAL des recettes. 533,715,940 04

Complément à fournir au budget, transporté à l'arriéré {
Pour les paiemens restant à faire sur les neuf derniers mois 1814. 81,149,126 62
Pour l'excédant des dépenses sur les recettes faites par le trésor. 22,567,495 99
} 103,716,622 61

SOMME ÉGALE au montant des crédits. . . . 637,432,562 65

DÉPENSES.

DÉSIGNATION des MINISTÈRES et Services.	BUDGET GÉNÉRAL.	SOMMES PAYÉES dans le 1er. trimestre 1814.	MONTANT DES CRÉDITS — TOTAUX.	Pour les paiemens faits postérieurement au 1er. avril 1814, sur le serv. du 1er trim. 1814.	Pour les dépenses faites sur le service des 9 derniers mois 1814, du 1er. avril 1814 au 1er. octobre 1815.	Pour les sommes restant dues au 1er. octobre 1815; sur le service des neuf derniers mois 1814.
	fr.	f. c.	f. c.	fr.	fr. c.	f. c.
Liste civile.	15,510,000	. . . .	15,510,000	. . . .	15,510,000	»
Famille royale.	4,000,000	. . . .	4,000,000	. . . .	4,000,000	»
Ancienne liste civile.	172,000	172,000	»	»	»	»
Dép.tes du Gouv. provisoire.	200,000	. . . .	200,000	. . . .	200,000	»
Sénat et Chamb. des Pairs.	3,000,000	. . . .	3,000,000	. . . .	3,000,000	»
Corps législatif et Chamb. des Députés.	3,500,000	. . . .	3,500,000	769,308	2,720,718 15	9,973 85
Chancellerie.	18,114,019	112,757 48	18,001,261 52	4,208,976	12,401,055 43	1,391,230 69
Affaires étrang.	8,090,211	265,250 19	7,824,960 81	672,375	6,677,100 17	475,485 64
Intér. et Cultes.	85,000,000	689,183 51	84,310,816 49	12,000,000	53,792,408 07	18,518,408 42
Guerre.	380,063,658	101,403,037 75	278,660,620 27	28,189,879	221,012,624 62	29,458,116 35
Marine.	56,260,495	5,488,953 60	50,771,541 40	8,722,625	38,837,328 21	3,211,588 19
Police générale.	955,000	8,555	946,445	261,089	529,651 11	155,704 89
Finances et Trésor réunis.	16,526,000	121,310 53	16,404,689 47	2,599,340	11,945,291 84	1,860,057 73
Dette publique.	120,000,000	7,197,772 31	112,802,227 69	. . . .	89,733,666 33	23,068,561 36
Intérêts de cautionnemens.	6,000,000	. . . .	6,000,000	. . . .	6,000,000	»
Frais de négociations.	15,000,000	4,500,000	10,500,000	. . . .	7,500,000	3,000,000
Paiemens aux étrangers.	25,000,000	. . . .	25,000,000	. . . .	25,000,000	»
TOTAUX.	757,391,383	119,958,820 35	637,432,568 65	57,423,591	498,859,844 63	81,149,126 62

637,432,562 fr. 65 cent.

ÉTAT C
annexer à la loi.

BUDGET *des Recettes et Dépenses de l'année 1815.*

ÉTAT D
à annexer à la loi,

RECETTES.

NATURE DES REVENUS.	MONTANT des PRODUITS.
Contributions directes.	520,000,000 fr.
Enregistrement et domaines.	120,000,000
Bois.	
Douanes. . . . . . { Droits ordinaires.	25,000,000
{ Droits sur les sels.	35,000,000
Contributions { Droits généraux. . . . . 50,000,000 fr.	90,000,000
indirectes. { Tabacs. 40,000,000	
Loteries.	
Postes.	28,000,000
Salines de l'Est.	
Recettes diverses.	
TOTAL.	618,000,000

RECETTES EXTRAORDINAIRES.

	MONTANT des PRODUITS.
Produit de 5,500,000 francs de rentes vendues en mai et juin 1815, et appartenant à la Caisse d'amortissement.	55,510,000
Subvention extraordinaire de guerre, levée par ordonnance du Roi, du 16 août 1815.	100,000,000
TOTAL des Recettes ordinaires et extraordinaires. . . .	753,510,000
Complément à fournir au Budget, transporté à l'arriéré, . .	130,433,000
	883,943,000

DÉPENSES.

DÉSIGNATION des MINISTÈRES ET SERVICES.	BUDGET GÉNÉRAL.	MONTANT DES CRÉDITS	
		sur les produits de l'année.	EN VALEURS de l'arriéré.
Liste civile.	25,000,000 fr.	25,000,000 fr.	»
Famille royale.	8,000,000	8,000,000	»
Chambre des Pairs. . . , . . .	2,927,000	2,927,000	»
Chambre des Députés.	2,455,000	2,455,000	»
MINISTÈRES.			
Chancellerie.	19,700,000	19,700,000	»
Affaires étrangères.	8,500,000	8,500,000	»
Intérieur.	80,000,000	56,000,000	24,000,000 fr.
Guerre.	371,343,000	271,343,000	100,000,000
Marine (y compris la caisse des Invalides pour une somme de 2,500,000 fr.)	44,768,000	38,768,000	6,000,000
Police générale.	1,450,000	1,017,000	433,000
Finances.	17,800,000	17,800,000	»
Dette publique.	100,000,000	100,000,000	»
Intérêts de cautionnemens. . .	8,000,000	8,000,000	»
Frais de négociations.	14,000,000	14,000,000	»
TOTAL.	703,943,000	575,510,000	150,433,000

DÉPENSES EXTRAORDINAIRES.

DÉSIGNATION	BUDGET GÉNÉRAL.	sur les produits de l'année.	EN VALEURS de l'arriéré.
Payements aux étrangers. (Dépenses de solde, d'habillement, d'équipement et de remonte), ci	180,000,000	180,000,000	»
	883,943,000	753,510,000	130,433,000
		883,943,000	

BUDGET ORDINAIRE DE 1816.

Etat E.   Etat F.

DÉPENSES ORDINAIRES.		RECETTES ORDINAIRES.	
Dette pub. { Dette perpétuelle (5 pour o/o consolidés) . . . } Dette viagère. . . . . } Pensions. . . . . . . }	fr. 125,500,000	Contribut. directes. { Foncière, principal. .	fr. 172,132,000
Liste civile.	25,000,000	Personnelle et mobilière.	27,289,000
Famille royale (y compris un million voté par la loi du 28 mars 1816).	9,000,000	Portes et fenêtres . .	12,892,000
Chambre des Pairs.	2,000,000	Patentes .	15,416,000
Chambre des Députés . . .	700,000		227,729,000
Justice.	17,000,000		
Affaires étrangères (y compris un million cinq cent mille francs votés par la loi du 28 mars 1816). . . .	8,000,000	A déduire, pertes et non-valeurs 4,554,580	fr. 223,174,420
Intérieur (y compris cinq millions d'augmentation pour le clergé)	51,000,000	Douze centimes additionnels au principal des contributions foncière et personnelle, sur les cinquante centimes perçus en 1815, destinés aux dépenses départementales.	23,930,520
Dépenses départementales. .	23,930 520	Enregistrement et domaines .	114,000,000
Guerre.	180,000,000	Bois.	20,000,000
Marine (y compris la caisse des Invalides, pour un million neuf cent mille francs).	48,000,000	Sels.	35,000,000
Police générale	1,000,000	Produits divers , loteries , postes, salines de l'Est, etc.	29,000,000
Finances.	16,000,000	Contributions indirectes . .	67,350,000
Intérêts des ...tionnemens. .	8,000,000	Tabacs.	38,000,000
Frais de négociations. . . .	12,000,000	Douanes.	20,000,000
Fonds d'amortissement. . .	20,000,000		
Intérêts des obligations royales à échoir	1,122,000		
Total	548,252,520	Total	570,454,940

BALANCE { Les Recettes ordinaires sont de . . . . 570,454,940 fr. } Les Dépenses ordinaires sont de . . . 548,252,520

Différence 22,202,420

État G.   BUDGET EXTRAORDINAIRE DE 1816.   Etat H.

DÉPENSES EXTRAORDINAIRES		RECETTES EXTRAORDINAIRES.		
	fr.	*Centimes additionnels perçus comme en 1815.*		
1°. Contribution de guerre	140,000,000	1°. 38 cent. addit. sur le principal de la contribut. foncière, personnelle et mobil. .	fr. 75,779,980	
2°. Dépenses d'entretien de cent cinquante mille hommes . . .	130,000,000	10 centim. sur les portes et fenêtres. .	1,289,000	
3°. Paiement à la maison des comtes *de Bentheim* et *Steinfurth.*	800,000	5 centimes sur les patentes.	771,000	
4°. Remboursement de la moitié des vingt millions avancés par les départemens pour l'habillement et l'équipement des troupes étrangères . . .	10,000,000	A déduire, pertes et non-valeurs. . . .	77,839,980 1,556,799 }	fr. 76,283,181
5°. Secours accordés par le Roi aux départem. qui ont le plus souffert pendant l'occupation militaire de 1815. .	10,000,000	*Contributions et ressources extraordinaires.*		
		2°. 110 c. sur le montant total des patentes. .	fr. 17,805,700	
TOTAL . . .	**290,800,000**	50 c. sur le principal des portes et fenêtres.	6,446,000	
		10 c. sur le principal du personnel et mobilier	2,728,900	
		A déduire, pertes et non-valeurs	26,980,600 2,698,060 }	24,282,540
		3°. Cautionnemens.		50,633,000
		4°. Retenue sur les traitemens . . .		13,000,000
* 800,000 donnés par le roi.		5°. Abandon fait par le Roi, sur la liste civile, pour les départemens qui ont le plus souffert pendant l'occupation militaire de 1815 . .	*	10,000,000
200 000 par la famille royale.		6°. Augmentation sur les douanes. .		20,000,000
1,000,000		7°. Augmentation sur le timbre et l'enregistrement		26,000,000
		8°. Recouvr. à faire sur les biens des communes, vendus jusqu'à ce jour.		22,992,000
		9°. Recouvremens à faire sur les bois vendus jusqu'à ce jour.		12,950,000
		10° Recouvremens à faire sur les décomptes des domaines nationaux .		8,000,000
		11°. Prélèvement sur le crédit supplémentaire de 6 millions de rentes. .		5,000,000
				269,140,721
		Excédant des recettes ordinaires sur les dépenses ordinaires. .		22,202,420
		TOTAL		**291,343,141**

BALANCE. { Les recettes extraordinaires, y compris l'excédant des recettes ordinaires, sont de 291,343,141
{ Les dépenses extraordinaires sont de 290,800,000

DIFFÉRENCE en plus 543,141

(ÉTAT n° 1.) *ÉTAT des Cautionnemens des Receveurs généraux sur les Contributions directes et indirectes.*

DÉPARTEMENS.	CAUTIONNEMENS fournis par les receveurs généraux.	SUPPLÉMENS de cautionnement à fournir par les receveurs généraux sur les produits indirects.	TOTAUX.
	fr. c.	fr.	fr. c.
1. Ain.	156,141 »	30,000	186,141 »
2. Aisne.	372,199 »	100,000	472,199 »
3. Allier.	172,849 »	40,000	212,849 »
4. Alpes (Basses).	82,750 »	15,000	97,750 »
5. Alpes (Hautes). .	60,725 »	10,000	70,725 »
6. Ardèche.	117,916 »	30,000	147,916 »
7. Ardennes. . . .	202,608 »	80,000	282,608 »
8. Arriège.	80,399 »	20,000	100,399 »
9. Aube.	206,891 »	50,000	256,891 »
10. Aude.	224,375 »	50,000	274,375 »
11. Aveyron.	239,555 »	30,000	269,555 »
12. Bouches-du-Rhône.	491,749 »	80,000	571,749 »
13. Calvados. . . .	515,641 »	100,000	615,641 »
14. Cantal.	158,600 »	30,000	188,600 »
15. Charente. . . .	242,716 »	50,000	292,716 »
16. Charente-Infér. .	335,200 »	100,000	435,200 »
17. Cher.	135,941 »	35,000	170,941 »
18. Corrèze.	125,641 »	35,000	160,541 »
19. Corse.	26,964 »	10,000	36,964 »
20. Côte-d'Or. . . .	315,274 »	90,000	405,274 »
21. Côtes-du-Nord. .	207,466 »	100,000	307,466 »
22. Creuse.	102,607 »	25,000	127,607 »
23. Dordogne. . . .	256,449 »	40,000	296,449 »
24. Doubs.	157,266 »	25,000	182,266 »
25. Drôme.	161,820 »	25,000	186,820 »
26. Eure.	422,558 »	80,000	502,558 »
27. Eure-et-Loir. . .	326,966 »	40,000	566,966 »
28. Finistère. . . .	205,007 »	100,000	305,007 »
29. Gard.	240,866 »	100,000	540,866 »
30. Garonne (Haute).	301,136 »	100,000	401,136 »
31. Gers.	203,074 »	25,000	228,074 »

DÉPARTEMENS.	CAUTIONNEMENS fournis par les receveurs généraux.	SUPPLÉMENS de cautionnement à fournir par les receveurs généraux sur les produits indirects.	TOTAUX.
	fr. c.	fr.	fr. c.
32. Gironde.	546,053 »	100,000	646,053 »
33. Hérault.	335,499 »	85,000	420,499 »
34. Ille-et-Vilaine. .	247,891 »	120,000	367,891 »
35. Indre.	130,425 »	30,000	160,425 »
36. Indre-et-Loire. .	232,040 »	60,000	292,040 »
37. Isère.	301,216 »	60,000	361,216 »
38. Jura.	169,799 »	50,000	219,799 »
39. Landes.	96,624 »	25,000	121,624 »
40. Loir-et-Cher. . .	186,003 »	30,000	216,003 »
41. Loire.	219,266 »	40,000	259,266 »
42. Loire (Haute). .	126,408 »	20,000	146,408 »
43. Loire-Inférieure.	268,057 »	130,000	398,057 »
44. Loiret.	299,151 »	130,000	429,151 »
45. Lot.	166,301 »	20,000	186,301 »
46. Lot-et-Garonne. .	283,109 »	50,000	333,109 »
47. Lozère.	72,233 »	25,000	97,233 »
48. Maine-et-Loire. .	325,441 »	50,000	375,441 »
49. Manche.	421,533 »	130,000	551,533 »
50. Marne.	324,274 »	80,000	404,274 »
51. Marne (Haute). .	186,499 »	80,000	266,499 »
52. Mayenne. . . .	233,116 »	50,000	283,116 »
53. Meurthe.	242,033 »	100,000	342,033 »
54. Meuse.	201,949 »	80,000	281,949 »
55. Mont-Blanc. . .	108,766 »	»	108,766 »
56. Morbihan. . . .	188,766 »	120,000	308,766 »
57. Moselle.	251,174 »	100,000	351,174 »
58. Nièvre.	172,632 »	50,000	222,632 »
59. Nord.	608,833 »	150,000	758,833 »
60. Oise.	366,357 »	100,000	466,357 »
61. Orne.	291,958 »	60,000	351,958 »
62. Pas-de-Calais. .	424,383 »	100,000	524,383 »
63. Puy-de-Dôme. .	301,450 »	50,000	351,450 »
64. Pyrénées (Basses).	149,774 »	100,000	249,774 »
65. Pyrénées (Hautes).	75,833 »	30,000	105,833 »

DÉPARTEMENS.	CAUTIONNEMENS fournis par les receveurs généraux.		SUPPLÉMENS de cautionnement à fournir par les receveurs généraux sur les produits indirects.	TOTAUX.	
	fr.	c.	fr.	fr.	c.
66. Pyrénées-Orient.	82,291	»	50,000	152,291	»
67. Rhin (Bas). . . .	322,375	»	100,000	422,375	»
68 Rhin (Haut). . .	259,227	06	100,000	559,227	6
69. Rhône.	369,624	»	150,000	519,624	»
70. Saône (Haute). .	185,253	»	50,000	255,253	»
71. Saône-et-Loire. .	355,182	»	60,000	415,182	»
72. Sarthe.	316,250	»	70,000	586,250	»
73. Seine.	1,268,741	»	»	1,268,741	»
74. Seine-Inférieure.	734,882	»	150,000	884,882	»
75. Seine-et-Marne. .	387,198	20	80,000	467,198	20
76. Seine et-Oise. . .	577,066	»	80,000	657,066	»
77. Sèvres (Deux). .	199,599	»	40,000	259,599	»
78. Somme.	447,299	»	60,000	507,299	»
79. Tarn.	214,566	»	30,000	244,566	»
80. Tarn et-Garonne.	198,895	»	40,000	258,895	»
81. Var.	198,991	»	100,000	298,991	»
82. Vaucluse. . . .	124,500	»	50,000	174,500	»
83. Vendée.	186,541	»	50,000	236,541	»
84. Vienne.	159,749	»	50,000	209,749	»
85. Vienne (Haute). .	132,624	»	50,000	182,624	»
86. Vosges.	163,558	»	60,000	223,558	»
87. Yonne.	242,566	»	80,000	322,566	»
TOTAUX.	22,528,452.	26	5,530,000	28,058,452.	26

[ÉTAT N°. 2.]

État des Cautionnemens des Receveurs particuliers.

DÉSIGNATION des DÉPARTEMENS.	ARRONDISSEMENS.	MONTANT des cautionnements fournis par les receveurs particuliers.	Supplément de cautionnement à fournir par les receveurs particuliers.	TOTAL.
		fr.	fr.	fr.
Ain	Trévoux	55,097	15,000	48,097
	Belley	25,457	10,000	55,457
	Nantua	12,542	10,000	22,342
	Gex	»	5,000	5,000
Aisne	Château-Thierry . .	50,281	15,000	65,281
	Saint-Quentin . .	55,901	20,000	75,901
	Soissons	60,951	20,000	80,951
	Vervins	50,072	20,000	70,072
Allier	Gannat	29,268	10,000	39,268
	La Palisse	54,750	10,000	44,750
	Montluçon	37,752	15,000	52,752
Alpes (Basses) . .	Barcelonnette . .	4,505	2,000	6,505
	Castellane	8,086	5,000	15,086
	Forcalquier . . .	18,454	10,000	28,454
	Sisteron	11,792	5,000	16,792
Alpes (Hautes) . .	Briançon	8,565	5,000	13,565
	Embrun	11,893	5,000	16,893
Ardèche	L'Argentière . . .	27,225	10,000	57,225
	Tournon	54,617	15,000	49,617
Ardennes	Rethel	44,125	15,000	59,125
	Rocroy	24,224	10,000	54,224
	Sedan	54,431	10,000	44,431
	Vouziers	46,708	10,000	56,708
Ariége	Pamiers	26,118	10,000	36,118
	Saint-Girons . . .	20,177	10,000	30,177
Aube	Arcis-sur-Aube . . .	24,553	10,000	34,553
	Bar-sur-Aube . .	28,600	10,000	58,600
	Bar-sur-Seine . .	36,100	10,000	46,100
	Nogent-sur-Seine .	24,810	10,000	34,810
Aude	Castelnaudary . .	47,554	20,000	67,554
	Limoux	58,887	15,000	53,887
	Narbonne	45,251	40,000	85,251

DÉSIGNATION des DÉPARTEMENS.	ARRONDISSEMENS.	MONTANT des cautionnemens fournis par les receveurs particuliers.	Supplément de cautionnement à fournir par les receveurs particuliers.	TOTAL.
		fr.	fr	fr.
AVEYRON	Espalion	33,945	15,000	48,945
	Milhau	40,227	15,000	55,227
	Saint-Affrique	35,577	15,000	50,377
	Villefranche	44,216	15,000	59,216
BOUC.-DU-RHÔNE	Aix	49,389	30,000	79,389
	Tarascon	44,329	25,000	69,329
CALVADOS	Bayeux	72,722	25,000	97,722
	Pont-l'Évèque	80,513	25,000	105,513
	Lisieux	80,568	25,000	105,568
	Falaise	49,579	15,000	64,579
	Vire	48,762	15,000	63,762
CANTAL	Saint-Flour	37,705	15,000	52,705
	Mauriac	51,846	15,000	46,846
	Murat	20,499	10,000	50,499
CHARENTE	Barbezieux	38,024	10,000	48,024
	Cognac	37,626	15,000	52,626
	Confolens	33,535	10,000	43,535
	Ruffec	28,018	10,000	58,018
CHARENTE-INFÉR.	Jonzac	58,402	20,000	78,402
	Saintes	68,105	25,000	93,105
	Marennes	31,474	15,000	46,474
	Rochefort	34,508	50,000	84,508
	St.-Jean-d'Angely	39,734	15,000	54,734
CHER	Saint-Amand	42,029	15,000	57,029
	Sancerre	31,112	10,000	41,112
CORRÈZE	Brives	47,354	15,000	62,354
	Ussel	17,571	10,000	27,571
CORSE	Bastia	1,097	1,000	2,097
	Calvi	2,987	1,000	5,987
	Corté	5,159	1,000	4,159
	Sartene	2,541	1,000	5,541
CÔTE-D'OR	Beaune	88,078	40,000	128,078
	Châtillon	52,458	15,000	47,458
	Semur	45,965	20,000	65,965

DESIGNATION des DÉPARTEMENS.	ARRONDISSEMENS.	MONTANT des cautionnemens fournis par les receveurs particuliers.	Supplément de cautionnement à fournir par les receveurs particulier.	TOTAL.
		fr.	fr.	fr.
CÔTES-DU-NORD	Lannion.	28,283	10,000	38,285
	Dinan.	56,607	15,000	51,607
	Loudéac.	26,445	10,000	36,445
	Guingamp.	54,745	15,000	49,743
CREUSE	Aubusson	50,514	15,000	45,514
	Bourganeuf	10,484	5,000	15,484
	Boussac	14,481	5,000	19,481
DORDOGNE	Bergerac.	68,131	25,000	93,131
	Nontron.	32,689	15,000	47,689
	Riberac.	36,049	15,000	51,049
	Sarlat	41,275	20,000	61,275
DOUBS	Baume.	32,911	15,000	47,911
	Pontarlier.	26,002	10,000	36,002
	Saint-Hippolyte.	15,002	10,000	25,002
DRÔME	Die.	26,560	10,000	36,560
	Montélimart.	25,800	10,000	35,800
	Nyons.	13,100	5,000	18,100
EURE	Pont-Audemer.	85,553	20,000	105,553
	Louviers.	56,634	20,000	76,634
	Les Andelys.	64,732	20,000	84,732
	Bernay	75,584	20,000	95,384
EURE-ET-LOIR	Châteaudun	60,823	15,000	75,823
	Dreux.	67,260	15,000	82,260
	Nogent-le-Rotrou.	51,408	10,000	41,408
FINISTÈRE	Brest.	60,467	30,000	90,467
	Morlaix.	42,189	30,000	72,189
	Châteaulin.	26,975	10,000	56,975
	Quimperlé.	13,725	5,000	18,725
GARD	Alais	29,501	15,000	44,301
	Uzès	55,596	20,000	75,596
	Le Vigan	24,676	10,000	54,676
GARONNE (Haute)	Muret.	51,884	20,000	71,884
	Saint-Gaudens	49,964	15,000	64,964
	Villefranche.	51,788	20,000	71,788

DÉSIGNATION des DÉPARTEMENS.	ARRONDISSEMENS.	MONTANT des cautionnemens fournis par les receveurs particuliers.	Supplément de cautionnement à fournir par les receveurs particuliers.	TOTAL.
		fr.	fr.	fr:
GERS	Condom	46,470	15,000	61,470
	Lectoure	36,012	10,000	46,012
	Lombez	24,174	10,000	34,174
	Mirande	37,726	15,000	52,726
GIRONDE	Bazas	22,941	10,000	32,941
	Blaye	25,121	10,000	35,121
	La Réole	35,079	10,000	45,079
	Lesparre	17,275	10,000	27,275
	Libourne	61,461	40,000	101,461
HÉRAULT	Saint-Pons	21,929	5,000	26,929
	Béziers	112,027	40,000	152,027
	Lodève	37,521	15,000	52,521
ILLE-ET-VILAINE	Saint-Malo	45,939	35,000	80,939
	Fougères	29,269	10,000	39,269
	Vitré	31,634	10,000	41,634
	Redon	23,640	40,000	63,640
	Montfort	25,500	10,000	35,500
INDRE	Blanc	23,925	10,000	33,925
	Issoudun	24,187	10,000	34,187
	La Châtre	23,220	10,000	33,220
INDRE-ET-LOIR	Chinon	62,700	20,000	82,700
	Loches	36,193	15,000	51,193
ISÈRE	La Tour-du-Pin	51,469	20,000	71,469
	Saint-Marcellin	37,318	15,000	52,318
	Vienne	64,108	30,000	94,108
JURA	Saint-Claude	14,503	5,000	19,503
	Dôle	37,881	15,000	52,881
	Poligny	35,933	15,000	50,933
LANDES	Dax	31,221	10,000	41,221
	Saint-Sever	29,703	10,000	39,703
LOIR-ET-CHER	Romorantin	26,000	10,000	36,000
	Vendôme	54,798	15,000	69,798
LOIRE	Saint-Étienne	62,010	25,000	87,010
	Roanne	59,026	20,000	79,026

DÉSIGNATION des DÉPARTEMENS.	ARRONDISSEMENS.	MONTANT des cautionnemens fournis par les receveurs particuliers.	Supplément de cautionnement à fournir par les receveurs particuliers.	TOTAL.
		fr.	fr.	fr.
Loire (Haute) . .	Brioude	31,887	15,000	46,887
	Issengeaux. . . .	25,591	10,000	35,591
Loire-Inférieure.	Ancenis.. . . .	17,005	5,000	22,005
	Châteaubriant . .	19,342	5,000	24,342
	Paimbœuf	17,560	5,000	22,560
	Savenay.	44,689	30,000	74,689
Loiret	Gien	27,966	10,000	37,966
	Montargis. . . .	43,545	15,000	58,545
	Pithiviers	54,204	15,000	69,204
Lot.	Figeac.	46,104	15,000	61,104
	Gourdon. . . .	37,999	10,000	47,999
Lot-et-Garonne.	Marmande. . . .	74,299	25,000	99,299
	Nérac.	44,538	15,000	59,538
	Villeneuve-d'Agen.	65,832	20,000	85,832
Lozère.	Florac.	17,075	5,000	22,075
	Marvejols	22,549	10,000	32,549
Maine-et-Loire .	Baugé	46,418	15,000	61,418
	Beaupréau	54,416	15,000	69,416
	Saumur	77,508	20,000	97,508
	Segré	44,203	15,000	59,203
Manche.	Valognes. . . .	78,038	50,000	128,038
	Mortain. . . .	32,519	10,000	42,519
	Avranches. . . .	56,138	40,000	96,138
	Coutances . . .	82,341	30,000	112,341
	Cherbourg. . . .	44,260	25,000	69,260
Marne	Épernay	77,143	25,000	102,143
	Reims.	97,027	30,000	127,027
	Sainte-Ménéhould.	28,938	10,000	38,938
	Vitry-sur-Marne .	49,176	15,000	64,176
Marne (Haute). .	Langres. . . .	60,640	25,000	85,640
	Vassy.	44,708	20,000	64,708
Mayenne	Château-Gontier .	52,675	15,000	67,675
	Mayenne. . . .	88,500	30,000	118,500

DÉSIGNATION des DÉPARTEMENS.	ARRONDISSEMENS.	MONTANT des cautionnemens fournis par les receveurs particuliers.	Supplément de cautionnement à fournir par les receveurs particuliers.	TOTAL.
		fr.	fr.	fr.
MEURTHE	Château-Salins . .	39,867	15,000	54,867
	Lunéville	45,702	20,000	65,702
	Sarrebourg. . . .	22,043	15,000	37,043
	Toul	29,491	15,000	44,491
MEUSE.	Commercy. . . .	47,754	20,000	67,754
	Montmédy. . . .	36,211	15,000	51,211
	Verdun	44,392	20,000	64,392
MORBIHAN	Pontivi	34,671	15,000	49,671
	Ploermel.	32,843	10,000	42,843
	Lorient.	50,142	40,000	90,142
MOSELLE.	Briey	34,036	15,000	49,036
	Sarguemines. . .	41,996	15,000	56,996
	Thionville	47,053	15,000	62,053
	Sarrebruck. . . .	»	»	»
NIÈVRE	Château-Chinon. .	26,386	10,000	36,386
	Clamecy	36,916	15,000	51,916
	Cosne.	33,610	15,000	48,610
NORD	Avesnes.	50,190	20,000	70,190
	Dunkerque. . . .	60,669	50,000	110,669
	Cambrai	54,012	25,000	79,012
	Douai	91,786	40,000	131,786
	Hazebrouck . . .	60,702	25,000	85,702
OISE	Clermont	78,174	25,000	103,174
	Compiègne. . . .	65,572	20,000	85,572
	Senlis	76,282	20,000	96,282
ORNE.	Domfront	42,710	15,000	57,710
	Argentan	92,420	40,000	132,420
	Mortagne	72,066	50,000	102,066
PAS-DE-CALAIS . . .	Boulogne	37,870	50,000	87,870
	Saint-Omer . . .	56,665	25,000	81,665
	Béthune.	65,008	25,000	90,008
	Saint-Pol	42,733	15,000	57,733
	Montreuil	37,001	15,000	52,001

DÉSIGNATION des DÉPARTEMENS.	ARRONDISSEMENS.	MONTANT des cautionnemens fournis par les receveurs particuliers.	Supplément de cautionnement à fournir par les receveurs particuliers.	TOTAL.
		fr.	fr.	fr.
Puy-de-Dôme	Ambert	29,146	15,000	44,146
	Issoire	44,519	20,000	64,519
	Riom	61,595	25,000	86,595
	Thiers	28,338	15,000	43,338
Pyrénées (Basses)	Baïonne	22,792	50,000	72,792
	Mauléon	15,629	5,000	18,629
	Oléron	17,618	10,000	27,618
	Orthez	24,099	10,000	34,099
Pyrénées (Hautes)	Argelès	8,085	5,000	13,085
	Bagnères	18,589	10,000	28,589
Pyrénées-Orient.	Ceret	12,330	15,000	27,330
	Prades	17,615	15,000	52,615
Rhin (Bas)	Saverne	59,021	20,000	59,021
	Schelestadt	55,007	25,000	80,007
	Wissembourg	50,806	25,000	75,806
Rhin (Haut)	Altkirch	48,491	50,000	98,491
	Belfort	59,719	20,000	59,719
Rhône	Villefranche	68,431	30,000	98,431
Saone (Haute)	Gray	51,800	25,000	76,800
	Lure	39,767	20,000	59,767
Saone-et-Loire	Châlons	82,578	20,000	102,578
	Charolles	56,941	15,000	71,941
	Louhans	47,703	15,000	62,703
	Autun	39,773	15,000	54,773
Sarthe	La Flèche	58,422	25,000	83,422
	Mamers	85,560	30,000	115,560
	Saint-Calais	38,381	15,000	53,381
Seine	Saint-Denis	60,537	30,000	90,537
	Sceaux	59,088	25,000	84,088
Seine-Inférieure	Le Havre	118,298	50,000	168,298
	Yvetot	110,690	30,000	140,690
	Dieppe	104,016	40,000	144,016
	Neufchâtel	85,617	30,000	115,617

DESIGNATION des DÉPARTEMENS.	ARRONDISSEMENS.	MONTANT des cautionnemens fournis par les receveurs particuliers.	Supplément de cautionnement à fournir par les receveurs particuliers.	TOTAL.
		fr.	fr.	
SEINE-ET-MARNE .	Coulommiers . . .	52,045	20,000	72,04
	Fontainebleau . .	52,659	20,000	72,659
	Meaux	114,855	40,000	154,855
	Provins	56,317	20,000	76,317
SEINE-ET-OISE . .	Corbeil	71,706	20,000	91,706
	Étampes	71,830	20,000	91,830
	Mantes	56,456	15,000	71,456
	Pontoise	124,398	40,000	164,398
	Rambouillet . . .	78,889	30,000	108,889
SÈVRES (Deux) . .	Bressuire	41,159	10,000	51,159
	Melle	39,655	10,000	49,655
	Partenay	37,775	10,000	47,775
SOMME	Abbeville	97,752	30,000	127,752
	Doullens	40,728	15,000	55,728
	Péronne	73,154	25,000	98,154
	Montdidier . . .	57,728	20,000	77,728
TARN	Castres	61,040	25,000	86,040
	Gaillac	45,461	20,000	65,461
	Lavaur	38,869	15,000	53,869
TARN-ET-GARONNE .	Moissac	38,192	15,000	53,192
	Castel-Sarrazin . .	59,294	20,000	79,294
VAR	Grasse	34,960	15,000	49,960
	Draguignan . . .	46,052	20,000	66,052
	Brignoles . . .	36,570	15,000	51,570
VAUCLUSE	Apt	24,477	10,000	34,477
	Orange	24,093	10,000	34,093
	Carpentras . . .	18,925	10,000	28,925
VENDÉE	Fontenay . . .	76,581	20,000	96,581
	Sables-d'Olonne . .	47,128	30,000	77,128
VIENNE	Châtellerault . . .	24,872	10,000	34,872
	Civray	20,411	10,000	30,411
	Loudun	25,657	10,000	35,657
	Montmorillon . . .	23,310	10,000	33,310

DÉSIGNATION des DÉPARTEMENS.	ARRONDISSEMENS.	MONTANT des cautionnemens fournis par les receveurs particuliers.	Supplément de cautionnement à fournir par les receveurs particuliers.	TOTAL.
		fr.	fr.	fr.
Vienne (Haute) .	Bellac	35,649	10,000	45,649
	Rochechouart. . .	16,976	5,000	21,976
	Saint-Yrieix . . .	15,675	5,000	20,675
Vosges	Mirecourt	30,901	15,000	45,901
	Neufchâteau . . .	30,312	15,000	45,312
	Remiremont . . .	14,833	10,000	24,833
	Saint-Dié	26,017	15,000	41,017
Yonne.	Avallon	27,555	10,000	37,555
	Sens	39,700	15,000	54,700
	Joigny	47,853	20,000	67,853
	Tonnerre	35,524	15,000	50,524
Total		11,813,862	4,806,000	16,619,862

[ÉTAT n.° 3.] *État général des Cautionnemens des Payeurs des Divisions, des Départemens et des Ports.*

DIVISIONS ET DÉPARTEMENS.	Cautionnemens actuels.	Supplémens.	TOTAUX.
PAYEURS DES DIVISIONS MILITAIRES.			
1.re Paris	133,200 f	49,400 f	182,600 f
2.e	58,800.	19,600.	78,400.
3.e	57,600.	24,200.	81,800.
4.e	43,200.	19,400.	62,600.
5.e	69,600.	28,200.	97,800.
6.e	55,200.	18,400.	73,600.
7.e	64,800.	21,600.	86,400.
8.e	64,800.	21,600.	86,400.
9.e	66,000.	22,000.	88,000.
10.e	66,000.	22,000.	88,000.
11.e	43,200.	19,114.	62,314.
12.e	66,000.	22,000.	88,000.
13.e	66,000.	27,000.	93,000.
14.e	62,400.	20,800.	83,200.
15.e	60,000.	25,000.	85,000.
16.e	84,000.	55,000.	117,000.
17.e	»	»	»
18.e	56,400.	23,800.	80,200.
19.e	52,880.	22,626.	75,506.
20.e	46,800.	15,600.	62,400.
21.e	48,000.	16,000.	64,000.
22.e	37,200.	12,400.	49,600.
Corse	33,600.	11,200.	44,800.
TOTAUX	1,355,680.	494,940.	1,850,620.

DÉPARTEMENS.	Cautionnemens actuels.	Supplémens.	TOTAUX.
PAYEURS DES DEPARTEMENS.			
1. Ain	9,000f	4,600f	13,600f
2. Aisne.	10,000.	5,000.	15,000.
3. Allier.	9,000.	4,600.	13,600.
4. Alpes (Basses).. . .	8,000.	4,000.	12,000.
5. Alpes (Hautes). . .	8,000.	4,100.	12,100.
6. Ardèche.	9,000.	4,600.	13,600.
7. Ardennes	9,000.	4,600.	13,600.
8. Arriége.	8,000.	4,100.	12,100.
9. Aube.	9,000.	4,600.	13,600.
10. Aude.	9,000.	4,600.	13,600.
11. Aveiron.	10,000.	5,000.	15,000.
12. Bouches-du-Rhône .	10,000.	5,000.	15,000.
13. Calvados.	10,000.	5,000.	15,000.
14. Cantal	9,000.	4,600.	13,600.
15. Charente.	10,000.	5,000.	15,000.
16. Charente-Inférieure.	10,000.	5,000.	15,000.
17. Cher..	9,000.	4,600.	13,600.
18. Corrèze.	9,000.	4,600.	13,600.
19. Corse (Ile de) . . .	8,000.	4,100.	12,100.
20. Côte-d'Or	10,000.	5,000.	15,000.
21. Côtes-du-Nord.. . .	10,000.	5,000	15,000.
22. Creuse.	9,000.	4,600.	13,600.
23. Dordogne.	10,000.	5,000.	15,000.
24. Doubs.	9,000.	4,600.	13,600.
25. Drôme..	9,000.	4,600.	13,600.
26. Eure..	10,000.	5,000.	15,000.
27. Eure-et-Loir.. . . .	9,000.	4,600.	13,600.
28. Finistère	10,000.	5,000.	15,000.
29. Gard.	9,000.	4,600.	13,600.
30. Garonne (Haute). .	10,000.	5,000.	15,000.
31. Gers..	9,000.	4,600.	13,600.
32. Gironde	10,000.	5,000.	15,000.
33. Hérault.	9,000.	4,600.	13,600.
34. Ille-et-Vilaine . . .	10,000.	5,000.	15,000.
35. Indre.	9,000.	4,600.	13,600.
36. Indre-et-Loire.. . .	9,000.	4,600.	13,600.
37. Isère.	10,000.	5,000.	15,000.
38. Jura..	9,000.	4,600.	13,600.

DÉPARTEMENS.	Cautionnemens actuels.	Supplémens.	TOTAUX.
39. Landes..	9,000 f	4,600 f	13,600 f
40. Loir-et-Cher. . . .	9,000.	4,600.	13,600.
41. Loire.	9,000.	4,600.	13,600.
42. Loire (Haute).. . .	9,000.	4,600.	13,600.
43. Loire-Inférieure . .	10,000.	5,000.	15,000.
44. Loiret	9,000.	4,600.	13,600.
45. Lot.	10,000.	5,000.	15,000.
46. Lot-et-Garonne. . .	10,000.	5,000.	15,000.
47. Lozère..	8,000.	4,100.	12,100.
48. Maine-et-Loire.. . .	10,000.	5,000.	15,000.
49. Manche.	10,000.	5,000.	15,000.
50. Marne	9,000.	4,600.	13,600.
51. Marne (Haute). . .	9,000.	4,600.	13,600.
52. Mayenne..	10,000.	5,000.	15,000.
53. Meurthe.	10,000.	5,000.	15,000.
54. Meuse.	9,000.	4,600.	13,600.
55. Mont-Blanc.. . . .	9,000.	»	9,000.
56. Morbihan.	10,000.	5,000.	15,000.
57. Moselle.	10,000.	5,000.	15,000.
58. Nièvre..	9,000.	4,600.	13,600.
59. Nord.	10,000.	5,000.	15,000.
60. Oise..	10,000.	5,000.	15,000.
61. Orne.	10,000.	5,000.	15,000.
62. Pas-de-Calais . . .	10,000.	5,000.	15,000.
63. Puy-de-Dôme.. . .	10,000.	5,000.	15,000.
64. Pyrénées (Basses) .	10,000.	5,000.	15,000.
65. Pyrénées (Hautes) .	8,000.	4,100.	12,100.
66. Pyrénées-Orientales.	8,000.	4,100.	12,100.
67. Rhin (Bas)	10,000.	5,000.	15,000.
68. Rhin (Haut). . . .	10,000.	5,000.	15,000.
69. Rhône.	10,000.	5,000.	15,000.
70. Saône (Haute).. . .	9,000.	4,600.	13,600.
71. Saône-et-Loire.. . .	10,000.	5,000.	15,000.
72. Sarthe.	10,000.	5,000.	15,000.
73. Seine.	»	»	»
74. Seine-Inférieure . .	10,000.	5,000.	15,000.
75. Seine-et-Marne.. . .	9,000.	4,600.	13,600.
76. Seine-et-Oise . . .	10,000.	5,000.	15,000.
77. Sèvres (Deux). . .	9,000.	4,600.	13,600.
78. Somme.	10,000.	5,000.	15,000.

DÉPARTEMENS. ET PORTS.	Cautionnemens actuels.	Supplémens.	TOTAUX.
79. Tarn..	9,000f	4,600f	13,600f
80. Tarn-et-Garonne.. .	9,000.	4,600.	13,600.
81. Var	9,000.	4,600.	13,600.
82. Vaucluse..	8,000.	4,100.	12,100.
83. Vendée.	9,000.	4,600.	13,600.
84. Vienne..	9,000.	4,600.	13,600.
85. Vienne (Haute) . .	9,000.	4,600.	13,600.
86. Vosges..	9,000.	4,600.	13,600.
87. Yonne..	10,000.	5,000.	15,000.
TOTAUX..	805,000.	402,500.	1,207,500.

PAYEURS DES PORTS.

	Cautionnemens actuels.	Supplémens.	TOTAUX.
Dunkerque..	20,640f	6,880f	27,520f
Le Havre.	29,040.	9,680.	38,720.
Cherbourg	24,000.	8,000.	32,000.
Brest.	45,600.	15,200.	60,800.
Saint-Servan	12,000.	4,000.	16,000.
Lorient..	33,600.	11,200.	44,800.
Rochefort.	42,000.	14,000.	56,000.
Bordeaux..	36,000.	12,000.	48,000.
Toulon..	45,600.	15,200.	60,800.
Nantes..	19,200.	6,400.	25,600.
TOTAUX..	307,680.	102,560.	410,240.

RÉCAPITULATION.

	Cautionnemens actuels.	Supplémens.	TOTAUX.
22 Payeurs des divisions mil.es	1,335,680f	494,940f	1,830,620f
85 des départemens.. .	805,000.	402,500.	1,207,500.
10 des ports..	307,680.	102,560.	410,240.
TOTAUX.	2,448,360.	1,000,000.	3,448,360.

[ÉTAT n.º 4.] *État des Cautionnemens à verser par les Employés de l'Administration des contributions indirectes, en exécution de la Loi du 28 Avril 1816 sur les Finances.*

NOMBRE.	GRADES.		SOMMES à VERSER.
85	Inspecteurs.	divisés en 3 classes, { à 4,000ᶠ à 5,000. à 6,000. } Terme moyen à 5,000ᶠ	425,000.
560	Contrôleurs principaux.	divisés en 4 classes, { à 3,000. à 4,000. à 5,000. à 6,000. } Terme moyen à 4,000ᶠ	1,440,000.
200	Contrôleurs ambulans..	à 3,000	600,000.
150	Contrôleurs de ville....	à 3,000	450,000.
		TOTAL	2,915,000.

Addition au Tableau n.º 4 des Cautionnemens.

NOMBRE.	GRADES.	CLASSES.	MONTANT des cautionnem.	SOMMES à verser.
10	Régisseurs des manufactures de tabac. . . .		à 12,000ᶠ	120,000ᶠ
10	Gardes-magasins..		à 6,000.	60,000.
10	Contrôleurs en chef de fabrication.		à 4,000.	40,000.
10	*Idem* de comptabilité.		à 4,000.	40,000
2	Gardes-magasins généraux des feuilles.	1.ʳᵉ	à 8,000.	16,000.
2	*Idem.*	2.ᵉ	à 6,000	12,000.
3	*Idem.*	5.ᵉ	à 5,000.	15,000.
2	Contrôleurs en chefs.	1.ʳᵉ	à 4,000.	8,000.
5	*Idem..*	2.ᵉ	à 3,000.	15,000.
2	Gardes-magasins particuliers. . . .	1.ʳᵉ	à 4,000.	8,000.
14	*Idem.*	2.ᵉ	à 3,000.	42,000.
2	Contrôleurs de culture...	2.ᵉ	à 4,000.	8,000.
5	*Idem..*	2.ᵉ	à 3,000.	15,000.
18	Contrôleurs particuliers..		à 3,000.	54,000.
40	Contrôleurs de navigation.		à 3,000.	120,000.
20	Contrôleurs de salines ou vérificateurs.		à 3,000.	60,000.

[ÉTAT n.º 5.] *État des Supplémens de Cautionnement en numéraire à fournir par les Conservateurs des hypothèques, en exécution de la loi du 28 Avril 1816 sur les Finances.*

DÉPARTEMENS.	CHEFS-LIEUX de conservations d'hypothèques.	SUPPLÉMENS de cautionnement en numér. à exiger.	DÉPARTEMENS.	CHEFS-LIEUX de conservations d'hypothèques.	SUPPLÉMENS de cautionnemens en numér. à exiger.
Ain. . . .	Belley. . . .	5,300 f	Aube. . . .	Arcis-sur-Aube	2,700 f
	Bourg. . . .	4,900		Bar-sur-Aube. .	2,800.
	Gex.	600.		Bar-sur-Seine. .	5,900.
	Nantua. . .	1,800.		N. gent-sur-Seine.	5,600.
	Trévoux. . .	3,800.		Troyes. . . .	15,900.
Aisne. . .	Château-Thierry..	5,100.	Aude. . .	Carcassonne	4,500.
	Laon.	10,200.		Castelnaudary..	2,700.
	St.-Quentin.	4,800.		Limoux. . .	5,400.
	Soissons. . .	6,600.		Narbonne. .	1,900.
	Vervins. . .	5,900.			
Allier. . .	Cusset. . . .	2,300.	Aveyron.	Espalion. . .	1,700.
	Gannat. . .	2,100.		Milhau. . . .	1,600.
	Montluçon..	1,800.		St.-Affrique.	2,500.
	Moulins. . .	3,900.		Rodez. . . .	2,200.
				Villefranche	2,500.
Alpes (Basses)	Barcelonette	600.	Bouches-du-Rhône.	Aix.	12,500.
	Castellane. .	600.		Marseille...	15,500.
	Digne. . .	2,100.		Tarascon...	6,600.
	Forcalquier.	1,400.			
	Sisteron. .	1,200.	Calvados	Bayeux. . .	5,600.
Alpes (Hautes.)	Briançon. . .	1,000.		Caen. . . .	7,000.
	Embrun. . .	900.		Falaise. . . .	2,800.
	Gap.	5,600.		Lisieux... .	7,600.
Ardèche.	L'Argentière.	5,700.		Pont-l'Evêque.	10,000.
	Privas. . . .	2,600.		Vire.	3,200.
	Tournon. . .	5,300.	Cantal...	Aurillac. . .	5,800.
Ardennes..	Charleville..	2,900.		Mauriac. . .	2,400.
	Rethel. . . .	2,700.		Murat. . . .	2,200.
	Rocroy. . .	2,600.		St.-Flour...	2,900.
	Sedan. . . .	3,000.	Charente	Angoulême..	13,300.
	Vouziers. . .	2,800.		Barbezieux..	1,900.
Arriège.	Foix.	1,000.		Cognac. . .	2,600.
	Pamiers. . .	1,100.		Confolens. .	1,900.
	St.-Girons...	1,100.		Ruffec. . . .	3,100.

DÉPARTEMENS.	CHEFS-LIEUX de conservations d'hypothèques.	SUPPLÉMENS de cautionnemens en numér. à exiger.	DÉPARTEMENS.	CHEFS-LIEUX de conservations d'hypothèques.	SUPPLÉMENS de cautionnemens en numér. à exiger.
Charente Infér.re	Jonsac.....	1,900.	Doubs...	Beaume....	2,200
	La Rochelle.	7,600.		Besançon...	3,500.
	Marennes...	1,500.		Pontarlier...	1,700.
	Rochefort...	3,400.		S.-Hippolyte	1,400.
	Saintes.....	4,000.	Drôme..	Die......,	3,900.
	St-Jean-d'Angély	2,000.		Montélimart	2,000.
Cher....	Bourges....	6,400.		Nyons.....	1,100.
	S.-Amand..	3,600.		Valence....	6,300.
	Sancerre...	2,600.	Eure....	Andelys (les)	4,400.
Corrèze..	Brives.....	2,800.		Bernay.....	7,200.
	Tulle......	4,200.		Évreux.....	10,800.
	Ussel......	1,800.		Louviers...	6,800.
Corse...	Ajaccio....	200.		Pont-audemer.	8,800.
	Bastia......	400.	Eure-et-Loir.	Chartres...	10,100.
	Calvi.......	100.		Châteaudun.	5,200.
	Corté......	100.		Dreux.....	8,400.
	Sartene.....	100.		Nogent-le-Rotrou	3,700.
Côte-d'Or	Beaune.....	4,500.	Finistère	Brest......	2,600.
	Chatillon-s.-Seine.	1,800.		Châteaulin..	1,400.
	Dijon......	7,600.		Morlaix....	2,500.
	Sémur.....	2,400.		Quimper...	2,500.
Côtes-du-Nord	Dinan.....	3,300.		Quimperlé..	600.
	Guingamp..	2,700.	Gard....	Alais......	5,000.
	Lannion....	1,000.		Nimes:....	7,700.
	Loudéac....	1,700.		Uzès......	3,400.
	S.-Brieux...	4,700.		Vigan (Le)..	5,800.
Creuse..	Aubusson...	5,100.	Garonne (Haute)	Muret.....	2,200.
	Bourganeuf.	1,800.		S.-Gaudens.	1,700.
	Chambon...	1,500.		Toulouse..	9,500.
	Guéret.....	4,500.		Villefranche	3,600.
Dordogne.	Bergerac....	5,600.	Gers....	Auch......	1,300.
	Nontron....	2,800.		Condom...	1,300.
	Périgueux...	2,600.		Lectoure..	800.
	Riberac.....	2,000.		Lombez....	800.
	Sarlat......	1,800.		Miraude....	1,400.

DÉPARTEMENS.	CHEFS-LIEUX de conservations d'hypothèques.	SUPPLÉMENS de cautionnement en numér. à exiger	DÉPARTEMENS.	CHEFS-LIEUX de conservations d'hypothèques.	SUPPLÉMENS de cautionnement en numér. à exiger
Gironde.	Bazas	1,000.	Loire.	Montbrison	6,500.
	Blaye	2,500.		Roanne	6,000.
	Bordeaux	18,800.		S.-Etienne	7,000.
	La Réole	2,300.	Loire (Haute)	Brioude	2,700.
	Lesparre	1,100.		Le Puy	4,800.
	Libourne	2,200.		Yssengeaux	1,900.
Hérault.	Beziers	7,200.	Loire-Inférieure.	Ancenis	700.
	Lodève	2,900.		Châteaubriant	600.
	Montpellier	9,700.		Nantes	5,500.
	Saint-Pons	900.		Paimbœuf	900.
Ille-et-Vilaine.	Fougères	2,400.		Savenay	1,500.
	Montfort-sur-Mer	1,300.	Loiret.	Gien	1,700.
	Redon	800.		Montargis	4,800.
	Rennes	3,900.		Orléans	18,900.
	Saint-Malo	4,400.		Pithiviers	5,700.
	Vitré	1,900.	Lot.	Cahors	2,200.
Indre.	Blanc (Le)	2,100.		Figeac	1,800.
	Châteauroux	4,200.		Gourdon	1,200.
	Issoudun	2,200.	Lot-et-Garonne	Agen	2,000.
	La Châtre	2,500.		Marmande	2,500.
Indre-et-Loire.	Chinon	9,300.		Nérac	900.
	Loches	4,400.		Villen.-d'Agen	2,000.
	Tours	24,300.	Lozère.	Florac	1,700.
Isère.	Bourgoin	5,000.		Marvejols	1,400.
	Grenoble	12,600.		Mende	1,900.
	S.-Marcellin	3,000.	Maine-et-Loire.	Angers	6,600.
	Vienne	8,700.		Baugé	2,600.
Jura.	Dôle	3,400.		Beaupréau	3,400.
	Arbois	2,700.		Saumur	7,100.
	Lons-le-Saulnier	2,500.		Segré	1,500.
	S.-Claude	2,000.	Manche.	Avranches	4,500.
Landes.	Dax	1,200.		Cherbourg	2,100.
	Mont-de-Marsan	800.		Coutances	7,700.
	S.-Sever	700.		Mortain	2,800.
Loir-et-Cher.	Blois	13,200.		Saint-Lô	7,100.
	Romorantin	2,100.		Valognes	7,000.
	Vendôme	4,700.			

DÉPARTEMENS.	CHEFS-LIEUX de conservations d'hypothèques.	SUPPLÉMENS de cautionnement en numér. à exiger.
Marne.	Châlons	2,400.
	Épernay	6,900.
	Reims	7,300.
	Ste.-Menehould	2,300.
	Vitry-le-François	4,100.
Marne (Haute)	Chaumont	3,200.
	Langres	2,300.
	Vassy	1,800.
Mayenne.	Château-Gontier	2,300.
	Laval	3,600.
	Mayenne	4,800.
Meurthe.	Lunéville	4,000.
	Nancy	9,300.
	Sarrebourg	1,300.
	Toul	4,900.
	Vic	1,600.
Meuse.	Bar-le-Duc	4,900.
	Montmédy	2,400.
	S.-Mihiel	3,600.
	Verdun	4,400.
Morbihan.	Lorient	2,400.
	Ploermel	700
	Pontivy	1,400.
	Vannes	1,400.
Moselle.	Briey	2,700.
	Metz	7,700.
	Sarguemines	1,700.
	Thionville	4,100.
Nièvre.	Château-Chinon	3,700.
	Clamecy	4,800.
	Cosne	3,400.
	Nevers	5,400.

DÉPARTEMENS.	CHEFS-LIEUX de conservations d'hypothèques	SUPPLÉMENS de cautionnement en numer. à exiger
Nord.	Avesnes	4,900.
	Cambrai	6,700.
	Douai	3,400.
	Dunkerque	5,000.
	Hazebrouck	3,900.
	Lille	12,100.
	Valenciennes	5,400.
Oise.	Beauvais	13,900.
	Clermont	7,100.
	Compiègne	10,900.
	Senlis	11,000.
Orne.	Alençon	4,900.
	Argentan	8,300.
	Domfront	6,200.
	Mortagne	7,400.
Pas-de-Calais	Arras	8,100.
	Béthune	4,000.
	Boulogne	4,700.
	Montreuil	3,400.
	Saint-Omer	5,800.
	Saint-Pol	3,400.
Puy-de-Dôme	Ambert	5,900.
	Clermont	12,200.
	Issoire	5,900.
	Riom	7,100.
	Thiers	4,500.
Pyrénées (Basses)	Baïonne	1,700.
	Oléron	4,100.
	Orthez	1,900.
	Pau	5,000.
	Saint-Palais	2,000.
Pyrénées (Hautes)	Bagnères	1,100.
	Lourdes	800.
	Tarbes	2,700.

DÉPARTEMENS.	CHEFS-LIEUX de conservations d'hypothèques.	SUPPLÉMENT de cautionnement en numér. à exiger.	DÉPARTEMENS.	CHEFS-LIEUX de conservations d'hypothèques.	SUPPLÉMENS de cautionnement en numér. à exiger.
Pyrénées Orientales.	Ceret	600.	Seine-et-Oise.	Corbeil	15,900.
	Perpignan	2,200.		Etampes	5,800.
	Prades	700.		Mantes	8,100.
Rhin (Bas)	Saverne	3,600.		Pontoise	22,500.
	Schelestadt	6,600		Rambouillet	9,800.
	Strasbourg	12,600.		Versailles	37,000.
	Wissembourg	4,600.	Seine-Infér.re	Dieppe	5,600.
Rhin (Haut)	Altkirch	6,300.		Le Havre	6,900.
	Colmar	9,700.		Neufchâtel	5,900.
	Belfort	3,200.		Rouen	24,100.
Rhône	Lyon	20,300.		Yvetot	8,700.
	Villefranche	9,600.	Sèvres (Deux)	Bressuire	2,200.
Saône (Haute)	Gray	4,500.		Melle	1,500.
	Lure	2,500.		Niort	4,400.
	Vesoul	4,700.		Parthenay	1,800.
Saône-et-Loire.	Autun	3,300.	Somme	Abbeville	7,300.
	Châlons	4,300.		Amiens	11,200.
	Charolles	4,100.		Doullens	5 00.
	Louhans	1,600.		Montdidier	4,400.
	Mâcon	6,800.		Péronne	4,400.
Sarthe	La Flèche	3,800.	Tarn	Alby	2,500.
	Le Mans	8,400.		Castres	3,000.
	Mamers	7,600.		Gaillac	2,100.
	Saint-Calais	3,500.		Lavaur	1,000.
Seine	Paris	54,000.	Tarn-et-Garonne	Castel-Sarrasin	2,100.
	Saint-Denis	11,900.		Moissac	1,600.
	Sceaux	18,800.		Montauban	4,100.
Seine-et-Marne	Coulommiers	5,600.	Var	Brignoles	3,800.
	Fontainebleau	7,700.		Draguignan	5,600.
	Meaux	13,900.		Grasse	4,400.
	Melun	10,500.		Toulon	11,300.
	Provins	6,700.	Vaucluse	Apt	2,100.
				Avignon	6,500.
				Carpentras	4,400.
				Orange	5,400.

DÉPARTEMENS.	CHEFS-LIEUX de conservations d'hypothèques.	SUPPLÉMENS de cautionnemens en numér. à exiger.	DÉPARTEMENS.	CHEFS-LIEUX de conservations d'hypothèques.	SUPPLÉMENS de cautionnement en numér. à exiger.
Vendée..	Bourbon-Vendée	1,500.	Vosges..	Epinal....	3,500.
	Fontenay...	3,100.		Mirecourt....	3,000.
	Sables d'Ol. (Les)	1,300.		Neufchâteau.	3,300.
Vienne...	Châtellerault	2,000.		Remiremont	2,400.
	Civray.....	1,700.		Saint-Dié..	2,400.
	Loudun....	1,200.	Yonne...	Auxerre....	13,100.
	Montmorillon..	2,000.		Avallon....	2,200.
	Poitiers....	4,400.		Joigny.....	8,200.
Vienne (Haute).	Bellac....	2,500.		Sens........	8,100.
	Limoges...	5,900.		Tonnerre...	1,900.
	Rochechouart..	2,000.			
	Saint-Yrieix.	2,200.		TOTAL......	1,707,200

[ÉTAT n° 6.] *État présentant les Sommes que devront fournir, à titre de Cautionnement, les différens Agens de l'Administration des Douanes.*

4	Administrateurs, à 6,000 francs.......	24,000f
24	Directeurs, à 10,000 francs.........	240,000.
64	Inspecteurs, à 5,000 francs.........	320,000.
97	Sous-inspecteurs ou contrôleurs aux visites, à 2,500 francs...............	242,500.
21	Contrôleurs aux entrepôts, à 2,000 francs.	42,000.
26	Receveurs à la navigation, à 2,000 francs..	52,000.
50	Receveurs aux déclarations, à 1,000 francs.	50,000.
50	Vérificateurs, à 1,000 francs.........	50,000.
125	Receveurs principaux, suivant l'état qui en sera fourni.................	830,500.
1	Receveur subordonné à Frontignan....	5,000.
82	Receveurs subordonnés, à 1,500 francs d'appointemens et au-dessus, à 500 francs.	41,000.
546	Receveurs subordonnés, ayant un traitement au-dessous de 1,500 francs, jusqu'à 800 francs, à 300 francs.........	163,800.
75	Receveurs subordonnés, n'ayant que 700 fr. et au-dessous, à 200 francs.......	15,000.

TOTAL............ 2,075,800.

Les anciens cautionnemens montent à... 398,056.

RESTE à fournir.... 1,677,744.

(Etat n°. 7.) *Etat comparatif de la Fixation des Cautionnemens des Notaires, d'après les lois des 27 ventôse an XI et 2 ventôse an XIII, avec celle ordonnée par la loi du 28 avril 1816 sur les finances.*

RÉSIDENCE des COURS ROYALES.			RÉSIDENCE DES TRIBUNAUX De première Instance.			RÉSIDENCE des JUSTICES DE PAIX.		
POPULATION.	FIXATION des cautionnemens.		POPULATION.	FIXATION des cautionnemens.		POPULATION.	FIXATION des cautionnemens.	
	ancienne.	nouvelle		ancienne	nouvelle		ancienne	nouv
	fr.	fr.		fr.	fr.		fr.	fr.
5000 habitans et au-dessous . .	2667	4000	2000 habitans et au-dessous .	1333	3000	2000 habitans et au-dessous .	667	1800
5001 à 6000	2800	4500	2001 à 2500	1467	3200	2001 à 2500	733	1900
6001 à 7000	2933	5000	2501 à 3000	1600	3400	2501 à 3000	800	2000
7001 à 8000	3067	5500	3001 à 3500	1733	3600	3001 à 3500	867	2100
8001 à 9000	3200	6000	3501 à 4000	1867	3800	3501 à 4000	933	2200
9001 à 10000	3333	6500	4001 à 4500	1867	4000	4001 à 4500	1067	2300
10001 à 12000	3467	7000	4501 à 5000	2000	4200	4501 à 5000	1067	2400
12001 à 14000	3600	7500	5001 à 5500	2000	4400	5001 à 5500	1067	2500
14001 à 16000	3733	8000	5501 à 6000	2000	4600	5501 à 6000	1067	2600
16001 à 18000	3867	8500	6001 à 6500	2133	4800	6001 à 6500	1067	2700
18001 à 20000	4000	9000	6501 à 7000	2133	5000	6501 à 7000	1067	2800
20001 à 22000	4067	9500	7001 à 7500	2133	5200	7001 à 7500	1200	2900
22001 à 24000	4133	10000	7501 à 8000	2267	5400	7501 à 8000	1200	3000
24001 à 26000	4200	10500	8001 à 8500	2267	5600	8001 à 8500	1200	3100
26001 à 28000	4267	11000	8501 à 9000	2267	5800	8501 à 9000	1200	3200
28001 à 30000	4400	11500	9001 à 9500	2267	6000	9001 à 9500	1200	3300
30001 à 32000	4533	12000	9501 à 10000	2400	6200	9501 à 10000	1333	3400
32001 à 34000	4667	12500	10001 à 11000	2400	6400	10001 à 11000	1333	3500
34001 à 36000	4800	13000	11001 à 12000	2400	6600	11001 à 12000	1333	3600
36001 à 38000	4933	13500	12001 à 13000	2400	6800	12001 à 13000	1467	3700
38001 à 42000	5067	14000	13001 à 14000	2533	7000	13001 à 14000	1467	3800
42001 à 46000	5200	14500	14001 à 15000	2533	7200	14001 à 15000	1467	3900
46001 à 50000	5333	15000	15001 à 16000	2533	7400	15001 à 16000	1467	4000
50001 à 55000	5467	15500	16001 à 17000	2667	7600	16001 à 17000	1600	4100
55001 à 60000	5600	16000	17001 à 18000	2667	7800	17001 à 18000	1600	4200
60001 à 65000	5733	16500	18001 à 19000	2667	8000	18001 à 19000	1600	4300
65001 à 70000	5867	17000	19001 à 20000	2800	8200	19001 à 20000	1600	4400
70001 à 75000	6067	17500	20001 à 25000	2933	8400	20001 à 25000	1733	4500
75001 à 80000	6133	18000	25001 à 30000	3067	8600	25001 à 30000	2000	4600
80001 à 85000	6267	18500	30001 à 35000	3333	8800	30001 à 35000	2267	4700
85001 à 90000	6400	19000	35001 à 40000	3467	9000	35001 à 40000	2400	4800
90001 à 95000	6533	19500	40001 à 50000	3733	9200	40001 à 50000	2683	4900
95001 à 100000	6667	20000	50001 à 60000	4000	9400	50001 à 60000	2683	5000
100001 et au-des-sus	8000	25000	60001 à 70000	4267	9600	60001 à 70000	2683	5100
A Paris	24000	50000	70001 et au-des-sus	5333	12000	70001 et au-des-sus	2683	5200

(ÉTAT nº. 8.) *Tableau comparatif de la Fixation des Cautionnemens des Avoués, Greffiers des tribunaux et Huissiers, d'après les lois des 27 ventôse an VIII et 2 ventôse an XIII, avec celle ordonnée par la loi du 28 avril 1816 sur les finances.*

Tribunaux de première instance antérieurement à l'année 1810.	FIXATION.					
	AVOUÉS.		GREFFIERS.		HUISSIERS.	
	ancien^e.	nouvelle	ancien^e.	nouv.	ancien^e.	nouv.
	fr.	fr.	fr.	fr.	fr.	fr.
Où il y avait trois juges et deux suppléans	800	1800	1067	4000	267	600
Id. quatre juges et trois id.	1200	2000	1600	5000	400	900
Id. sept juges et quatre id.	1600	3000	2133	5500	533	1200
Id. dix juges et cinq id.	2000	5000	2667	6500	667	1600
A Paris	3600	8000	4800	10000	1200	3000
Cours royales, antérieurement à 1810.						
Où il y avait douze, treize ou quatorze juges . . .	2400	4000	3200	12000	800	»
Id. vingt, vingt-un ou vingt-deux juges . . .	2800	5000	3733	14000	933	»
Id. trente-un juges . . .	3200	6000	4267	16000	1067	»
A Paris	6000	10000	8000	20000	2000	»
Tribunaux de Commerce.						
Dans tous les départemens.	»	»	1333	3000	333	»
A Paris	»	»	5333	8000	1333	»
Cour de Cassation.	AVOCATS.					
A Paris	4000	7000	5333	8000	1333	»

(ÉTAT nº. 9.) *État comparatif de la Fixation des Cautionnemens des Greffiers des justices de paix, d'après les lois des 27 ventôse an VIII et 2 ventôse an XIII, avec celle ordonnée par la loi du 28 avril 1816 sur les finances.*

	FIXATION.	
	ancien^e.	nouv.
	fr.	fr.
A Paris.	6400	10000
A Bordeaux, Lyon et Marseille	4800	6000
Dans les communes de 50,001 à 100,000 habitans	3200	4000
Idem, de 30,001 à 50,000.	2400	3000
Idem, de 10,001 à 30,000.	1600	2400
Idem, de 3001 à 10,000	1067	1800
Idem, de 3000 et au-dessous.	533	1200

[ÉTAT nº 10.] *Fixation des Cautionnemens des Commissaires-priseurs.*

POPULATION.	CAUTIONNEMENS.
2,500 habitans et au-dessous.	4,000 fr.
2,501 . . . . à . . 3,000	4,200
3,001 . . . . à . . 3,500	4,400
3,501 . . . . à . . 4,000	4,600
4,001 . . . . à . . 4,500	4,800
4,501 . . . . à . . 5,000	5,000
5,001 . . . . à . . 5,500	5,200
5,501 . . . . à . . 6,000	5,400
6,001 . . . . à . . 6,500	5,600
6,501 . . . . à . . 7,000	5,800
7,001 . . . . à . . 8,000	6,000
8,001 . . . . à . . 9,000	6,200
9,001 . . . . à . . 10,000	6,400
10,001 . . . . à . . 11,000	6,600
11,001 . . . . à . . 12,000	6,800
12,001 . . . . à . . 13,000	7,000
13,001 . . . . à . . 14,000	7,200
14,001 . . . . à . . 15,000	7,400
15,001 . . . . à . . 16,000	7,600
16,001 . . . . à . . 17,000	7,800
17,001 . . . . à . . 18,000	8,000
18,001 . . . . à . . 19,000	8,200
19,001 . . . . à . . 20,000	8,400
20,001 . . . . à . . 25,000	8,600
25,001 . . . . à . . 30,000	8,800
30,001 . . . . à . . 35,000	900 0
35,001 . . . . à . . 40,000	9,200
40,001 . . . . à . . 50,000	9,400
50,001 . . . . à . . 60,000	9,600
60,001 . . . . à . . 70,000	9,800
70,001 . . . . à . . 80,000	10,000
80,001 . . . . à . . 100,000	12,000
100,001 et au-dessus	15,000
A Paris	20,000

CONTRIBUTIONS INDIRECTES.

TITRE Ier.
Droits sur les Boissons.

CHAPITRE Ier.
Droits de circulation.

Art. Ier. A chaque enlévement ou déplacement de vins, cidres, poirés, eaux-de-vie, esprits et liqueurs composés d'eau-de-vie ou d'esprits, sauf les exceptions qui seront énoncées par les articles 3, 4 et 5, il sera perçu un droit de circulation, conformément au tarif annexé à la présente loi sous le numéro 1.

2. Il ne sera dû qu'un seul droit pour le transport à la destination déclarée, quelles que soient la longueur et la durée du trajet, et nonobstant toute interception ou changement de voie et de moyens de transport.

3. Ne seront pas assujettis au droit imposé par l'article premier,

1°. Les boissons qu'un propriétaire fera conduire de son pressoir, ou d'un pressoir public, dans ses caves ou celliers;

2°. Celles qu'un colon partiaire, fermier ou preneur à bail emphytéotique à rente, remettra au propriétaire ou recevra de lui, en vertu de baux authentiques ou d'usages notoires;

3°. Les vins, cidres et poirés, qui seront expédiés par un propriétaire colon partiaire, ou fermier, des caves ou celliers où sa récolte aura été déposée, et pourvu qu'ils proviennent de ladite récolte, quels que soient le lieu de destination et la qualité du destinataire.

4. La même exemption sera accordée aux négocians, marchands en gros, courtiers, facteurs, commissionnaires, distillateurs et débitans, pour les boissons qu'ils feront transporter de l'une de leurs caves dans une autre située dans l'étendue du même département.

5. Le transport des boissons qui seront enlevées pour l'étranger ou pour les Colonies françaises, sera également ment affranchi du droit de circulation.

6. Aucun enlévement ni transport de boissons ne pourra être fait sans déclaration préalable de l'expéditeur ou de l'acheteur, et sans que le conducteur soit muni d'un congé, d'un acquit-à-caution ou d'un passavant pris au bureau de la régie. Il suffira d'une seule

5

de ces expéditions pour plusieurs voitures ayant la même destination et marchant ensemble.

7. Les propriétaires, fermiers ou négocians, qui feront transporter des vins, des cidres ou des poirés, dans un des cas prévus par les articles 3 et 4, ne seront tenus de se munir que d'un passavant dont le coût sera de vingt-cinq centimes, le droit de timbre compris.

8. Lorsque la déclaration aura pour objet des boissons expédiées à l'étranger ou aux Colonies françaises, l'expéditeur, pour jouir de l'exemption prononcée par l'article 4, sera obligé de se munir d'un acquit-à-caution sur lequel sera désigné le lieu de sortie. Ce lieu ne pourra être changé sans qu'il y ait ouverture à la perception du droit, si ce n'est du consentement de la régie, qui ne pourra le refuser en cas de force majeure.

Le coût de l'acquit-à-caution sera également de vingt-cinq centimes y compris le timbre.

9. Dans tous les cas autres que ceux déterminés par les deux articles précédens, l'expéditeur sera tenu de payer les droits portés en l'article 1er., et de se munir d'un congé s'il s'agit de vins, de cidres ou de poirés, ou d'un acquit-à-caution s'il s'agit d'eaux-de-vie, d'esprits ou de liqueurs, sauf l'exception qui sera prononcée par l'article 88 ci-après.

10. Il ne sera délivré de passavant, congé ou acquit-à-caution, que sur des déclarations énonçant les quantités, espèces et qualités de boissons, les lieux d'enlèvement et de destination; les noms, prénoms, demeures et professions des expéditeurs, voituriers et acheteurs ou destinataires. Dans les cas d'exception posés par l'art. 3, les déclarations contiendront, en outre, la mention que l'expéditeur est réellement propriétaire, fermier ou colon partiaire récoltant, et non marchand en gros ni débitant, et que les boissons expédiées proviennent de sa récolte.

11. L'obligation de déclarer l'enlèvement et de prendre des expéditions n'est point applicable aux transports de vendanges ou de fruits.

12. Dans tous les cas où un simple passavant sera nécessaire, et lorsque la régie n'aura pas de bureau dans le lieu de l'enlèvement, cette expédition pourra n'être délivrée qu'au passage des boissons devant le premier bureau, moyennant que le conducteur ait été muni, au départ, d'un laissez-passer signé par l'expéditeur, et contenant toutes les indications voulues par la déclaration; ce laissez-passer sera échangé contre le passavant.

Les laissez-passer seront marqués du timbre de la régie ; il en sera déposé en blanc dans les bureaux principaux, pour être délivrés aux personnes solvables qui seront autorisées à en faire usage. Les propriétaires qui les auront obtenus, seront obligés d'en faire connaître l'emploi ; ils n'auront de valeur que durant le cours de l'année pendant laquelle ils auront été délivrés.

Toutes boissons circulant avec un laissez-passer au-delà du bureau où il aurait dû être échangé, seront considérées comme n'étant accompagnées d'aucune expédition, et passibles de la saisie.

13. Les boissons devront être conduites à la destination déclarée, dans le délai porté sur l'expédition. Ce délai sera fixé en raison des distances à parcourir et des moyens de transport. Il sera prolongé, en cas de séjour en route, de tout le temps pendant lequel le transport aura été interrompu. Il n'y aura lieu à la perception d'un nouveau droit de circulation, que dans le cas où l'interruption serait suivie d'un changement de destination.

14. Le conducteur d'un chargement dont le transport sera suspendu, sera tenu d'en faire la déclaration au bureau de la régie dans les vingt-quatre heures, et avant le déchargement des boissons. Les congés, acquits-à-caution ou passavans, seront conservés par les employés jusqu'à la reprise du transport. Ils seront visés et remis au départ, après vérification des boissons, lesquelles devront être représentées aux employés, à toute réquisition.

15. Toute opération nécessaire à la conservation des boissons, telle que transvasion, ouillage ou rabattage,

sera permise en cours de transport, mais seulement en présence des employés, qui en feront mention au dos des expéditions. Dans le cas où un accident de force majeure nécessiterait le prompt déchargement d'une voiture ou d'un bateau, ou la transvasion immédiate des boissons, ces opérations pourront avoir lieu sans déclaration préalable, à charge par le conducteur de faire constater l'accident par les employés, ou, à leur défaut, par le maire ou l'adjoint de la commune la plus voisine.

16. Les déductions réclamées pour coulage de route, seront réglées d'après les distances parcourues, l'espèce de boissons, les moyens employés pour le transport, sa durée, la saison dans laquelle il aura été effectué, et les accidens légalement constatés. La régie se conformera, à cet égard, aux usages du commerce.

17. Les voituriers, bateliers et tous autres qui transporteront ou conduiront des boissons, seront tenus d'exhiber, à toute réquisition des employés des contributions indirectes, des douanes et des octrois, les congés, passavans, ou acquits-à-caution, ou laissez-passer dont ils devront être porteurs : faute de représentation desdites expéditions, ou en cas de fraude ou de contravention, les employés saisiront le chargement; ils saisiront aussi les voitures, chevaux et autres objets servant au transport, mais seulement comme garantie de l'amende, à défaut de caution solvable. Les marchandises faisant partie du chargement, qui ne seront pas en fraude, seront rendues au propriétaire.

18. Les voyageurs ne seront pas tenus de se munir d'expéditions pour les vins destinés à leur usage pendant le voyage, pourvu qu'ils n'en transportent pas au-delà de trois bouteilles par personne.

19. Les contraventions du présent chapitre seront punies de la confiscation des boissons saisies, et d'une amende de cent francs à six cents francs, suivant la gravité des cas.

CHAPITRE II.
Droits d'entrée sur les Boissons.

§. Ier. De la Perception.

20. Il sera perçu, au profit du trésor, dans les villes et communes ayant une population agglomérée de deux mille ames et au-dessus, conformément au tarif annexé à la présente loi sous le n°. 2, un droit d'entrée sur les boissons introduites ou fabriquées dans l'intérieur, et destinées à la consommation du lieu.

Le classement des départemens, établi par le tableau n°. 3, pourra, s'il s'élève des réclamations, être rectifié par le ministre secrétaire d'état des finances, sur l'avis du directeur général des contributions indirectes, lorsqu'il sera reconnu qu'il y a eu erreur dans les calculs ou les bases qui ont déterminé la classification.

21. Ce droit sera perçu dans les faubourgs des lieux sujets, et sur toutes les boissons reçues par les débitans établis sur le territoire de la commune; mais les habitations éparses et les dépendances rurales, entièrement détachées du lieu principal, en seront affranchies.

22. Les communes assujetties aux droits d'entrée seront rangées dans les différentes classes du tarif, en raison de leur population agglomérée. S'il s'élève des difficultés relativement à l'assujettissement d'une commune ou à la classe dans laquelle elle devra être rangée par sa population, la réclamation de la commune sera soumise au préfet, qui, après avoir pris l'opinion du sous-préfet et celle du directeur, la transmettra, avec son avis, au directeur général des contributions indirectes, sur le rapport duquel il sera statué par le ministre des finances, sauf le recours de droit; et la décision du préfet sera provisoirement exécutée.

23. Les vendanges et les fruits à cidre ou à poiré seront soumis au même droit, à raison de trois hectolitres de vendanges pour deux hectolitres de vin, et de cinq hectolitres de pommes ou poires pour deux hectolitres de cidre ou poiré.

Les fruits secs destinés à la fabrication du cidre et du poiré, seront imposés à raison de vingt-cinq kilogrammes de fruit pour un hectolitre de cidre ou de poiré. Les eaux-de-vie ou esprits altérés par un mélange quelconque seront soumis au même droit que les eaux-de-vie ou esprits purs.

24. Tout conducteur de boissons sera tenu, avant de les introduire dans un lieu sujet aux droits d'entrée, d'en faire la déclaration au bureau, de produire les congés, acquits-à-caution ou passavans dont il sera porteur, et d'acquitter les droits, si les boissons sont destinées à la consommation du lieu.

25. Dans les lieux où il n'existera qu'un bureau central de perception, les conducteurs ne pourront décharger les voitures, ni introduire les boissons au domicile du destinataire, avant d'avoir rempli les obligations qui leur sont imposées par l'article précédent.

26. Les boissons ne pourront être introduites dans un lieu sujet aux droits d'entrée, que dans les intervalles de temps ci-après déterminés; savoir :

Pendant les mois de janvier, février, novembre et décembre, depuis sept heures du matin jusqu'à six heures du soir;

Pendant les mois de mars, avril, septembre et octobre, depuis six heures du matin jusqu'à sept heures du soir;

Pendant les mois de mai, juin, juillet et août, depuis cinq heures du matin jusqu'à huit heures du soir;

27. Toute boisson introduite sans déclaration dans un lieu sujet aux droits d'entrée sera saisie par les employés; il en sera de même des voitures, chevaux et autres objets servant au transport, à défaut par le contrevenant de consigner le *maximum* de l'amende, ou de donner caution solvable.

§. II. *Du Passe-debout.*

28. Les boissons introduites dans un lieu sujet aux droits d'entrée, pour le traverser seulement ou y séjourner moins de vingt-quatre heures, ne seront pas

soumises à ces droits ; mais le conducteur sera tenu d'en consigner ou d'en faire cautionner le montant à l'entrée, et de se munir d'un permis de passe-debout.

La somme consignée ne sera restituée, ou la caution libérée, qu'au départ des boissons, et après que la sortie du lieu en aura été justifiée.

Lorsqu'il sera possible de faire escorter les chargemens, le conducteur sera dispensé de consigner ou de faire cautionner les droits.

29. Les boissons conduites à un marché dans un lieu sujet aux droits d'entrée, seront soumises aux formalités prescrites par l'article précédent.

§. III. Du Transit.

30. En cas de séjour des boissons au-delà de vingt-quatre heures, le transit sera déclaré conformément aux dispositions de l'article 14 ; et la consignation ou le cautionnement du droit d'entrée subsisteront pendant toute la durée du séjour.

§. IV. De l'Entrepôt.

31. Tout négociant ou propriétaire qui fera conduire dans un lieu sujet aux droits d'entrée, au moins neuf hectolitres de vin, dix-huit hectolitres de cidre ou poiré, ou quatre hectolitres d'eau-de-vie ou d'esprit, pourra réclamer l'admission de ces boissons en entrepôt, et ne sera tenu d'acquitter les droits que sur les quantités non représentées, et qu'il ne justifiera pas avoir fait sortir de la commune.

La durée de l'entrepôt sera illimitée.

Ne seront pas tenus de faire entrer la quantité des boissons ci-dessus fixées, les négocians ou propriétaires jouissant déjà de l'entrepôt lors de l'introduction desdites boissons, en sorte qu'ils pourront n'en faire entrer qu'un hectolitre, s'ils le jugent à propos, sans qu'ils puissent être tenus d'en acquitter de suite les droits.

32. Tout bouilleur ou distillateur qui introduira dans un lieu sujet aux droits d'entrée des vins, cidres ou poirés, pour être convertis en eau-de-vie ou esprit, pourra aussi réclamer l'entrepôt. Le produit de la

distillation, constaté par l'exercice des employés, ne sera soumis aux droits d'entrée que dans le cas déterminé par l'article précédent.

33. La faculté d'entrepôt sera aussi accordée aux personnes qui introduiront dans les lieux sujets aux droits d'entrée, des vendanges et fruits, et qui destineront les boissons en provenant à être transportées hors de la commune.

34. Cette même faculté pourra également être accordée à des particuliers qui recevraient des boissons pour être conduites, peu de temps après leur arrivée, soit à la campagne, soit dans une autre résidence. La déclaration devra en être faite au moment de l'arrivée des boissons.

35. Les déclarations d'entrepôt seront faites avant l'introduction des chargemens, et signées par les entrepositaires ou leurs fondés de pouvoirs. Elles indiqueront les magasins, caves ou celliers où les boissons devront être déposées, et serviront de titre pour la prise en charge.

36. Tout bouilleur ou distillateur de grains, marcs, lies, fruits et autres substances, établi dans un lieu sujet au droit d'entrée, sera tenu, s'il ne réclame la faculté de l'entrepôt, d'acquitter ce droit sur l'eau-de-vie provenant de sa distillation, et dont la quantité sera constatée par l'exercice des commis.

37. Les entrepositaires, négocians ou distillateurs, seront soumis à toutes les obligations imposées aux marchands en gros de boissons. Ils seront tenus, en outre, de produire aux commis, lors de leurs exercices, des certificats de sortie pour les boissons qu'ils auront expédiées pour l'extérieur, et des quittances du droit d'entrée pour celles qu'ils auront livrées à l'intérieur. A la fin de chaque trimestre, ils seront soumis au paiement de ce même droit sur les quantités manquantes à leurs charges, sauf les déductions pour coulage et ouillage autorisées par l'article 103 de la présente loi.

38. Lorsque les boissons auront été emmagasinées

dans un entrepôt public, sous la clef de la régie, il ne sera exigé aucun droit de l'entrepositaire pour les manquans à ses charges.

39. Les personnes qui auront droit à l'entrepôt, pourront l'obtenir à domicile, lors même qu'il existerait dans le lieu un entrepôt public. (Paris excepté).

40. Dans celles des villes ouvertes où la perception des droits d'entrée sur les vendanges, pommes ou poires, ne peut être opérée au moment de l'introduction, la régie sera autorisée à faire faire, après la récolte, chez tous les propriétaires récoltans, l'inventaire des vins ou cidres fabriqués. Il en sera de même à l'égard des vendanges et fruits récoltés dans l'intérieur d'un lieu sujet aux droits d'entrée. Tout propriétaire qui ne réclamera pas l'entrepôt, ou qui n'aura pas récolté une quantité de boissons suffisante pour l'obtenir, sera tenu de payer immédiatement les droits d'entrée sur les vins ou cidres inventoriés.

41. Les propriétaires qui jouiront de l'entrepôt pour les produits de leur récolte seulement, en vertu de l'article précédent, ne seront soumis, outre l'inventaire, qu'à un recensement avant la récolte suivante : toutefois ils seront obligés de payer le droit d'entrée au fur et à mesure de leurs ventes à l'intérieur. Lors du recensement, ils acquitteront le même droit sur les manquans non justifiés, déduction faite de la quantité allouée pour coulage et ouillage.

42. Les boissons dites *piquettes*, faites par les propriétaires récoltans avec de l'eau jetée sur de simples marcs, sans pression, ne seront pas inventoriées chez eux, et seront conséquemment exemptes du droit, à moins qu'elles ne soient déplacées pour être vendues en gros ou en détail.

43. Dans celles des villes sujettes aux droits d'entrée, où la perception du droit de détail sera remplacée par un abonnement avec la commune, conformément à l'article 73, le compte d'entrée et de sortie des boissons reçues par les entrepositaires sera tenu au bureau de la

régie. Les employés feront seulement, chaque trimestre, et en présence de l'entrepositaire, les vérifications nécessaires pour constater les quantités de boissons qui resteront en magasin, et établir le décompte des droits dus sur celles qui auront été livrées à la consommation du lieu.

§. V. *Dispositions particulières.*

44. Les personnes voyageant à pied, à cheval, ou en voitures particulières et suspendues, ne seront pas assujetties aux visites des commis à l'entrée des villes sujettes aux droits d'entrée.

45. Les courriers ne pourront être arrêtés à leur passage, sous prétexte de la perception ; mais ils seront obligés d'acquitter les droits sur les objets qui y seront sujets. A cet effet, les employés pourront accompagner les malles et assister à leur déchargement.

Tout courrier, tout employé des postes, qui serait convaincu d'avoir fait ou favorisé la fraude, outre les peines résultant de la contravention, serait destitué par l'autorité compétente.

46. Les contraventions aux dispositions du présent chapitre seront punies de la confiscation des boissons saisies, et d'une amende de cent à deux cents francs, suivant la gravité des cas, et sauf celui de fraude en voitures suspendues, lequel entraînera toujours la condamnation à une amende de mille francs.

Dans le cas de fraude par escalade, par souterrain ou à main armée, il sera infligé aux contrevenans une peine correctionelle de six mois de prison, outre l'amende et la confiscation.

CHAPITRE III.
Droit à la Vente en détail des Boissons.

§er. *De la Perception.*

47. Il sera perçu, lors de la vente en détail des vins, cidres, poirés, eaux-de-vie, esprits ou liqueurs composées d'eau-de-vie ou d'esprit, un droit de quinze pour cent du prix de ladite vente.

48. Les vendans en détail seront tenus de déclarer aux commis le prix de vente de leurs boissons, chaque fois qu'ils en seront requis ; lesdits prix seront inscrits, tant sur les portatifs et registres, que sur une affiche apposée par le débitant dans le lieu le plus apparent de son domicile.

49. En cas de contestation entre les employés et les débitans, relativement à l'exactitude de la déclaration des prix de vente, il en sera référé au maire de la commune, lequel prononcera sur le différend, sauf le recours, de part et d'autre, au préfet en conseil de pré-

fecture, qui statuera définitivement dans la huitaine, après avoir pris l'avis du sous-préfet, et du directeur des contributions indirectes.

Le droit sera provisoirement perçu d'après la décision du maire, sauf rappel ou restitution. La décision ne pourra s'appliquer aux boissons débitées antérieurement à la contestation.

§. II. *Des Débitans.*

50. Les cabaretiers, aubergistes, traiteurs, restaurateurs, maîtres d'hôtels garnis, cafetiers, liquoristes, buvetiers, débitans d'eau-de-vie, concierges, et autres donnant à manger au jour, au mois ou à l'année, ainsi que tous autres qui voudront se livrer à la vente en détail des boissons spécifiées en l'article 47, seront tenus de faire leur déclaration au bureau de la régie dans les trois jours de la mise à exécution de la présente loi, et, à l'avenir, avant de commencer leur débit, et de désigner les espèces et quantités de boissons qu'ils auront en leur possession, dans les caves ou celliers de leur demeure, ou ailleurs, ainsi que le lieu de la vente; comme aussi d'indiquer par une enseigne ou bouchon leur qualité de débitant.

51. Les cantiniers des troupes seront tenus de se conformer aux dispositions de l'article précédent, à l'exception de ceux établis dans les camps, forts et citadelles, pourvu qu'ils ne reçoivent que des militaires, et qu'ils aient une commission du ministre de la guerre.

52. Toute personne qui vend en détail des boissons de quelque espèce que ce soit, est sujette aux visites et exercices des employés de la régie.

53. Les boissons déclarées par les dénommés en l'article 50, seront comptées et prises en charge aux registres portatifs des commis. A cet effet, les futailles seront jaugées et marquées par les employés, les boissons dégustées, et le degré des eaux-de-vie et esprits vérifié : il en sera de même de toutes les boissons qui arriveront chez les vendans en détail pendant le cours du débit, et qui ne pourront être introduites dans leur domicile,

leurs caves ou celliers, qu'en vertu de congés, acquits-à-caution ou passavans, lesquels seront produits lors des visites et exercices, et seront relatés dans les actes de charge.

Les débitans domiciliés dans les lieux sujets aux droits d'entrée seront tenus, en outre, de produire aux employés, lors de leurs exercices, les quittances de ces droits pour les boissons qu'ils auront reçues, ainsi que celles des droits d'octroi ou de banlieue, lorsqu'ils auront dû être acquittés.

54. Le débit de chaque pièce sera suivi séparément, et le vide marqué sur la futaille à chaque exercice des employés. Les manquans seront constatés, comme les charges, par des actes réguliers, lesquels devront être signés de deux commis, et inscrits à leurs registres portatifs.

55. Les débitans pourront avoir un registre sur papier libre, coté et paraphé par un juge de paix, et les commis seront tenus d'y consigner le résultat de leurs exercices et les paiemens qui auront été faits, ou de mentionner dans leurs actes au portatif le refus qu'aura fait le débitant de se munir dudit registre ou de le représenter.

56. Les débitans seront tenus d'ouvrir leurs caves, celliers et autres parties de leurs maisons, aux employés, pour y faire leurs visites, même les jours de fêtes et dimanches, hors les heures où, à raison du service divin, lesdits lieux seront fermés en exécution des lois et ordonnances.

57. Les débitans ne pourront vendre de boissons en gros qu'en futailles contenant au moins un hectolitre ; et il ne pourra en être fait décharge à leur compte qu'autant que les vaisseaux auront été démarqués par les commis. En cas d'enlèvement sans démarque, le droit de détail sera constaté sur la contenance des futailles, sans préjudice des effets de la contravention.

Le compte des débitans sera également déchargé des quantités de boissons gâtées ou perdues, lorsque la perte sera dûment justifiée.

58. Les vendans en détail ne pourront recevoir ni avoir chez eux, à moins d'une autorisation spéciale, de boissons en vaisseaux d'une contenance moindre qu'un hectolitre. Ils ne pourront établir le débit des vins et eaux-de-vie sur des vaisseaux d'une contenance supérieure à cinq hectolitres, ni mettre en vente ou avoir en perce à la fois plus de trois pièces de chaque espèce de boissons. L'usage de mettre les vins en bouteilles sera néanmoins permis, pourvu que la transvasion ait lieu en présence des commis. Les bouteilles seront cachetées du cachet de la régie; le débitant fournira la cire et le feu.

59. Il est défendu aux débitans de faire aucun remplissage sur les tonneaux, soit marqués, soit démarqués, si ce n'est en présence des commis; d'enlever de leurs caves les pièces vides, sans qu'elles aient été préalablement démarquées, et de substituer de l'eau ou tout autre liquide aux boissons qui auront été reconnues dans les futailles lors de la prise en charge.

60. Les débitans ne pourront avoir qu'un seul râpé de raisin de trois hectolitres au plus, et pourvu qu'ils aient en cave au moins trente hectolitres de vin. Ils ne pourront verser de vin sur ce râpé hors la présence des commis.

61. Il est fait défense aux vendans en détail de recéler des boissons dans leurs maisons ou ailleurs, et à tous propriétaires ou principaux locataires, de laisser entrer chez eux des boissons appartenant aux débitans, sans qu'il y ait bail par acte authentique pour les caves, celliers, magasins et autres lieux où seront placées lesdites boissons. Toute communication intérieure entre les maisons des débitans et les maisons voisines, est interdite, et les commis sont autorisés à exiger qu'elle soit scellée.

62. Lorsqu'il y aura impossibilité d'interdire les communications, le voisin du débitant pourra être soumis aux exercices des commis, et au paiement du droit à la vente en détail, lorsque sa consommation

apparente sera évidemment supérieure à ses facultés et à la consommation réelle de sa famille, d'après les habitudes du pays.

63. Dans le cas prévu par l'article précédent, et avant de procéder à aucune opération, les employés feront par écrit un rapport à leur directeur. Le directeur le transmettra au préfet, qui prononcera définitivement sur l'avis du maire, et autorisera, s'il y a lieu, l'exercice chez le voisin du débitant. Les employés ne pourront procéder à cet exercice sans exhiber l'arrêté du préfet qui l'aura autorisé.

64. Si le résultat de cet exercice fait reconnaître une consommation apparente évidemment supérieure à la consommation réelle de l'individu exercé, le directeur en référera au préfet qui, sur son rapport, et après avoir pris l'avis du sous-préfet et du maire, déterminera, chaque trimestre, la quantité qui sera allouée pour consommation et celle qui sera assujettie au paiement du droit.

65. Le décompte des droits à percevoir en raison des boissons trouvées manquantes chez chaque débitant sera arrêté tous les trois mois, et les quantités de boissons restantes seront portées à compte nouveau. Le paiement desdits droits sera exigé à la fin de chaque trimestre ou à la cessation du commerce d'un débitant. Il pourra même l'être au fur et à mesure de la vente, pourvu qu'il y ait une pièce entière débitée, ou lorsque les boissons auront été mises en vente dans les foires, marchés ou assemblées.

66. Il sera accordé aux débitans, pour tous déchets et pour consommation de famille, trois pour cent sur le montant des droits de détail qu'ils auront à payer.

67. Les débitans de boissons qui auront déclaré cesser leur débit, seront tenus de retirer leur enseigne ou bouchon; et resteront soumis, pendant les trois mois suivans, aux visites et exercices des commis. En cas de continuation de vente, il sera dressé procès-verbal de cette contravention, et en outre ils seront contraints, pour tout le temps écoulé depuis la déclaration de

cesser, au paiement des droits proportionnellement aux sommes constatées à leur charge pendant le trimestre précédent.

68. Les débitans qui auront refusé de souffrir les exercices des employés, seront contraints, nonobstant les suites à donner aux procès-verbaux, au paiement du droit de détail sur toutes les boissons restant en charge lors du dernier exercice; ils seront tenus d'acquitter en outre le même droit, pour tout le temps que les exercices demeureront suspendus, au prorata de la somme la plus élevée qu'ils auront payée pour un trimestre pendant les deux années précédentes.

A l'égard des débitans qui n'auraient pas été soumis précédemment aux exercices, ils seront obligés d'acquitter une somme égale à celle payée par le débitant le plus imposé du même canton de justice de paix.

Les procès-verbaux rapportés pour refus d'exercice seront présentés, dans les vingt-quatre heures, au maire de la commune, qui sera tenu de viser l'original.

69. La vente en détail des boissons ne pourra être faite par les bouilleurs ou distillateurs pendant le temps que durera leur fabrication. Cette vente pourra toutefois être autorisée, si le lieu du débit est totalement séparé de l'atelier de distillation.

§. III. *Des Abonnemens pour le Droit de vente en détail.*

70. Toutes les fois qu'un débitant se soumettra à payer par abonnement l'équivalent du droit du détail dont il sera estimé passible, il devra y être admis par la régie. Lorsque la régie ne sera pas d'accord avec ledit débitant pour fixer l'équivalent du droit, le préfet en conseil de préfecture prononcera, sauf le recours au conseil d'état, en prenant en considération les consommations des années précédentes et les circonstances particulières qui peuvent influer sur le débit de l'année pour laquelle l'abonnement est requis. Les abonnemens seront faits par écrit, et ne seront définitifs qu'après l'approbation de la régie. Leur durée ne pourra excéder un an. Ils ne pourront avoir pour effet d'attribuer à

l'abonné le privilége de vendre à l'exclusion de tous autres débitans qui voudraient s'établir dans la même commune.

71. Il pourra encore être consenti par la régie, de gré à gré avec les débitans, des abonnemens à l'hectolitre pour les différentes espéces de boissons qu'ils auront déclaré vouloir vendre. Ces abonnemens auront pour effet d'affranchir les débitans des obligations qui leur sont imposées relativement aux déclarations de prix de vente. Ils seront faits par écrit, et approuvés par les directeurs, et ne pourront avoir plus de durée que deux trimestres.

72. Les abonnemens consentis en vertu des deux articles précédens, seront révoqués de plein droit en cas de fraude ou contravention dûment constatée.

73. La régie devra également consentir dans les villes avec les conseils municipaux, lorsqu'ils en feront la demande, un abonnement général pour le montant des droits de détail et de circulation dans l'intérieur, moyennant que la commune s'engage à verser dans les caisses de la régie, par vingt-quatrième, de quinzaine en quinzaine, la somme convenue pour l'abonnement, sauf à elle à s'imposer sur elle-même pour le recouvrement de cette somme, comme elle est autorisée à le faire pour les dépenses communales.

74. Ces abonnemens, discutés entre les directeurs de la régie ou leurs délégués et les conseils municipaux, n'auront d'exécution qu'après qu'ils auront été approuvés par le ministre des finances, sur l'avis du préfet et le rapport du directeur-général des contributions indirectes. Ils ne seront conclus que pour une année, et seront révocables de plein droit, en cas de non-paiement, d'un des termes à l'époque fixée.

75. La régie poursuivra le recouvrement des sommes dues au trésor en raison desdits abonnemens, par voie de contrainte sur le receveur municipal, et par la saisie des deniers et revenus de la commune.

76. Dans les villes où ces abonnemens seront ac-

cordés, tout exercice chez les débitans sera supprimé ; et la circulation des boissons dans l'intérieur, affranchie de toute formalité.

77. Sur la demande des deux tiers au moins des débitans d'une commune, approuvée en conseil municipal, et notifiée par le maire, la régie devra consentir pour une année, et sauf renouvellement, à remplacer la perception du droit de détail par exercice, au moyen d'une répartition, sur la totalité des redevables, de l'équivalent dudit droit.

78. Ce mode de remplacement ne pourra être admis qu'autant qu'il offrira un produit égal à celui d'une année moyenne, calculée d'après trois années consécutives d'exercice. Il sera discuté entre les débitans ou leurs délégués et l'employé supérieur de la régie, en présence du maire ou d'un membre du conseil municipal, et pourra être exécuté provisoirement en vertu de l'autorisation du préfet, donnée sur la proposition du directeur de la régie. Il devra néanmoins être approuvé par le ministre des finances, sur le rapport du directeur général des contributions indirectes.

Lorsque la régie ne sera pas d'accord avec lesdits débitans pour fixer l'équivalent du droit, le préfet, en conseil de préfecture, prononcera, sauf le recours au conseil d'état, en prenant en considération les consommations des années précédentes, et les circonstances particulières qui peuvent influer sur le débit de l'année pour laquelle l'abonnement est requis.

79. Lorsque ce remplacement sera adopté, les syndics nommés par les débitans, sous la présidence du maire ou de son délégué, procéderont, en présence de ce magistrat, à la répartition de la somme à imposer entre tous les débitans alors existans dans la commune. Les rôles arrêtés par les syndics, et rendus exécutoires par le maire, seront remis au receveur de la régie, pour en poursuivre le recouvrement.

80. Les débitans ainsi abonnés, seront solidaires pour le paiement des sommes portées aux rôles. En consé-

quence, aucun nouveau débitant ne pourra s'établir dans la commune pendant la durée de l'abonnement, s'il ne remplace un autre débitant compris dans la répartition.

81. Les sommes portées aux rôles seront exigibles par douzième, de mois en mois, d'avance et par voie de contrainte. A défaut de paiement d'un terme échu, les redevables dûment mis en demeure, le directeur de la régie sera autorisé à faire prononcer par le préfet, la révocation de l'abonnement, et à faire rétablir immédiatement la perception par exercices, sans préjudice des poursuites à exercer pour raison des sommes exigibles.

82. Les employés de la régie constateront par procès-verbal, à la requête des débitans ou de leurs syndics, toute vente en détail de boissons opérée dans la commune abonnée par des personnes non comprises dans la répartition. Les poursuites seront exercées par les syndics, et les condamnations prononcées au profit de la masse des débitans.

83. Les débitans ainsi abonnés, ou leurs syndics, pourront concéder à des personnes non comprises aux rôles de répartition, le droit de vendre en détail des boissons lors des foires et assemblées.

84. Les sommes à recouvrer, en exécution des deux articles précédens, seront perçues par le receveur de la régie, et imputées à tous les débitans de la commune, au marc le franc de leur cote.

§. IV. *Des Propriétaires vendant en détail les Boissons de leur cru.*

85. Les propriétaires qui voudront vendre les boissons de leur cru en détail, jouiront d'une remise de vingt-cinq pour cent sur les droits qu'ils auront à payer. Ils devront, dans la déclaration préalable à laquelle ils seront tenus comme tous les autres débitans, indiquer la quantité de boissons de leur cru qu'ils auront en leur possession, et celle dont ils entendront faire la vente en détail, et se soumettre en outre à ne vendre aucune boisson autre que celles de leur cru. Ils devront faire cette vente par eux-mêmes, ou par des domestiques à leurs gages, dans

des maisons à eux appartenant, ou qu'ils auront louées par bail authentique.

86. Ils ne pourront fournir aux buveurs que les boissons déclarées, avec des bancs et tables, et seront libres d'établir leur vente en détail sur des vaisseaux d'une contenance supérieure à cinq hectolitres. Ils seront d'ailleurs assujettis à toutes les obligations imposées aux débitans de profession : néanmoins, les visites et exercices des commis n'auront pas lieu dans l'intérieur de leur domicile, pourvu que le local où leurs boissons seront vendues en détail, en soit séparé.

§. V. *Du Droit général de consommation sur l'eau-de-vie.*

87. Un droit général de consommation, égal à celui fixé pour la vente en détail par l'art. 47, sera perçu sur toute quantité d'eau-de-vie, d'esprit, ou de liqueur composée d'eau-de-vie ou d'esprit, qui sera adressée à une personne autre que celles assujetties aux exercices des employés de la régie.

Ce droit ne sera pas dû sur les eaux-de-vie, esprits et liqueurs qui seront exportés à l'étranger.

88. Le droit général de consommation sera perçu d'après le prix courant de la vente en détail au lieu de destination. Il sera payé à l'arrivée des boissons et avant la décharge de l'acquit-à-caution; il pourra néanmoins être acquitté au lieu de l'enlèvement par les expéditeurs, lesquels, dans ce cas, seront tenus seulement, pour opérer le transport, de se munir d'un congé au lieu d'un acquit-à-caution.

89. Tout marchand en gros d'eau-de-vie, esprit et liqueur, acquittera le droit de consommation sur les quantités de ces boissons qui manqueront à ses charges, après la déduction fixée par l'article 103. La même obligation est imposée à tout débitant qui cessera son commerce pour les quantités d'eaux-de-vie, esprits et liqueurs qu'il conservera.

90. Le droit de consommation ne sera point exigé des personnes non soumises aux exercices, en cas de transport d'eaux-de-vie, d'esprits ou de liqueurs de

l'une de leurs maisons dans une autre, ou dans un nouveau domicile, en justifiant toutefois aux employés appelés à décharger les acquits-à-caution, de leur droit à cette exemption.

Les bouilleurs de cru qui feront transporter les produits de leur distillation dans des caves ou magasins séparés de la brûlerie, n'auront droit à la même exemption qu'en soumettant ces caves ou magasins aux exercices des préposés de la régie.

91. Les eaux-de-vie versées sur les vins seront également affranchies du droit de consommation, pourvu que la quantité employée n'excède pas un vingtième de la quantité de vin soumise à cette opération, qui ne pourra se faire qu'en présence des employés de la régie.

§. VI. *Remplacement du Droit de détail à Paris.*

92. Il n'y aura pas, dans l'intérieur de la ville de Paris, d'exercice sur les boissons autres que les bières; le droit de détail et celui d'entrée y seront remplacés au moyen d'une taxe unique aux entrées, fixée ainsi qu'il suit :

Par hectolitre de vin en cercles	10 fr. 50 c.
Par hectolitre de vin en bouteilles	15 00.
Par hectolitre de cidre et poiré.	5 00.
Par hectolitre d'eau-de-vie simple au-dessous de vingt-deux degrés.	18 0.
Par hectolitre d'eau-de-vie de vingt-deux degrés jusqu'à 28 exclusivement.	36 00.
Par hectolitre d'esprit à vingt-huit degrés et au-dessus, d'eau-de-vie de toute espèce en bouteilles et de liqueurs composées d'eau-de-vie ou d'esprit, tant en cercles qu'en bouteilles.	60 00.

93. Les dispositions du chapitre II, et les peines y prononcées en cas de contravention, sont applicables à la taxe établie par l'article précédent.

§. VII. *Dispositions générales applicables au présent chapitre.*

94. Les boissons trouvées en la possession de personnes vendant en détail sans déclaration, ainsi que celles à l'égard desquelles des contraventions seront constatées chez les débitans, seront saisies par les employés de la régie.

95. Les personnes convaincues de faire le commerce des boissons en détail sans déclaration préalable ou après déclaration de cesser, seront punies d'une amende de trois cents francs à mille francs, et de la confiscation des boissons saisies. Les contrevenans pourront néanmoins obtenir la restitution desdites boissons, en payant une somme de mille francs, indépendamment de l'amende prononcée par le tribunal.

96. Les autres contraventions aux dispositions du présent chap. seront punies de la confiscation des objets saisis, et d'une amende qui, pour la première fois, ne pourra être moindre de cinquante francs, ni supérieure à trois cents francs, et qui sera toujours de cinq cents francs en cas de récidive.

CHAPITRE IV.

Des Marchands en gros.

97. Les négocians, les marchands en gros, courtiers, facteurs, commissionnaires, commissionnaires de roulage, dépositaires, distillateurs, bouilleurs de profession et autres, qui voudront faire le commerce des boissons en gros (qu'ils soient ou non entrepositaires, s'ils habitent un lieu sujet aux entrées), seront tenus de déclarer les quantités, espèces et qualités des boissons qu'ils possèdent, tant dans le lieu de leur domicile qu'ailleurs.

98. Sera considéré comme marchand en gros tout particulier qui recevra ou expédiera, soit pour son compte, soit pour le compte d'autrui, des boissons, soit en futailles d'un hectolitre au moins, ou en plusieurs futailles qui, réunies, contiendraient plus d'un hectolitre, soit en caisses et paniers de vingt-cinq bouteilles et au-dessus.

99. Ne seront pas considérés comme marchands en gros les particuliers recevant accidentellement une pièce, une caisse ou un panier de vin pour le partager avec d'autres personnes, pourvu que, dans sa déclaration, l'expéditeur ait énoncé, outre le nom et le domicile du destinataire, ceux des copartageans, et la quantité destinée à chacun d'eux.

La même exception sera applicable aux personnes qui, dans le cas de changement de domicile, vendront les boissons qu'elles auront reçues pour leur consommation.

Elle le sera également aux personnes qui vendraient, immédiatement après le décès de celle à qui elles auraient succédé, les boissons dépendant de sa succession et provenant de sa récolte ou de ses provisions, pourvu qu'elle ne fût ni marchand en gros, ni débitant, ni fabricant de boissons.

100. Les dénommés en l'article 97 pourront trans-

vaser, mélanger et couper leurs boissons hors la présence des employés ; les pièces ne seront pas marquées à l'arrivée : seulement il sera tenu, pour les boissons en leur possession, un compte d'entrée et de sortie dont les charges seront établies d'après les congés, acquits-à-caution ou passavans, qu'ils seront tenus de représenter, sous peine de saisie, et les décharges d'après les quittances du droit de circulation.

Les eaux-de-vie et esprits seront suivis par degrés. Les charges seront accrues, lors du réglement de compte, en proportion de l'affaiblissement du degré des quantités expédiées ou restant en magasin.

101. Les employés pourront faire, à la fin de chaque trimestre, les vérifications nécessaires, à l'effet de constater les quantités de boissons restant en magasin, et le degré des eaux-de-vie et esprits.

Indépendamment de ces vérifications, ils pourront également faire, dans le cours du trimestre, toutes celles qui seront nécessaires pour connaître si les boissons reçues ou expédiées ont été soumises au droit à la circulation ou aux autres droits dont elles pourraient être passibles.

Ces vérifications n'auront lieu que dans les magasins, caves et celliers, et seulement depuis le lever jusqu'au coucher du soleil.

102. Les dénommés en l'article 97 pourront faire accidentellement des ventes de boissons en quantités inférieures à celles fixées par l'article 98. Ils seront tenus de payer le droit de détail pour ces ventes, lorsque la quantité expédiée ne formera pas un hectolitre, si elle est en une ou plusieurs futailles, ou vingt-cinq litres, si elle est en bouteilles. Les vins, eaux-de-vie et liqueurs en bouteilles, expédiés en quantité de vingt-cinq litres et au-dessus, devront être contenus dans des caisses ou paniers fermés et emballés suivant les usages du commerce.

103. Il sera accordé aux marchands en gros, pour ouillage, coulage et affaiblisssement de degrés, une

déduction de cinq pour cent par an sur les eaux-de-vie au-dessous de vingt-huit degrés, et de six pour cent sur les eaux-de-vie rectifiées et esprits de vingt-huit degrés et au - dessus, et de six pour cent sur les cidres et poirés.

Le décompte de cette déduction sera fait à la fin de chaque trimestre, en raison de la durée du séjour des eaux-de-vie, cidres et poirés en magasin.

La déduction sur les vins sera de six pour cent, divisés par portions égales sur les trimestres d'octobre et de janvier, pour les vins nouveaux entrés pendant ces deux trimestres; et d'un pour cent pour chacun de ceux d'avril et de juillet, sur les vins existant lors de ces deux exercices.

La régie pourra accorder une plus forte déduction pour les vins qui éprouvent un déchet supérieur à la remise ci-dessus fixée.

104. Les marchands en gros seront tenus de payer un droit égal à celui de détail, d'après le prix courant du lieu de leur résidence, sur les quantités de boissons qui seront reconnues manquer à leurs charges, après la déduction accordée pour coulage et ouillage.

105. Nul ne pourra faire une déclaration de cesser le commerce en gros de boissons, tant qu'il conservera en sa possession des boissons qu'il aura reçues en raison de ce commerce, excepté toutefois lorsque la quantité n'excédera pas celle reconnue nécessaire pour sa propre consommation.

106. Toute personne qui fera le commerce des boissons en gros sans déclaration préalable, ou après une déclaration de cesser, ou qui, ayant fait une déclaration de marchand en gros, exercera réellement le commerce des boissons en détail, sera punie d'une amende de cinq cents francs à deux mille francs, sans préjudice de la saisie et de la confiscation des boissons en sa possession. Elle pourra en obtenir la main-levée en payant une somme de deux mille francs, indépendamment de l'amende prononcée par le tribunal.

Toute autre contravention aux dispositions du présent chapitre sera punie de la confiscation des objets saisis, et d'une amende qui ne pourra être moindre de cinquante francs, ni supérieure à trois cents francs. En cas de récidive, cette amende sera toujours de cinq cents francs.

CHAPITRE V.
Des Brasseries.

107. Il sera perçu, à la fabrication des bières, un droit de deux francs par hectolitre de bière forte, et de cinquante centimes par hectolitre de petite bière.

Ce dernier droit sera de soixante-quinze centimes, lorsqu'il sera constaté par un arrêté du préfet pour chaque arrondissement, et sur l'avis du sous-préfet, qui prendra celui des maires, que l'hectolitre se vend cinq francs et au-dessus.

108. Il n'y aura lieu à faire l'application de la taxe sur la petite bière que lorsqu'il aura été fabriqué plusieurs brassins avec la même drêche; et cette exception ne sera appliquée qu'au dernier brassin, pourvu d'ailleurs qu'il ne soit entré dans sa fabrication aucune portion des matières résultant des trempes données pour les premiers, qu'il n'ait été fait aucune addition ni remplacement de drêche, et que la chaudière où il aura été fabriqué n'excède, en contenance, aucune de celles qui auront servi pour ces brassins; faute de quoi tous les brassins seront réputés de bière forte et imposés comme tels.

109. Le produit des trempes données pour un brassin ne pourra excéder de plus du vingtième la contenance de la chaudière déclarée pour sa fabrication; la régie des contributions indirectes est autorisée à régler, suivant les circonstances, l'emploi de cet excédant, de manière qu'il ne puisse en résulter aucun abus.

110. La quantité de bière passible du droit sera évaluée, quelles qu'en soient l'espèce et la qualité, en comptant pour chaque brassin la contenance de la chaudière, lors même qu'elle ne serait pas entièrement

pleine. Il sera seulement déduit, sur cette contenance, vingt pour cent pour tenir lieu de tous déchets de fabrication, d'ouillage, de coulage et autres accidens.

111. Les employés de la régie sont autorisés à vérifier, dans les bacs et cuves ou à l'entonnement, le produit de la fabrication de chaque brassin.

Tout excédant à la contenance brute de la chaudière sera saisi. Un excédant de plus du dixième supposera, en outre, la fabrication d'un brassin non déclaré, et le droit sera perçu en conséquence, indépendamment de l'amende encourue.

Tout excédant à la quantité déclarée imposable par l'article 110, sera soumis au droit quand il sera de plus du dixième de cette quantité, soit qu'on le constate sur les bacs ou à l'entonnement.

112. L'entonnement de la bière ne pourra avoir lieu que de jour.

113. Il ne pourra être fait d'un même brassin qu'une seule espèce de bière; elle sera retirée de la chaudière et mise aux bacs-refroidissoirs sans interruption : les décharges partielles sont, par conséquent, défendues.

114. La petite bière fabriquée sans ébullition sur des marcs qui auront déjà servi à la fabrication de tous les brassins déclarés, sera exempte de tout droit, pourvu qu'elle ne soit que le produit d'eau froide versée dans la cuve-matière sur ces marcs, qu'elle ne soit fabriquée que de jour, qu'elle n'excède pas en quantité le huitième des bières assujetties au droit pour un des brassins précédens, et qu'en sortant de la cuve-matière elle soit livrée de suite à la consommation, sans être mélangée d'aucune autre espèce de bière.

À défaut d'une de ces conditions, toute la petite bière fabriquée sera soumise au droit, indépendamment des peines encourues pour fausse déclaration, s'il y a lieu.

115. Les bières destinées à être converties en vinaigre sont assujetties aux mêmes droits de fabrication que les autres bières.

Les quantités passibles du droit seront évaluées, lorsque ces bières auront été fabriquées par infusion, en comptant pour chaque brassin la contenance de la cuve dans laquelle le produit des trempes aura dû être réuni pour fermenter, lors même qu'elle ne serait pas entièrement pleine.

Il sera déduit sur la contenance de la chaudière ou de la cuve, quelles que soient les quantités fabriquées, pourvu qu'elles n'excèdent point la contenance des vaisseaux, vingt pour cent pour tous déchets de fabrication, d'ouillage, de coulage, d'évaporation, et autres accidens.

En cas d'excédant à la contenance de la chaudière ou de la cuve, il sera fait application des peines établies par l'article 111 pour les autres bières.

116. Il ne pourra être fait usage, pour la fabrication de la bière, que de chaudières de six hectolitres et au-dessus.

Il est défendu de se servir de chaudières qui ne seraient pas fixées à demeure et maçonnées.

Les brasseries ambulantes sont interdites, et néanmoins la régie pourra les permettre suivant les localités.

117. Les brasseurs seront tenus de faire au bureau de la régie la déclaration de leur profession et du lieu où seront situés leurs établissemens; ils seront, en outre, obligés à déclarer par écrit la contenance de leurs chaudières, cuves et bacs, avant de s'en servir; ils fourniront l'eau et les ouvriers nécessaires pour vérifier par l'empotement de ces vaisseaux les contenances déclarées : cette opération sera dirigée en leur présence par des employés de la régie, et il en sera dressé procès-verbal.

Chaque vaisseau portera un numéro et l'indication de sa contenance en hectolitres.

118. Il est défendu de changer, modifier ou altérer la contenance des chaudières, cuves et bacs, ou d'en établir de nouveaux sans en avoir fait la déclaration par écrit vingt-quatre heures d'avance. Cette déclara-

tion contiendra la soumission du brasseur de ne faire usage desdits ustensiles qu'après que leur contenance aura été vérifiée, conformément à l'article précédent.

119. Le feu ne pourra être allumé sous les chaudières, dans les brasseries, que pour la fabrication de la bière.

120. Tout brasseur sera tenu, chaque fois qu'il voudra mettre le feu sous ses chaudières, de déclarer, au moins quatre heures d'avance dans les villes, et douze heures dans les campagnes,

1°. Le numéro et la contenance des chaudières qu'il voudra employer, et l'heure de la mise de feu sous chacune ;

2°. Le nombre et la qualité des brassins qu'il devra fabriquer avec la même drèche ;

3°. L'heure de l'entonnement de chaque brassin ;

4°. Le moment où l'eau sera versée sur les marcs pour fabriquer la petite bière sans ébullition, exempte du droit, et celui où elle devra sortir de la brasserie.

Les brasseurs qui voudront faire, pour la fabrication du vinaigre, un ou plusieurs brassins par infusion, déclareront, en outre, la contenance de la cuve dans laquelle toutes les trempes devront être réunies pour fermenter.

Le préposé qui aura reçu une déclaration, en remettra une ampliation signée de lui au brasseur, lequel sera tenu de la représenter à toute réquisition des employés pendant la durée de la fabrication.

121. La mise de feu sous une chaudière supplémentaire pourra être autorisée sans donner ouverture au paiement du droit de fabrication, pourvu qu'elle ne serve qu'à chauffer les eaux nécessaires à la confection de la bière et au lavage des ustensiles de la brasserie. Le feu sera éteint sous la chaudière supplémentaire, et elle sera vidée aussitôt que l'eau destinée à la dernière trempe en aura été retirée.

122. Les brasseurs sont autorisés à se servir de hausses mobiles, qui ne seront point comprises dans l'épalement, pourvu qu'elles n'aient pas plus d'un décimètre (environ quatre pouces) de hauteur, qu'elles ne soient placées sur les chaudières qu'au moment de l'ébullition

de la bière, et qu'on ne se serve point de mastic ou autres matières pour les soutenir ou pour les élever.

123. Toutes constructions en charpente, maçonnerie ou autrement, qui seront fixées à demeure sur les chaudières, et qui s'étendront sur plus de moitié de leur contour, seront comprises dans l'épalement; les brasseurs devront en conséquence les détruire, ou faire les dispositions convenables pour qu'elles puissent être épalées.

124. Toute brasserie en activité portera une enseigne sur laquelle sera inscrit le mot *Brasserie*.

Les brasseurs de profession apposeront sur leurs tonneaux une marque particulière, dont une empreinte sera par eux déposée au bureau de la régie, au moment où ils feront la déclaration prescrite par l'article 117.

125. Les brasseurs seront soumis aux visites et vérifications des employés, et tenus de leur ouvrir, à toute réquisition, leurs maisons, brasseries, ateliers, magasins, caves et celliers, ainsi que de leur représenter les bières qu'ils auront en leur possession. Ces visites ne pourront avoir lieu dans les maisons non contiguës aux brasseries ou non enclavées dans la même enceinte.

Ils seront également tenus de faire sceller toute communication des brasseries avec les maisons voisines, autres que leur maison d'habitation.

126. Les brasseurs pourront avoir un registre coté et paraphé par le juge de paix, sur lequel les employés consigneront le résultat des actes inscrits à leurs portatifs.

127. Les brasseurs auront, avec la régie des contributions indirectes, pour les droits constatés à leur charge, un compte ouvert qui sera réglé et soldé à la fin de chaque mois.

Les sommes dues pourront être payées en obligations dûment cautionnées, à trois, six ou neuf mois de terme, pourvu que chaque obligation soit au moins de trois cents francs.

128. Les particuliers qui ne brassent que pour leur consommation, les colléges, maisons d'instruction et

autres établissemens publics, sont assujettis aux mêmes taxes que les brasseurs de profession, et tenus aux mêmes obligations, excepté au paiement du prix de la licence.

Néanmoins les hôpitaux ne seront assujettis qu'à un droit proportionnel à la qualité de la bière qu'ils font fabriquer pour leur consommation intérieure : ce droit sera réglé par deux experts, dont l'un sera nommé par la régie, et l'autre par les administrateurs des hôpitaux : en cas de discord, le tiers arbitre sera nommé par le préfet.

129. Toute contravention aux dispositions du présent chapitre sera punie d'une amende de deux cents à six cents francs.

Les bières trouvées en fraude, et les chaudières qui ne seraient pas fixées à demeure et maçonnées, seront, en outre, saisies et confisquées.

130. La régie pourra consentir, de gré à gré, avec les brasseurs de la ville de Paris et des villes au-dessus de trente mille âmes, un abonnement général pour le montant du droit de fabrication dont ils seront présumés passibles ; cet abonnement sera discuté entre le directeur de la régie et les syndics qui seront nommés par les brasseurs : il ne pourra être accordé pour 1816 qu'autant qu'il offrira un produit égal à celui d'une année moyenne, calculée d'après la quantité de bière fabriquée dans Paris durant dix années consécutives. Il ne sera définitif qu'après qu'il aura été approuvé par le ministre des finances, sur le rapport du directeur général des contributions indirectes.

131. Dans le cas de l'abonnement autorisé par l'article précédent, les syndics des brasseurs procéderont chaque trimestre, en présence du préfet ou d'un membre du conseil municipal délégué par lui, à la répartition entre les brasseurs, en proportion de l'importance du commerce de chacun, de la somme à imposer sur tous. Les rôles arrêtés par les syndics et rendus exécutoires par le préfet ou son délégué, seront remis au

directeur de la régie, pour qu'il en fasse poursuivre le recouvrement.

152. Les brasseurs de Paris et des villes au-dessus de trente mille âmes seront solidaires pour le paiement des sommes portées aux rôles; en conséquence, aucun nouveau brasseur ne pourra s'établir, s'il ne remplace un autre brasseur compris dans la répartition.

133. Pendant toute la durée de l'abonnement, nul brasseur ne pourra accroître les moyens de fabrication, soit en augmentant le nombre et la capacité des chaudières, soit de toute autre manière.

134. Les sommes portées aux rôles de répartition seront exigibles par douzième, de mois en mois, d'avance et par voie de contrainte. A défaut de paiement d'un terme échu, les redevables dûment mis en demeure, ou en cas de contravention à l'article précédent, le ministre des finances, sur le rapport du directeur général des contributions indirectes, sera autorisé à prononcer la révocation de l'abonnement, et à faire remettre immédiatement en vigueur le mode de perception établi par la présente loi, sans préjudice des poursuites à exercer pour raison des sommes exigibles.

135. Au moyen de l'abonnement autorisé par l'article 150, les brasseurs seront dispensés de la déclaration qu'ils sont tenus, par l'article 120 de la présente loi, de faire au bureau de la régie, avant chaque mise de feu; mais, afin de fournir aux syndics les élémens de la répartition, et à la régie les moyens de discuter l'abonnement pour l'année suivante, les brasseurs inscriront, sur leur registre coté et paraphé, chaque mise de feu, au moment même où elle aura lieu. Les commis, lors de leurs visites, établiront sur leur registre portatif les produits de la fabrication, d'après la contenance des chaudières et sous la déduction réglée par l'article 110, et s'assureront seulement par la vérification des quantités de bière existant dans les brasseries, qu'il n'a point été fait de brassin qui n'ait été inscrit sur le registre des fabricans.

136. L'abonnement ne pourra être consenti que pour une année. En cas de renouvellement, les brasseurs procéderont, au préalable, à la nomination d'un tiers des membres du syndicat. Les syndics qui devront être remplacés la première et la deuxième année, seront désignés par le sort. Ils ne pourront, dans aucun cas, être réélus qu'après une année au moins d'intervalle.

137. Les bières fabriquées dans Paris, qui seraient expédiées hors du département de la Seine, seront soumises, à la sortie dudit département, au droit de fabrication établi par l'article 107 de la présente loi, et auquel sont assujettis les brasseurs des départemens circonvoisins. Il en sera de même des bières fabriquées dans des villes où l'abonnement avec les brasseurs aura été consenti, lorsqu'elles seront expédiées hors desdites villes.

CHAPITRE VI.
Des Distilleries.

138. Les distillateurs et bouilleurs de profession seront tenus de faire, par écrit, avant de commencer à distiller, toutes les déclarations nécessaires pour que les employés puissent surveiller leur fabrication, en constater les résultats, et les prendre en charge sur leurs portatifs.

Il leur sera délivré des ampliations de leurs déclarations, qu'ils devront représenter, à toute réquisition des employés, pendant la durée de la fabrication.

§. Ier. *Des Distilleries de grains, pommes de terre et autres substances farineuses.*

139. La déclaration à faire par les distillateurs de profession, en conformité de l'article précédent, aura lieu au moins quatre heures d'avance dans les villes, et douze heures dans les campagnes : elle énoncera,

1°. Le numéro et la contenance des chaudières et cuves de macération qui devront être mises en activité;

2°. Le nombre des jours de travail;

3°. Le moment où le feu sera allumé et éteint, chaque jour, sous les chaudières;

4°. L'heure du chargement des cuves de macération;

5°. La quantité de farine qui sera employée ;

6°. Enfin, et par approximation, la quantité et le degré de l'eau-de-vie qui devra être fabriquée.

140. Les dispositions des articles 117, 118 et 125, relatives à la déclaration des vaisseaux en usage dans les brasseries, et aux vérifications que les brasseurs sont obligés de souffrir dans leurs ateliers et dépendances, sont applicables aux distillateurs de profession.

§. II. *Des Distilleries de vins, cidres, poirés, marcs, lies et fruits.*

141. La déclaration à faire par les bouilleurs de profession, en conformité de l'article 138, aura lieu au moins quatre heures d'avance dans les villes, et douze heures dans les campagnes : elle énoncera,

1°. Le nombre des jours de travail ;

2°. La quantité des vins, cidres, poirés, marcs, lies, fruits, mélasses, qui seront mis en distillation ;

3°. Par approximation, la quantité et le degré de l'eau-de-vie qui devra être fabriquée.

142. Les distillateurs de la régie sont autorisés à convenir de gré à gré, avec les bouilleurs de profession, d'une base d'évaluation pour la conversion des vins, cidres, poirés, lies, marcs ou fruits, en eau-de-vie ou esprits.

143. Toute contravention aux dispositions du présent chapitre sera punie conformément à ce qui est prescrit par l'article 129 ci-dessus.

CHAPITRE VII.

Dispositions générales applicables au présent titre.

144. Toute personne assujettie par le présent titre à une déclaration préalable, en raison d'un commerce quelconque de boissons, sera tenue, en faisant ladite déclaration, et sous les mêmes peines, de se munir d'une licence, dont le prix annuel est fixé par le tarif ci-annexé.

145. Dans toutes les opérations relatives aux taxes établies par le présent titre, les bouteilles seront comptées chacune pour un litre ; les demi-bouteilles, chacune pour un demi-litre, et les droits perçus en raison de ces contenances.

146. Toute personne qui contestera le résultat d'un jaugeage fait par les employés de la régie, pourra requérir qu'il soit fait un nouveau jaugeage, en présence d'un officier public, par un expert que nommera le juge-de-paix, et dont il recevra le serment. La régie pourra faire vérifier l'opération par un contre-expert, qui sera nommé par le président du tribunal d'arrondissement. Les frais de l'une et de l'autre vérification seront à la charge de la partie qui aura élevé mal-à-propos la contestation.

TITRE II.
Des Octrois.

147. Lorsque les revenus d'une commune seront insuffisans pour ses dépenses, il pourra y être établi, sur la demande du conseil municipal, un droit d'octroi sur les consommations. La désignation des objets imposés, le tarif, le mode et les limites de la perception, seront délibérés par le conseil municipal, et réglés de la même manière que les dépenses et les revenus communaux. Le conseil municipal décidera si le mode de perception sera la régie simple, la régie intéressée, le bail à ferme ou l'abonnement avec la régie des contributions indirectes: dans tous les cas, la perception du droit se fera sous la surveillance du maire, du sous-préfet et du préfet.

148. Les droits d'octroi continueront à n'être imposés que sur les objets destinés à la consommation locale. Il ne pourra être fait d'exceptions à cette règle que dans les cas extraordinaires et en vertu d'une loi spéciale.

149. Les droits d'octroi, qui seront établis à l'avenir sur les boissons, ne pourront excéder ceux qui seront perçus aux entrées des villes au profit du trésor. Si une exception à cette règle devenait nécessaire, elle ne pourrait avoir lieu qu'en vertu d'une ordonnance spéciale du Roi.

150. Les réglemens d'octroi ne pourront contenir aucune disposition contraire à celles des lois et réglemens relatifs aux différens droits imposés au profit du trésor.

151. En cas de quelque infraction de la part des conseils municipaux aux règles posées par les articles précédens, le ministre des finances, sur le rapport du directeur général des contributions indirectes, en référera au Conseil du Roi, lequel statuera ce qu'il appartiendra.

152. Des perceptions pourront être établies dans les banlieues autour des grandes villes, afin de restreindre la fraude ; mais les recettes faites dans ces banlieues appartiendront toujours aux communes dont elles seront composées.

153. Le produit net des octrois, dans toutes les communes où il en est perçu, sera soumis, au profit du trésor, à un prélèvement de dix pour cent, à titre de subvention, pendant la durée de la présente loi.

Il sera fait déduction, sur les produits passibles de cette retenue, du montant de la contribution mobilière, dans les villes où elle est remplacée par une addition à l'octroi.

Il en sera de même du montant de l'abonnement que la régie pourrait consentir avec les villes, en remplacement du droit de détail, en exécution de l'article 73 de la présente loi.

A compter du 1er. juillet 1816, il ne pourra être fait aucun autre prélèvement, soit sur le produit net des octrois, soit sur les autres revenus des communes, sous quelque prétexte que ce soit, et en vertu de quelques lois et ordonnances que ce puisse être. Elles sont expressément rapportées en ce qu'elles pourraient avoir de contraire à la présente loi.

154. Les préposés des octrois seront tenus, sous peine de destitution, d'opérer la perception des droits établis aux entrées des villes, au profit du trésor, lorsque la régie le jugera convenable ; elle fera exercer, relativement à ces perceptions, tel genre de contrôle ou de surveillance qu'elle croira nécessaire d'établir.

Lorsque la régie chargera de la perception des droits d'entrée des préposés commissionnés par elle, les communes seront tenues de les placer avec leurs propres receveurs dans les bureaux établis aux portes des villes.

155. Dans toutes les communes où les produits annuels du droit d'octroi s'élèveront à vingt mille francs et au-dessus, il pourra être établi un préposé en chef de l'octroi. Ce préposé sera nommé par le ministre des finances, sur la présentation du maire, approuvée par le préfet, et sur le rapport du directeur général des contributions indirectes.

Le traitement du préposé surveillant sera fixé par le ministre des finances, sur la proposition du conseil municipal, et fera partie des frais de perception de l'octroi.

Les dispositions de cet article ne sont point applicables à l'octroi de Paris, dont l'administration reste soumise à des réglemens particuliers.

156. Les préposés de tout grade des octrois seront nommés par les préfets, sur la proposition des maires. Le directeur général des contributions indirectes pourra, dans l'intérêt du trésor, faire révoquer ceux de ces préposés qui ne rempliraient pas convenablement leurs fonctions.

157. Les dix pour cent du produit net des octrois seront versés dans les caisses de la régie, aux époques qu'elle aura déterminées ; le montant de ce prélèvement sera arrêté tous les mois par des bordereaux de recettes et dépenses, visés et vérifiés par le préposé surveillant de l'octroi; le recouvrement s'en poursuivra par la saisie des deniers de l'octroi, et même par voie de contrainte, à l'égard du receveur municipal.

158. La régie des contributions indirectes sera autorisée à traiter de gré à gré avec les communes pour la perception de leurs octrois ; les traités ne seront définitifs qu'après avoir été approuvés par le ministre des finances.

159. Tous les préposés comptables des octrois sont tenus de fournir un cautionnement en numéraire, qui sera fixé par le ministre sécretaire d'état des finances, à raison du vingt-cinquième brut de la recette présumée.

Le *minimum* ne pourra être au-dessous de deux cents francs.

Pour les octrois des grandes villes, il sera présenté des fixations particulières.

Ces cautionnemens seront versés au trésor, qui en paiera l'intérêt au taux fixé pour ceux des employés des contributions indirectes.

TITRE III.

Droit sur les Cartes.

160. Le droit de vingt-cinq centimes, actuellement perçu par chaque jeu de cartes, est réduit à quinze cen-

times par jeu, de quelque nombre de cartes qu'il soit composé.

161. En conséquence de la réduction prononcée par l'article précédent, il ne sera plus accordé aux fabricans de cartes aucune déduction sur le montant du droit, ni sur le papier qui leur sera livré par la régie, sous prétexte d'avarie, de déchet, ou pour quelqu'autre motif que ce soit.

162. La régie des contributions indirectes continuera de fournir aux fabricans de cartes les feuilles de moulage, ainsi que le papier filigrané qu'ils sont tenus d'employer à leur fabrication. Le prix de chaque espèce sera déterminé chaque année par le ministre des finances, et devra être payé par ces fabricans à l'instant de la livraison.

163. Les fabricans qui ne pourront justifier de l'emploi ou de l'existence du papier qui leur aura été délivré, seront censés avoir employé à des jeux de trente-deux cartes toutes les feuilles manquantes. Le décompte en sera fait d'après cette base, et ils acquitteront, par chaque jeu, le double du droit établi.

164. Les fabricans de cartes seront soumis au paiement annuel d'un droit de licence, conformément au tarif annexé à la présente loi.

165. Les fabricans pourront faire usage de papiers tarotés ou de couleur pour le dessus de leurs cartes.

166. Tout individu qui fabriquera des cartes à jouer, ou qui en introduira dans le royaume, ou qui en distribuera, vendra ou colportera sans y être autorisé par la régie, sera puni de la confiscation des objets de fraude, d'une amende de 1000 à 3000 fr. et d'un mois d'emprisonnement; en cas de récidive, l'amende sera toujours de 3000 fr.

167. Les mêmes peines seront appliquées à ceux qui tiennent des cafés, des auberges, des débits de boissons, et en général des établissemens où le public est admis, s'ils permettent que l'on se serve chez eux de cartes prohibées, lors même qu'elles auraient été apportées par

les joueurs. Les personnes désignées au présent article seront tenues de souffrir les visites des préposés de la régie.

168. Ceux qui auront contrefait ou imité les moules, timbres et marques employés par la régie pour distinguer les cartes légalement fabriquées, et ceux qui se serviront des véritables moules, timbres ou marques, en les employant d'une manière nuisible aux intérêts de l'État, seront punis, indépendamment de l'amende fixée par l'art. 166, des peines portées par les art. 142 et 143 du Code pénal (24).

169. Les dispositions des art. 223, 224, 225 et 226 de la présente loi, sont applicables à la fraude et à la contrebande sur les cartes à jouer.

170. Les dispositions des lois, arrêtés et réglemens auxquelles il n'est pas dérogé par le présent titre, continueront de recevoir leur exécution.

TITRE IV.
Droit de Licence.

171. Toutes les personnes dénommées au tarif ci-annexé ne pourront commencer la fabrication ou le débit qu'après avoir obtenu une licence, qui ne sera valable que pour un seul établissement et pour l'année où elle aura été délivrée.

Il sera payé comptant, pour droit de licence, la somme fixée audit tarif, à quelque époque de l'année que soit faite la déclaration.

Toute contravention relative au droit de licence sera punie d'une amende de 300 francs, laquelle, en cas de fraude, sera augmentée du quadruple des droits fraudés.

TITRE V.
Tabacs.
CHAPITRE Ier.
De la Fabrication et de la Vente du Tabac.

172. L'achat, la fabrication et la vente des tabacs continueront à avoir lieu par la régie des contributions indirectes dans toute l'étendue du royaume, exclusivement, au profit de l'État.

173. Les tabacs fabriqués à l'étranger, de quelques pays qu'ils proviennent, sont prohibés à l'entrée du royaume, à moins qu'ils ne soient achetés pour le compte de la régie.

174. Le prix des tabacs fabriqués que la régie vendra aux consommateurs, ne pourra excéder la fixation ci-après, savoir :

> Par kilogramme de première qualité de toute espèce. 11 fr. 20 c.
> Par kilogramme de seconde qualité de toute espèce. 7 20
> Par cigarre. 0 05

175. Il sera fabriqué une espèce de tabac dit de *cantine*, dont le prix ne pourra excéder 4 fr. le kilogr.

176. Les prix fixés par les art. 174 et 175 pourront être réduits en vertu d'ordonnances du Roi, et il pourra de plus être établi des qualités intermédiaires de tabac, dont les prix seront proportionnés à ceux fixés par ces articles.

177. La régie est autorisée à vendre aux consommateurs, des tabacs étrangers de toute espèce ; le prix en sera déterminé par des ordonnances du Roi.

178. La régie est également autorisée à vendre aux pharmaciens, aux propriétaires de bestiaux et aux artistes vétérinaires, des feuilles indigènes, au prix du tabac de cantine.

179. La régie pourra vendre des tabacs en feuilles exotiques, et les caboches et les côtes des feuilles indigènes, à la charge de les exporter. Elle pourra vendre également des tabacs fabriqués, à la même condition et à des prix inférieurs à ceux qui sont déterminés ci-dessus.

Dans l'un et l'autre cas, les prix seront fixés par le ministre des finances.

CHAPITRE II.

De la Culture du Tabac en général.

180. La culture du tabac est maintenue dans les départemens où elle est autorisée aujourd'hui, si d'ailleurs elle s'élève à cent mille kilogrammes en tabacs secs.

Nul ne pourra se livrer à la culture du tabac, sans en avoir fait préalablement la déclaration, et sans en avoir obtenu la permission. Il ne sera pas admis de déclaration pour moins de vingt ares en une seule pièce.

181. Les tabacs qui seront plantés en contravention au précédent article, seront détruits aux frais des cultivateurs, sur l'ordre que le sous-préfet en donnera, à la réquisition du contrôleur principal des contributions indirectes. Les contrevenans seront, en outre, condamnés à une amende de cinquante francs par cent pieds de tabacs, si la plantation est faite sur un terrain ouvert, et de cent cinquante francs, si le terrain est clos de murs, sans que cette amende puisse, en aucun cas, excéder trois mille francs.

182. Les cultivateurs seront tenus de représenter, en totalité, le produit de leur récolte calculé sur les bases qui seront déterminées ci-après, à peine de payer, pour les quantités manquantes, le prix du tabac fabriqué de cantine.

183. A l'avenir, les cultivateurs auront la faculté de destiner leur récolte, soit à l'approvisionnement des manufactures royales, soit à l'exportation, en se conformant aux dispositions prescrites dans l'un et l'autre cas.

CHAPITRE III.

De la Culture pour l'approvisionnement des Manufactures royales.

184. Le directeur général des contributions indirectes fera connaître, dans le mois d'octobre de chaque année, dans chacun des départemens où la culture est autorisée, le nombre de quintaux métriques de tabac qui sont nécessaires à la régie, et qui devront lui être fournis sur la récolte de l'année suivante.

185. Le directeur général répartira ces quantités de tabacs de manière à assurer au moins les cinq sixièmes des approvisionnemens des manufactures royales en tabacs indigènes.

186. Le préfet, en conseil de préfecture, après avoir entendu deux des principaux planteurs de tabacs de chaque arrondissement, et d'après l'avis du directeur des contributions indirectes du département, réglera, par approximation, le nombre d'hectares de terre qu'il

sera permis de planter en tabac, pour produire les quantités ci-dessus mentionnées.

187. Le préfet, en la forme prescrite par l'article précédent, décidera si cette fourniture se fera par voie d'adjudication, ou soumission, ou traité avec les planteurs de tabac, ou si l'on se conformera aux usages adoptés les années précédentes.

188. Le préfet déterminera alors, et toujours après avoir entendu deux des principaux planteurs, et après l'avis du directeur des contributions indirectes du département, le mode de déclaration, permission, surveillance, contrôle, décharge, classification, expertise et livraison de la récolte.

189. Dans les arrondissemens où les adjudications, soumissions ou traités seraient adoptés, il sera dressé un cahier de charges, qui sera approuvé par le directeur des contributions indirectes du département.

Ce cahier de charges contiendra toutes les obligations que les adjudicataires ou soumissionnaires auront à remplir, et déterminera notamment le mode de surveillance et de contrôle de la culture, ainsi que le mode de livraison des tabacs. Les conditions en seront obligatoires pour l'administration et les contractans, comme toute convention faite par acte authentique entre particuliers; et aucun réglement ou circulaire d'administration publique ne pourra changer ou modifier ces conventions ou traités ainsi consentis.

190. Ne seront admis à concourir aux adjudications, soumissions ou traités, que les planteurs de tabac reconnus solvables par le préfet et le directeur des contributions indirectes, ou qui pourront fournir caution pour sûreté de leurs engagemens.

191. Lorsque le préfet aura réglé que la fourniture se fera par traité particulier, ou conformément à ce qui était précédemment en usage, il déterminera alors le mode de surveillance, contrôle et livraison.

192. Le préfet fixera, en la forme prescrite par l'article 186, le prix des diverses qualités de tabacs qui,

dans aucun cas, ne pourront être au-dessous de ceux accordés en 1815 pour la récolte de 1814.

Ces prix pourront servir de base aux traités particuliers, et, d'accord avec les principaux planteurs de tabac, être fixés pour toute la durée de la présente loi.

Il pourra être accordé, en outre des prix fixés, à titre d'encouragement de culture, dix centimes par kilogramme de tabac, pour les qualités dites *surchoix*.

193. Lorsque la vérification de culture fera connaître qu'il y a excédant de plus d'un cinquième, soit sur la quantité de terre déclarée, soit sur le nombre des pieds de tabac, suivant le mode déterminé par le préfet, il en sera dressé procès-verbal ; et le contrevenant sera condamné à une amende de 25 francs par cent pieds de tabacs plantés sur les terres excédant la déclaration, sans que cette amende puisse s'élever au dessus de 1500 francs, et sans préjudice de l'augmentation de charge qui en résultera au compte du cultivateur.

194. En cas de contestation sur le mesurage des terres plantées en tabac, ou sur le nombre des pieds de tabac excédans, la vérification en sera ordonnée d'office par le préfet, et les frais en resteront à la charge de celle des parties dont l'estimation aura présenté la différence la plus forte comparativement avec la contenance réelle.

195. Dans le cas prévu par les articles 181 et 193, les cultivateurs seront privés du droit de planter à l'avenir du tabac. Il en sera de même à l'égard de ceux qui auront soustrait, en tout ou en partie, leur récolte à l'exportation.

196. Les cultivateurs seront tenus d'arracher et de détruire, immédiatement après la récolte, les tiges et souches de leurs plantations ; sur leur refus, l'opération sera exécutée de la manière prescrite en l'art. 181.

197. Les planteurs de tabac seront admis à faire constater par les employés de la régie, en présence du maire et de concert avec lui, les accidens que leur récolte encore sur pied aurait éprouvés par suite de l'intempérie des saisons. La réduction à laquelle ils pourront prétendre sur la quantité ou le nombre qu'ils seraient

tenus de représenter en exécution de l'art. 182, sera estimée de gré à gré au même instant; et, en cas de discussion, il sera prononcé par des experts nommés par le préfet.

Ils seront de même admis à présenter au magasin de réception les tabacs avariés depuis la récolte, à en requérir la destruction en leur présence, et à la faire constater par les employés.

198. Le compte du cultivateur de tabac sera déchargé des quantités ou nombre dont la détérioration ou la destruction sur pied aura été constatée, et de ceux du tabac avarié depuis la récolte qu'il aura présenté au bureau, et qui aura été détruit conformément à l'article précédent.

199. Lors de la livraison, le compte du cultivateur de tabac sera balancé. En cas de déficit, il sera tenu de payer la valeur des quantités manquantes, d'après le mode arrêté par le préfet, au taux du tabac de cantine.

200. Les sommes dues par les cultivateurs, en vertu de l'article précédent, seront recouvrées dans la forme des impositions directes, sur un état dressé par le directeur des contributions indirectes, et rendu exécutoire par le préfet.

201. Les cultivateurs seront recevables, pendant un mois, à porter devant le conseil de préfecture leurs réclamations contre le résultat de leur décompte. Le conseil de préfecture devra prononcer dans les deux mois.

CHAPITRE IV.

De la Culture du Tabac pour l'exportation.

202. La culture du tabac pour l'exportation est autorisée dans les départemens où la culture est maintenue.

Tous propriétaires et fermiers pourront être admis à cultiver du tabac pour l'exportation, s'ils sont reconnus solvables par le préfet et le directeur des contributions indirectes du département, ou s'ils fournissent caution pour sûreté de l'exportation de leur tabac.

Les art. 180, 181, 182 de la présente loi, sont applicables à ceux qui voudraient cultiver pour l'exportation.

203. Le préfet, dans la forme prescrite à l'art. 136, déterminera le mode de déclaration, vérification, contrôle et charges des cultivateurs pour l'exportation.

204. Dans le cas où le planteur de tabac pour l'exportation cultiverait aussi pour l'approvisionnement des manufactures royales, le préfet, en conseil de préfecture, après avoir entendu deux des principaux cultivateurs de tabac, et après l'avis du directeur des contributions indirectes du département, déterminera le mode de livraison à faire à la régie, et celui de surveillance à exercer pour les tabacs restant à exporter.

205. Les charges des planteurs de tabac, établies conformément au mode déterminé par le préfet, seront portées sur des registres qui seront ensuite déposés dans le bureau où les tabacs devront être présentés avant l'exportation.

206. L'exportation sera effectuée avant le 1er août de l'année qui suivra la récolte, à moins que le cultivateur n'ait obtenu du préfet, sur l'avis du directeur du département, une prolongation de délai, qui, en aucun cas, ne pourra passer le 1er septembre, et qui ne pourra lui être accordée qu'autant qu'il justifiera que sa récolte est intacte.

Néanmoins, si le cultivateur, au lieu d'exporter ses tabacs conformément au présent article, préfère les déposer dans les magasins de la régie, ils y seront admis en entrepôt, et y resteront jusqu'à l'exportation. Les frais de magasinage et autres seront payés par lui, d'après un tarif dressé par le préfet.

207. Après les délais qui auront été accordés pour l'exportation, les tabacs qui n'auront été ni exportés ni mis en entrepôt, seront saisis et confisqués, sans préjudice des répétitions de la régie contre le cultivateur et sa caution, pour raison des quantités manquantes.

208. Les tabacs ne pourront être enlevés de chez le cultivateur qu'en vertu d'un laissez-passer des employés des contributions indirectes, qui ne sera délivré que pour le bureau établi près le magasin le plus voisin.

209. A ce bureau, les tabacs seront reconnus, pesés,

cordés et plombés ; et il sera délivré au cultivateur, sans autre caution que celle qu'il aura fournie en exécution de l'article 202, et sans qu'il soit besoin qu'elle intervienne de nouveau, un acquit pour les accompagner jusqu'à l'étranger.

Si les tabacs n'étaient pas encore parvenus à un état de dessiccation complet, ou s'il était reconnu qu'ils eussent été mouillés, il serait fait de gré à gré, sur le poids, une réduction qui serait mentionnée sur l'acquit-à-caution.

Dans le cas où l'on ne s'accorderait pas sur cette réduction, les tabacs resteraient déposés au bureau jusqu'à parfaite dessiccation.

210. Les tabacs admis en entrepôt seront enregistrés après reconnaissance du poids et de la qualité, et il sera délivré acte du dépôt au cultivateur.

211. Le compte du cultivateur de tabac pour l'exportation sera déchargé des quantités détériorées et avariées, conformémeut aux articles 181 et 203.

212. A l'expiration du délai fixé pour l'exportation, le compte sera balancé, et les art. 214, 215 et 216 de la présente loi seront applicables au planteur pour l'exportation.

213. Les sommes dues par les cultivateurs, en vertu de l'article précédent, seront recouvrées dans la forme des impositions directes, sur un état dressé par le directeur des contributions indirectes, et rendu exécutoire par le préfet.

214. Les cultivateurs seront recevables, pendant un mois, à porter devant le conseil de préfecture leurs réclamations contre le résultat de leur décompte. Le conseil de préfecture devra prononcer dans les deux mois.

CHAPITRE V.

Dispositions générales applicables au présent titre.

215. Les tabacs en feuille ne pourront circuler sans acquit-à-caution, si ce n'est dans le cas prévu par l'article 208, ou lorsqu'ils auront été cultivés pour l'approvisionnement de la régie, et qu'ils seront transportés du domicile du cultivateur au magasin de réception ; ils devront, dans ce dernier cas, comme dans le premier, être accompagnés d'un laissez-passer.

Les tabacs fabriqués ne pourront circuler sans acquit-à caution toutes les fois que la quantité excédera dix kilogrammes ; les quantités d'un kilogramme à dix devront être accompagnées d'un laissez-passer, à moins qu'elles ne soient revêtues des marques et vignettes de la régie.

216. Les tabacs circulant en contravention à l'article précédent seront saisis et confisqués, ainsi que les chevaux, voitures, bateaux et autres objets servant au transport: le contrevenant sera puni, en outre, d'une amende de cent francs à mille francs.

Toute personne convaincue d'avoir fourni le tabac saisi en fraude sera passible de cette dernière amende.

217. Nul ne peut avoir en sa possession des tabacs en feuilles, s'il n'est cultivateur dûment autorisé.

Nul ne peut avoir en provision des tabacs fabriqués, autres que ceux des manufactures royales; et cette provision ne peut excéder dix kilogrammes, à moins que les tabacs ne soient revêtues des marques et vignettes de la régie.

218. Les contraventions à l'article précédent seront punies de la confiscation, et, en outre, d'une amende de dix francs par kilogramme de tabac saisi. Cette amende ne pourra excéder la somme de trois mille francs, ni être au-dessous de cent francs.

219. Les tabacs vendus par la régie comme tabacs de *cantine*, seront saisis, comme étant en fraude, lorsqu'il seront trouvés dans les lieux où la vente n'en sera pas autorisée; et les détenteurs seront passibles de l'amende portée en l'article précédent.

220. Les ustensiles de fabrication, tels que moulins, râpes, hâches-tabacs, rouets, mécaniques à scaferlati, presses à carottes et autres, de quelque forme qu'ils puissent être, qui, quinze jours après la promulgation de la présente loi, ne seraient point rétablis sous le scellé ordonné par l'article 44 de la loi du 24 décembre 1814, (25) seront saisis et confisqués.

221. Seront considérés et punis comme fabricans frauduleux, les particuliers chez lesquels il sera trouvé des ustensiles, machines ou mécaniques propres à la fabrication ou à la pulvérisation, et en même temps des tabacs en feuille ou en préparation, quelle qu'en soit la quantité, ou plus de dix kilogrammes de tabac fabriqué, non revêtu des marques de la régie.

Les tabacs et ustensiles, machines ou mécaniques seront saisis et confisqués, et les contrevenans condamnés, en outre, à une amende de mille à trois mille francs.

En cas de récidive l'amende sera double.

222. Ceux qui seront trouvés vendant en fraude du tabac à leur domicile, ou ceux qui en colporteront, qu'ils soient ou non surpris à le vendre, seront arrêtés et constitués prisonniers, et condamnés à une amende de trois cents francs à mille francs, indépendamment de la confiscation des tabacs saisis, de celle des ustensiles servant à la vente, et, en cas de colportage, de celle des moyens de transport, conformément à l'art. 216.

223. Les employés de contributions indirectes, des douanes ou des octrois, les gendarmes, les préposés forestiers, les gardes champêtres, et généralement tout employé assermenté, pourront constater la vente des tabacs en contravention à l'article 172, le colportage, les circulations illégales, et généralement les fraudes sur le tabac; procéder à la saisie des tabacs, ustensiles et mécaniques prohibés par la présente loi, à celle des chevaux, voitures, bateaux et autres objets servant au transport, et constituer prisonniers les fraudeurs et colporteurs, dans le cas prévu par l'article précédent.

224. Lorsque, conformément aux articles 222 et 223, les employés auront arrêté un colporteur ou fraudeur de tabac, ils seront tenus de le conduire sur-le-champ devant un officier de police judiciaire, ou de le remettre à la force armée, qui le conduira devant le juge compétent, lequel statuera de suite, par une décision motivée, sur son emprisonnement ou sa mise en liberté.

Néanmoins, si le prévenu offre bonne et suffisante caution de se présenter en justice et d'acquitter l'amende encourue, ou s'il consigne lui-même le montant de ladite amende, il sera mis en liberté, s'il n'existe aucune autre charge contre lui.

225. Tout individu, condamné pour fait de contrebande en tabac, sera détenu jusqu'à ce qu'il ait acquitté le montant des condamnations prononcées contre lui : cependant le temps de la détention ne pourra excéder six mois, sauf le cas de récidive, où le terme pourra être d'un an.

226. La contrebande de tabac, avec attroupement et à main armée, sera poursuivie et punie comme en matière de douanes.

227. Les préposés aux entrepôts et à la vente des tabacs, qui seraient convaincus d'avoir falsifié des tabacs des manufactures royales, par l'addition ou le mélange de matières hétérogènes, seront destitués, sans préjudice des peines portées par l'article 178 du Code pénal (26).

228. Les droits et actions acquis à la régie en vertu de la loi du 24 décembre 1814 (27), lui sont réservés.

229. Le ministre des finances rendra, à la prochaine session des Chambres, un compte détaillé de la régie des tabacs, comprenant le montant total de ses recettes et dépenses effectives depuis son établissement.

Ledit compte fera connaître la quantité des tabacs indigènes et exotiques restant en magasin, et leur valeur calculée d'après le prix d'achat des feuilles, en y ajoutant, quant aux tabacs fabriqués, les frais de fabrication.

Le présent titre, relatif au tabac, n'aura d'effet que jusqu'au 1.er janvier 1821.

TITRE VI.
Des acquits-à-caution.

230. Tout ce qui concerne les acquits-à-caution délivrés par la régie, sera réglé suivant les dispositions de la loi du 22 août 1791 (28).

TITRE VII.
Dispositions générales.

231. Les dispositions des lois, décrets et réglemens, auxquelles, il n'est pas dérogé par la présente, et qui autorisent et régissent actuellement la perception des droits sur la navigation, les bacs, les bateaux, les péages, les passages de ponts et écluses, les canaux, la pêche, les francs-bords, les matières d'or et d'argent, les voitures publiques, la régie des poudres et salpêtres, sont et demeurent maintenus.

232. Le décime par franc pour contribution de guerre (29) est maintenu sur ceux des droits désignés, établis ou conservés par la présente loi, qui en sont passibles ; il sera également perçu en sus des droits établis par les titres Ier, III et IV de la présente loi.

233. La régie des Contributions indirectes établira un bureau dans toutes les communes où il sera présenté un habitant solvable qui puisse remplir les fonctions de buraliste.

234. Les buralistes tiendront leur bureau ouvert au public depuis le lever jusqu'au coucher du soleil, les jours ouvrables seulement.

235. Les visites et exercices que les employés sont autorisés à

faire chez les redevables, ne pourront avoir lieu que pendant le jour; cependant ils pourront aussi être faits la nuit dans les brasseries, distilleries, lorsqu'il résultera des déclarations que ces établissemens sont en activité: et chez les débitans de boissons, pendant tout le temps que les lieux de débit seront ouverts au public.

236. Les visites et vérifications que les employés sont autorisés à faire pendant le jour seulement, ne pourront avoir lieu que dans les intervalles de temps déterminés par l'article 26 de la présente loi.

237. En cas de soupçon de fraude à l'égard des particuliers non sujets à l'exercice, les employés pourront faire des visites dans l'intérieur de leurs habitations, en se faisant assister du juge de paix, du maire, de son adjoint, ou du commissaire de police, lesquels seront tenus de déférer à la réquisition qui leur en sera faite, et qui sera transcrite en tête du procès-verbal. Ces visites ne pourront avoir lieu que d'après l'ordre d'un employé supérieur, du grade de contrôleur au moins, qui rendra compte des motifs au directeur du département.

Les marchandises transportées en fraude qui, au moment d'être saisies, seraient introduites dans une habitation pour les soustraire aux employés, pourront y être suivies par eux, sans qu'ils soient tenus, dans ce cas, d'observer les formalités ci-dessus prescrites.

238. Les rebellions ou voies de fait contre les employés seront poursuivies devant les tribunaux, qui ordonneront l'application des peines prononcées par le Code pénal (3o), indépendamment des amendes et confiscations qui pourraient être encourues par les contrevenans. Quand les rebellions ou voies de fait auront été commises par un débitant de boissons, le tribunal ordonnera, en outre, la clôture du débit pendant un délai de trois mois au moins, et de six mois au plus.

239. A défaut de paiement des droits, il sera décerné, contre les redevables, des contraintes qui seront exécutoires nonobstant opposition et sans y préjudicier.

240. Les employés n'auront aucun droit au partage du produit net des amendes et confiscations; un tiers de ce produit appartiendra à la caisse des retraites, les deux autres tiers feront partie des recettes ordinaires de la régie : le tout conformément aux dispositions de l'article 137 de la loi du 8 décembre 1814 sur les boissons (31).

Néanmoins les employés saisissans auront droit au partage du produit net des amendes et confiscations prononcées par suite des fraudes et contraventions relatives aux octrois, aux tabacs et cartes.

A Paris, et dans les villes où l'abonnement général autorisé par l'art. 72 sera consenti, les communes disposeront relativement aux saisies faites aux entrées par les préposés de l'octroi, du tiers affecté ci-dessus à la caisse des retraites de la régie.

241. Les registres portatifs tenus par les employés de la régie seront cotés et paraphés par les juges de paix : les registres de perception ou de déclaration, et tous autres pouvant servir à établir les droits du trésor et ceux des redevables, seront cotés et paraphés, dans chaque arrondissement de sous-préfecture, par un des fonctionnaires publics que les sous-préfets désigneront à cet effet.

242. Les actes inscrits par les employés, dans le cours de leurs exercices, sur leurs registres portatifs, auront foi en justice jusqu'à inscription de faux.

243. Les expéditions et quittances délivrées par les employés seront marquées d'un timbre spécial dont le prix est fixé à dix centimes.

244. Les préposés ou employés de la régie prévenus de crimes ou délits commis dans l'exercice de leurs fonctions, seront poursuivis et traduits, dans les formes communes à tous les citoyens, devant les tribunaux compétens, sans autorisation préalable de la régie : seulement le juge-instructeur, lorsqu'il aura décerné un mandat d'arrêt, sera tenu d'en informer le directeur des impositions indirectes du département de l'employé poursuivi ; le tout conformément aux dispositions de la loi du 8 décembre 1814, article 144 (32).

245. Les autorités civiles et militaires, et la force publique, prêteront aide et assistance aux employés pour l'exercice de leurs fonctions, toutes les fois qu'elles en seront requises.

246. Une loi spéciale déterminera le mode de procéder, relativement aux instances qui concernent la perception des contributions indirectes.

247. Aucunes instructions, soit du ministre, soit du directeur général ou de la régie des impositions indirectes, soit d'aucuns des préposés, ne pourront, sous quelque prétexte que ce soit, annuller, étendre, modifier ou forcer le vrai sens des dispositions de la présente loi.

Les tribunaux ne pourront prononcer de condamnations qui seraient fondées sur lesdites instructions, et qui ne résulteraient pas formellement de la présente loi.

Les contribuables de qui il aurait été exigé ou perçu quelques sommes au-delà du tarif, ou d'après les seules dispositions d'instructions ministérielles, pourront en réclamer la restitution.

Leur demande devra être formée dans les six mois ; elle sera instruite et jugée dans les formes qui sont observées en matière de domaine.

248. La présente loi sera mise à exécution, à dater du jour de sa promulgation, et n'aura d'effet que jusqu'au 1er février 1817, excepté en ce qui concerne les tabacs.

[N.° 1.] *Tarif du Droit à percevoir, par hectolitre, à la circulation des Boissons, en exécution de l'article premier de la présente Loi.*

| | VINS EN CERCLES, | | | | | | | |
	Enlevés pour un lieu situé dans le même département ou dans un département limitrophe.	Enlevés pour un lieu situé au-delà des départemens limitrophes.	En bouteilles	CIDRES et Poirés.	Eaux-de-vie en cercles au-dessous de 22 degrés	Eaux-de-vie en cercles de 22 degrés jusqu'à 28 degrés exclusivement.	Eaux-de-vie et esprits de 28 degrés et au-dessus.	Eaux-de-vie et esprits de toute espèce en bouteilles, liqueurs composées d'eau-de-vie ou d'esprit, tant en cercles qu'en bouteilles et fruits à l'eau-de-vie.
Dans les départements de 1.re classe. .	0f 40c	0f 60c						
de 2.e idem. . .	0. 50.	0. 75.	5f 00c	0f 20c	1f 80c	2f 50c	3f 20c	8f 00c.
de 3.e idem.. .	0. 60.	0. 90.						
de 4.e idem.. .	1. 00.	1. 20.						

[N.º 2.] Tarif des Droits d'entrée à percevoir sur les Boissons dans les villes et communes de 2,000 ames de population agglomérée et au-dessus, en exécution de l'article 20 de la présente Loi.

POPULATION DES COMMUNES.	PAR HECTOLITRE DE VIN EN CERCLES.				Par hectolitre de vin en bouteilles ou de vin de liqueur, tant en cercles qu'en bouteilles.	Par hectolitre de cidre, et poiré.	Par hectolitre d'eau-de-vie en cercles au-dessous de 22 degrés.	Par hectolitre d'eau-de-vie en cercles du 22 degrés, jusqu'à 28 degr. inclusivement.	Par hectolitre d'eau-de-vie rectifiée à 2.º degrés et au-dessus, d'eau-de-vie de toute espèce en bouteilles, de liqueurs composées d'eau-de-vie et d'esprit, tant en cercles qu'en bouteilles, et de fruits à l'eau-de-vie.
	dans les départemens de 1.re classe.	dans les départemens de 2.e classe.	dans les départemens de 3.e classe.	dans les départemens de 4.e classe.					
De 2,000 à 4,000 ames.	0f 55c	0f 70c	0. 85c	1f 00c	1f 15c	0f 35c	1f 40c	2f 10c	2. 80
De 4,000 à 6,000.	0. 85	1. 00	1. 15	1. 50	1 70	0. 45	2. 10	3. 15	4. 20
De 6,000 à 10,000.	1. 15	1. 55	1. 55	1. 75	2. 25	0. 65	2. 50	3.80	5. 10
De 10,000 à 15,000	1. 40	1. 70	2. 00	2. 25	2. 80	0. 85	3. 40	5. 10	6. 80
De 15,000 à 20,000.	2. 00	2. 25	2. 45	2. 80	4. 00	1. 15	4. 90	7. 35	9. 80
De 20,000 à 30,000.	2. 80	3. 10	3. 40	3. 80	5. 60	1. 55	7. 00	10. 50	14. 00
De 30,000 à 50,000.	3. 70	4. 10	4. 60	5. 10	7. 30	2. 10	9. 30	13. 90	18. 60
De 50,000 et au-dessus.	4. 60	5. 10	5. 50	6. 30	9. 30	2. 80	11. 80	17. 60	23. 60

[N.º 3.] TABLEAU *des Départemens du Royaume divisés en quatre classes, pour la Perception des droits de circulation et d'entrée sur les Boissons.*

1.ʳᵉ CLASSE.	II.ᵉ CLASSE.	III.ᵉ CLASSE.	IVᵉ CLASSE
Var.	Drôme.	Jura.	Nord.
Alpes (Basses).	Ardèche.	Doubs.	Pas-de-Calais
Vaucluse.	Alpes (Hautes)	Saône (Haute).	Somme.
Bouches du Rhône.	Isère.	Saône-et-Loire.	Ardennes.
Gard.	Puy-de-Dôme	Rhône.	Seine – Infé-
Hérault.	Allier.	Loire.	rieure.
Aude.	Nièvre.	Sarthe.	Calvados.
Pyrén.-orientales.	Cher.	Morbihan.	Orne.
Tarn.	Indre.	Seine.	Manche.
Garonne (Haute).	Vienne.	Seine-et-Oise.	Mayenne.
Arriège.	Sèvres (Deux)	Seine-et-Marne	Ille – et – Vi-
Lot.	Vendée.	Eure-et-Loir.	laine.
Tarn-et-Garonne.	Loire-inférᵗᵉ.	Creuse.	Côtes – du –
Gers.	Maine et Loire	Vienne (Haute)	Nord.
Pyrénées (Hautes).	Indre-et-Loire	Corrèze.	Finistère.
Dordogne.	Loir-et-Cher.	Cantal.	
Lot-et-Garonne.	Loiret.	Loire (Haute).	
Charente inférᵗᵉ.	Yonne.	Lozère.	
Charente.	Côte-d'Or.	Rhin (Bas).	
Gironde.	Ain.	Rhin (Haut).	
Landes.	Aube.	Vosges.	
Pyrénées (Basses).	Marne (Haute)	Eure.	
Aveyron.	Marne.	Oise.	
	Meuse.	Aisne.	
	Moselle.		
	Meurthe.		

[N.° 4.] Tarif *des Droits de licence à percevoir, en exécution de l'article 171 de la présente Loi.*

PROFESSIONS	DÉSIGNATION DES LIEUX.	PRIX DE LA LICENCE.
Débitans de boissons...	Dans les communes au-dessous de 4,000 ames.	6f.
	Dans celles de 4 à 6,000 ames.	8.
	Dans celles de 6 à 10,000 ames.	10.
	Dans celles de 10 à 15,000 ames.	12.
	Dans celles de 15 à 20,000 ames.	14.
	Dans celles de 20 à 30,000 ames.	16.
	Dans celles de 30 à 50,000 ames.	18.
	Dans celles de 50,000 ames et au-dessus (Paris excepté).	20.
Brasseurs....	Dans les départemens de l'Aisne, des Ardennes, du Nord, du Pas-de-Calais, du Bas-Rhin, de la Seine et de la Somme.	5o.
	Dans les départemens du Calvados, de la Côte-d'Or, du Doubs, du Finistère, de la Gironde, d'Ille-et-Vilaine, de la Marne, de la Meurthe, de la Meuse, de la Moselle, du Haut-Rhin, du Rhône, de la Seine-Inférieure, de Seine-et-Marne, de Seine-et-Oise et des Vosges.	3o.
	Dans les autres départemens.	2o.
Bouilleurs et distillateurs..	Dans tous les lieux.	1o.
Marchands en gr. de boissons	Dans tous les lieux.	5o.
Fabricans de cartes....	Dans tous les lieux.	5o.

DOUANES.

TITRE Ier.

Tarif des Droits.

Art. Ier. Le tarif des douanes sera modifié et publié d'après les dispositions suivantes :

Droits d'entrée.

2. Les droits imposés par les décrets des 5 août et 12 septembre 1810, et qui n'ont été réduits ni par l'ordonnance du 23 avril, ni par la loi du 17 décembre 1814, (33) le seront ainsi qu'il suit :

Ecorce de quercitron, de 30 fr.; savoir : {	Par navires français. {	des pays hors d'Europe, à	6 f.
		des entrepôts d'Europe et de la Méditerranée . . à	9
	Par navires étrangers et par terre . . à		12
Sumac de toutes sortes, redoul et fustet . . . . . de	30 f. à		15
Gingembre . . . . de	30 à		20
Ipécacuanha . . . . de	1200 à		500
Rhubarbe, et, par assimilation, méchoacan . . . de	600 à		300
Cachou . . . . de	600 à		100
Casse ou canéfice . . . . de	150 à		100
Orseille . . . . {	Celle *dite* tournesol en pâte, de	200 à	100
	Celle *dite* gudbeard continuera à payer		200
Huile de poisson, de 25 francs; savoir : . {	Par navires français. {	de la pêche française . . à	1
		des pays hors d'Europe, à	20
		des entrepôts d'Europe et de la Méditerranée . . à	24
	Par navires étrangers et par terre . . à		28
Résines . . . . . . {	de gaïac . . . . de	75	}
	ammoniaque. . . . . de	200	}
	Sagapenum, séraphique, tacamaca . . . . de	200	}
	élémi . . . . de	500	}
	gutte, ou de Cambogium . de	600	}
	Opopanax . . . . de	400	}

Par cent kilogrammes.

Comme les gommes non dénommées, taxées par l'article suivant.

Bois exotiques . . . . .
- de Caïenne satiné, ou de féroles. . . . . de 30 } Comme bois d'ébénisterie.
- de palixandre, ou bois violet, de 30 }
- rouge . . . . de 150
- d'aloès, ou aspalathum . . . de 800
- néphrétique. . . . . . . de 500
- de Rhodes . . . . de 200 } à 70 fr.
- du sandal citrin . . . . . de 250
- tamaris. . . . . de 150

Ouate de coton . . . . de 800   à 100

3. Les droits fixés par la loi du 17 décembre 1814, sur les marchandises ci-après, sont portés ; savoir :

Café . .
- Par navires français . .
  - des colonies françaises . .
    - au-delà du cap de Bonne-Espérance, par 100 kilogr. . . . 50
    - en-deçà du cap de Bonne-Espérance 60
  - de l'Inde (*). 85
  - d'ailleurs, hors d'Europe 95
  - des entrepôts d'Europe et de la Méditerranée. . 100
- Par navires étrangers. 105

Sucres.
- bruts.
  - des colonies françaises, sans distinction d'espèces 45
  - étrangers,
    - autres que blancs
      - Par navires français.
        - de l'Inde 60
        - d'ailleurs, hors d'Europe. 70
        - des entrepôts d'Europe et de la Méditerrannée. . 75
      - Par navires étrangers 80
    - blancs
      - Par navires français.
        - de l'Inde 70
        - d'ailleurs, hors d'Europe. 80
        - des entrepôts d'Europe et de la Méditerrancé. . 85
      - Par navires étrangers. 90
- terrés
  - des colonies françaises sans distinction d'espèces 70
  - étrangers,
    - autres que blancs
      - Par navires français.
        - des pays hors d'Europe . 95
        - des entrepôts d'Europe et de la Méditerranée . . 100
      - Par navires étrangers 105
    - blancs
      - Par navires français,
        - des pays hors d'Europe . 115
        - des entrepôts d'Europe et de la Méditerranée . . 120
      - Par navires étrangers 125

(*) Ce qui s'entend, quant à l'objet de la présente loi, des pays situés à l'est du cap de Bonne-Espérance et à l'ouest du cap Horn.

Sucre raffiné, en pains, en poudre, ou candi . . . . . prohibition maintenue.

Il sera accordé, après une année de la publication de la présente loi, une prime d'exportation pour les sucres raffinés blancs, en pains, de deux à cinq kilogrammes, expédiés directement pour l'étranger des fabriques françaises ayant plus de deux années d'exercice.
La prime sera de 90 francs par 100 kilogrammes.
Des ordonnances du Roi régleront le mode d'exécution.

			f.	c.
Cacao et pelures. . . .	Par navires français.	des colonies françaises, par cent kilogrammes.	80	
		des pays hors d'Europe . . .	115	
		des entrepôts d'Europe et de la Méditerranée	120	
	Par navires étrangers.		125	
Thé.	Par navires français.	de l'Inde , par kilogramme. .	2	50
		d'ailleurs , hors d'Europe . .	3	
		des entrepôts d'Europe et de la Méditerranée	3	25
	Par navires étrangers.		3	50
Poivre et piment . . .	Par navires français.	des colonies françaises, par cent kilogrammes.	90	
		de l'Inde	130	
		d'ailleurs, hors d'Europe . .	140	
		des entrepôts d'Europe et de la Méditerranée.	145	
	Par navires étrangers.		150	
Girofle (clous, queues et antofles de)	Par navires français.	des colonies françaises , le kilogramme.	2	
		de l'Inde	3	
		d'ailleurs , hors d'Europe . .	3	50
		des entrepôts d'Europe et de la Méditerranée	3	75
	Par navires étrangers		4	
Canelle et cassia lignea. .	Par navires français.	des colonies françaises , le kilogramme.	4	
		de l'Inde	5	
		d'ailleurs , hors d'Europe . .	5	50
		des entrepôts d'Europe et de la Méditerranée	5	75
	Par navires étrangers.		6	
Muscade et macis . . .	Par navires français.	des colonies françaises, le kilogramme.	8	
		de l'Inde	9	
		d'ailleurs , hors d'Europe. . .	9	50
		des entrepôts d'Europe et de la Méditerranée.	9	75
	Par navires étrangers		10	

			f.	c.
Cochenille et pastel d'écarlate	Par navires français.	des pays hors d'Europe , le kilogramme.	4	
		des entrepôts d'Europe et de la Méditerrannée.	5	
	Par navires étrangers	6	
Indigo	Par navires français.	des colonies françaises , le kilogramme.	1	
		de l'Inde.	1	50
		d'ailleurs , hors d'Europe.	1	75
		des entrepôts d'Europe et de la Méditerrannée.	2	
	Par navires étrangers	2	25
Rocou.	Par navires français.	des colonies françaises , les 100 kilogrammes.	10	
		des pays hors d'Europe.	20	
		des entrepôts d'Europe et de la Méditerranée	25	
	Par navires étrangers	30	
Bois de Brésil, Fernambouc.	Par navires français.	des pays hors d'Europe, par 100 kilogrammes.	7	
		des entrepôts d'Europe et de la Méditerranée	10	
	Par navires étrangers	15	
Tous autres bois de teinture, et le gaïac par exception . .	Par navires français.	des colonies françaises, par 100 kilogrammes.	1	
		des pays hors d'Europe.	2	
		des entrepôts d'Europe et de la Méditerranée	4	
	Par navires étrangers	7	
Bois de teinture moulu.	Fernambouc.	30	
	Tous autres. . . . . droit actuel.	20	
Bois d'Acajou. . .	En arbres ou blocs ayant plus de 3 décimètres d'épaisseur — Par navires français.	des colonies françaises, par cent kilogrammes.	10	
		des pays hors d'Europe	40	
		des Entrepôts d'Europe et de la Méditerranée.	50	
	Par navires étrangers.	55	
	En planches , ais ou madriers, ayant de trois décimètres à deux centimètres	100	
	En feuilles de placage, ayant moins de deux centimètres d'épaisseur	200	

Autres bois d'ébénis-terie.
- Par navires français.
  - des colonies françaises, les 100 kilogrammes 10f 00c
  - de l'Inde. . . . . 20. 00.
  - d'ailleurs, hors d'Europe. . . . . 27. 00.
  - des entrepôts d'Europe et de la Méditerranée. . . . . 30. 00.
- Par navires étrangers. . . . . 35. 00.

Ne seront considérés comme bois de teinture que ceux présentés en copeaux, en petites pièces, en éclats ou en bûches irrégulières, dont il ne peut être tiré ni planches ni feuilles pour l'ébénisterie.

Les espèces ci-dessus et autres bois d'ébénisterie (le gaïac excepté) qui seront présentés en blocs, poutrelles, planches et madriers, paieront comme bois d'ébénisterie.

En cas de difficulté, les employés des douanes feront scier, fendre ou briser les pièces qu'on déclarerait comme teinture.

Cotons en laine.
- des colonies françaises et par navires français, sans distinction d'espèces, les 100 kilogrammes. . . . . 10. 00.
- étrangers.
  - longue soie.
    - Par navires français.
      - des pays hors d'Europe. . . . . 40. 00.
      - des entrepôts d'Europe. . . . . . . 50. 00.
    - Par navires étrangers. . . . . . . 55. 00.
  - courte soie.
    - Par navires français.
      - de l'Inde. . . . . . . 15. 00.
      - des autres pays hors d'Europe. . . . 20. 00.
      - des entrepôts d'Europe. . . . . . . 30. 00.
    - Par navires étrangers. . . . . . . 35. 00.
  - de Turquie.
    - Par navires français. . . . . . . 15. 00.
    - Par navires étrangers. . . . . . . 25. 00.

Il sera accordé une prime de 50 francs par quintal métrique de tissus de pur coton exporté à l'étranger par les bureaux que le Gouvernement désignera.

Gommes et résines exotiques.
- d'acajou. . . . . . / adragant et de Bassora. . . . / arabique de toute sorte. . . . . / ammoniaque. . . . / caoutchouc. . . / de Monbain. . . / sandaraque. . . / du Sénégal. . .
  - Par navires français.
    - des colonies françaises, les 100 kilogrammes. . . . 10. 00.
    - des pays hors d'Europe. . . 20. 00.
    - des entrepôts d'Europe et de la Méditerranée. . . . 25. 00.
  - Par navires étrangers. . . . . 30. 00.
- Toutes autres gommes, résines et gommes résineuses non spécialement taxées à un droit au-dessus de celui ci-contre.
  - Par navires français.
    - des colonies françaises. . . 20. 00.
    - de l'Inde. . . . . 40. 00.
    - d'ailleurs, hors d'Europe 50. 00.
    - des entrepôts d'Europe et de la Méditerranée. . . . 55. 00.
  - Par navires étrangers. . . . . 60. 00.

Dents d'éléphant entières.	Par navires français.	des colonies françaises, les 100 kilogrammes	80f 00c
		de l'Inde	90. 00.
		des autres pays hors d'Europe	100. 00.
		des entrepôts d'Europe et de la Méditerranée	105. 00.
	Par navires étrangers.		110. 00.

Les dents d'éléphant non entières paieront un droit double.

Peaux sèches en poil de vache, bœuf et cheval.	Par navires français.	des colonies françaises, par 100 kilogrammes	1. 00.
		des pays hors d'Europe	5. 00.
		des entrepôts d'Europe et de la Méditerranée	10. 00.
	Par navires étrangers et par terre		15. 00.

Toiles écrues sans apprêt.	Par le seul bureau de Lille.	grossières ou d'étoupes	25. 00.
		de moyenne qualité	35. 00.
		fines	60. 00.
	Par les autres bureaux ouverts, sans distinction de qualités		60. 00.

Le Gouvernement déterminera les moyens de rendre la division des qualités certaines et faciles dans l'application.

Pour jouir de la modération des droits, les toiles devront être présentées à Lille, séparément par espèce, suivant les divers droits établis.

Les toiles écrues cylindrées ou autrement préparées, et les toiles teintes, paieront, comme les toiles blanches, un droit commun fixé à. . 150. 00.

Noix de galle.	Par navires français.	de la mer Noire et des pays hors d'Europe	8. 00.
		des entrepôts d'Europe	10. 00.
	Par navires étrangers et par terre		15. 00.

Nankin des Indes.	Par navires français.	des pays hors d'Europe, le kil.	8. 00.
		des entrepôts d'Europe et de la Méditerranée	9. 00.
	Par navires étrangers		10. 00.

Salaisons.	Beurre, par 100 kilogrammes		2. 00.
	Viande.	de porc (lard compris)	15. 00.
		Autre	12. 00.

Potasse et perlasse.	Par navires français.	des pays hors d'Europe, les 100 kilogrammes	15. 00.
		des entrepôts d'Europe et de la Méditerranée	18. 00.
	Par navires étrangers et par terre		21. 00.

4. Les objets ci-après seront spécialement taxés comme il suit :

		fr.	c.	
Aiguilles à coudre		2	00	par kil.
Bestiaux	Bœufs et taureaux	3	»	} par tête.
	Vaches, génisses et bouvillons	1	»	
	Veaux, béliers, brebis, moutons, chèvres et porcs	»	25	
	Agneaux, chevreaux et cochons de lait	»	10	
Camphre	brut	150		par 100 kil.
	raffiné	300	»	
Céruse et blanc de plomb		30	»	
Chanvre, y compris les étoupes et le battin		2	»	
Charbons de terre importés	Par mer — Par navires étrangers	1	50	
	Par mer — Par navires français	1	»	
	Par terre	»	30	
	Exceptions — de la mer à Baisieux exclusivement	»	60	
	Exceptions — par les départemens de la Meuse, de la Moselle et des Ardennes	»	15	
Chevaux, mules et mulets		15	»	par tête.
Cire jaune non ouvrée	Par navires français — des pays hors d'Europe	8	»	
	Par navires français — des entrepôts d'Europe et de la Méditerranée	10	»	
	Par navires étrangers et par terre	15	»	
Couleurs préparées	non spécialement taxées, qu'elles soient sèches ou liquides, en sacs ou vessies, en boîtes, en vases, ou en trochisques	35	»	
Couleurs fixées sur des loques, ou maurelle en drapeaux		25	»	
Cuivre rouge et laiton brut	Par navires français — des pays hors d'Europe	1	»	
	Par navires français — des entrepôts d'Europe et de la Méditerranée	2	»	
	Par navires étrangers et par terre	4	»	
Etain non ouvré	Par navires français — de l'Inde	5	»	
	Par navires français — des autres pays hors d'Europe	7	»	
	Par navires français — des entrepôts d'Europe et de la Méditerranée	8	»	
	Par navires étrangers et par terre	10	»	

			fr.	c.	
Fanons et barbes de baleine bruts	de la pêche française		1	«	par 100 kil.
	des pêches étrangères	Par navires français (droit actuel)	30	»	
		Par navires étrangers et par terre	35	»	

Leur admission au droit d'un franc sera subordonnée à la preuve qu'ils proviennent réellement de la pêche française. Cette preuve résultera de l'examen des papiers de mer, et, en outre, de la déclaration faite, sous serment, par le capitaine du navire, et revêtue de l'avis de la chambre de commerce du port d'arrivée.

En cas de suspicion, il y aura lieu à faire entendre les gens de l'équipage.

Si la fausse déclaration est constatée, le signataire sera condamné à une amende égale au double des droits dont le trésor aurait été frustré, la fraude n'étant pas découverte; et il ne sera plus admis à produire d'autres déclarations.

	fr.	c.	
Horloges en bois	1	»	la pièce.
Houblon	15	»	par 100 kil.
Kermès, dit graines d'écarlate	.2	»	par kil.

S'il est en poudre ou pastel, comme cochenille.

			fr.	c.	
Laque	naturelle, en bâtons, en grains ou en tables		Comme les autres gommes non dénommées.		
	préparée en petits pains carrés ou lack-lack; et toutes autres préparations de laque		»	50	par kil.
Lin; y compris les étoupes			4	»	par 100 kil.
Minium			18	»	
Nerprun, graine jaune ou graine d'Avignon			10	»	
Plomb	Par navires français		5	»	
	Par navires étrangers et par terre		7	»	
Poulains			5	»	par tête.
Riz	Par navires français	de l'Inde	1	»	par 100 kil.
		des autres pays hors d'Europe	2	»	
		des entrepôts d'Europe et de la Méditerranée	4	»	
	Par navires étrangers et par terre		7	»	
Riz du Piémont, par terre			4	»	
Suif de toute origine	Par navires français		2	50	
	Par navires étrangers et par terre		5	»	
Tabac en feuilles importé pour la régie	Par navires français		exempt.		
	Par navires étrangers		10 f.		par 100 kil.

Vins or- { Par mer . . . . 35 fr. » c. } par hect.
dinaires im- { Par terre 15   »   }
portés. . .

5. L'application du décret du 8 février 1810 (34) sera régularisée ainsi qu'il suit :

Les droits antérieurs à ce décret seront portés à cinq francs par cent kilogrammes, pour les marchandises dénommées en la première section du tableau ci-annexé sous le n°. 1.

Les droits sur celles comprises en la deuxième section demeureront simplement doublés, en complétant, quand il y aura lieu, le dernier franc par l'addition du nombre nécessaire de centimes.

Celles comprises en la troisième section, paieront les droits spécialement indiqués pour chaque article.

6. Les droits d'entrée qui n'ont été changés ni par le décret du 8 février 1810, ni par aucune disposition postérieure, seront mis en rapport avec les autres taxes du tarif, au moyen d'augmentations proportionnelles établies sur les bases de l'article précédent, et d'après le tableau ci-annexé sous le n° 2, lequel est également divisé en trois sections.

7. Les marchandises importées autrement que par navires français, à l'égard desquelles il n'est fait aucune distinction d'origine par les trois premiers articles de la présente, seront assujetties à un droit supplémentaire d'après le tarif ci-après.

Le droit principal fixé au poids sera augmenté ; savoir :

1° Jusques et y compris cinquante francs, du dixième de ce même droit ;

2° De cinquante jusques et y compris trois cents francs, du vingtième de cette seconde portion du droit.

Nulle augmentation n'affectera le surplus.

La surtaxe établie par le présent article sera réduite au tarif des douanes, de manière à ce que les centimes de chaque droit soient toujours en nombres décimaux.

Droits de sortie.

8. Les produits exotiques ci-après pourront être exportés en payant ; savoir :

Café	
Cacao	
Sucres brut, terré et raffiné, lorsqu'il n'y a pas lieu à la prime	» f. 25 c. par 100 kil.
Mélasse	
Poivre et piment	
Cochenille	
Coton en laine de toute sorte	
Indigo sans exception	» 50 *id.*
Riz	
Soufre brut, en canon, en fleur, et mèches souffrées	
Corail brut	2 » *id.*

9. Les droits de sortie des produits agricoles et industriels ci-après, que les besoins du royaume ne ré-
clament pas exclusivement, seront réduits de la manière
suivante :

Caractères d'imprimerie neufs	de	4 f.	8 c.	à 1 f.	par 100 kil.
Couperoses et vitriols de toute sorte	de	4	8	à 1	*id.*
Ouvrages en cuivre, laiton, bronze, airain et autres alliages, à l'exception des objets compris dans la classe de la mercerie, et des instruments et outils et du cuivre laminé, et autres désignés par la loi du 8 floréal an XI. ...	de	4	8	à 1	*id.*
Ouvrages en étain, excepté les objets de bimbeloterie et mercerie	de	5	10	à 1	*id.*
Fonte en gueuses.	de	5	10	à 1	*id.*
Graine de trèfle, ...	de	2	»	au droit de balance.	
Pâte de pastel et autres pour teinture	de	10	20	à 5 f.	par 100 kil.
Laines. { filées { blanches de toute sorte .	de	20	40	à 10	*id.*
Laines. { filées { teintes.	de	51	»	à 5	*id.*
{ non filées teintes.	de	20	40	à 12	*id.*
Liége en planches	de	4	»	à 1	*id.*
Miel.	de	5	»	à 1	*id.*
Marrons et châtaignes, sauf les prohibitions temporaires ou locales	de	2	»	au droit des fruits.	
Millet, mil, alpiste et escajoles.	de	3	6	à 2	par 100 kil.
Parchemin et vélin, y compris les bandes.	de	12	24	à 1	*id.*

		fr. c.	à	fr. c.	
Plomb battu, laminé, en grenailles, et ouvrages en plomb.		de 5 10	à	» 50	} par 100 kilogrammes.
Sel marin et de saline.		{ du droit de balance. }	à	» 01	
Substances végétales propres à la médecine, à la teinture ou aux tanneries, qu'elles soient ou non dénommées au tarif actuel de sortie.	Racines et écorces, sans préjudice à la prohibition du tan et des écorces à tan.	de 10 20	à	4 »	
	Tiges herbacées, feuilles, bois et brindilles.	de 20 40	à	6 »	
	Fleurs, fruits, baies, graines et capsules séminales.	de 10 20	à	8 »	
	Mousses et lichens.	{ du droit de balance. }	à	2 »	
Vins de toute sorte exportés	par les frontières de terre et les côtes de la Charente-Inférieure, de la Vendée et de la Loire-Inférieure.		à	» 50	} l'hectolitre
	par la Méditerranée et les frontières d'Espagne.		à	1 »	
	partout ailleurs.		à	2 »	
Charbon de terre.		de » 10	à	« 01	par 10 kil.
Bourres de laine de toute couleur	entières, ou produit de l'épilage des peaux passées.			10 » *id.*	
	Lanice, ou déchet produit par le battage des laines et les peignages des draps.			5 » *id.*	
	Tontisse, ou déchet produit par la tonte des draps.			8 » *id.*	

10. Pour les mêmes motifs que ceux de l'article précédent, et afin de favoriser l'agriculture, la sortie des produits ci-après sera permise, moyennant les droits qui vont être fixés ; savoir :

	par 100 kilogrammes. fr. c.
Chanvre de toute sorte, y compris les étoupes.	6 »
Cuivre, laiton, airain, bronze et autres alliages en lingots et en mitraille.	2 »
Engrais (ce qui ne s'entend que des matières animales et végéto-animales, sans autre destination).	» 25
Étain brut, soit en lingots ou en mitraille.	2 »

par 100 kilogrammes.

fr. c.

	fr.	c.
Foin et fourrages et toutes herbes de pâturage.	»	50
Graine de pastel.	2	»
Graisses et suif.	10	»
Graphite (mine de plomb noire).	3	»
Houblon.	2	»
Indique.	5	10
Lin de toute sorte et étoupes.	10	«
OEufs, sans distinction de frontières.	2	»
Peaux sèches en poil . . . . { de cheval, d'âne de bœuf, vache, bouvillon et génisse.	25	»
{ de veaux, moutons, brebis, beliers et agneaux.	70	»

Les peaux en vert ou salées ne paieront que les deux tiers des droits fixés ci-dessus.

	fr.	c.
Les peaux passées ou préparées pour parchemin.	4	»
Plomb brut en saumons ou en mitraille.	2	»
Potasse et salins.	»	25
Tourbes.	»	01

Bestiaux, sauf les prohibitions temporaires ou locales et le régime particulier aux mérinos et métis.		la pièce.	
	Bœufs et taureaux.	6	»
	Vaches, génisses et bouvillons.	3	»
	Veaux et porcs sans distinction.	2	»
	Chèvres, beliers, brebis et moutons de race commune.	»	50
	Agneaux et chevreaux.	»	25

Beurre, sauf les prohibitions temporaires ou locales, par 100 kil. . . . . 5 »

11. Les droits de sortie des marchandises et denrées ci-après seront augmentés ou régularisés ainsi qu'il suit :

	fr. c.	fr. c.	
Cailloux à faïence et à porcelaine.	de » 51	à 2 »	par 100 kil.
Derle, ou terre de porcelaine.	de 1 02	à 3 »	*idem.*
Boissons spiri-tueuses . . . . { Eau-de-vie de vin simple, double et rectifiée , ou esprit-de-vin.	de » 10	à » 50 }	l'hectolit.
{ Kirchwasser. . . . du droit de balance		à » 40 }	
{ Liqueurs et ratafias de toute sorte. . . . . *idem.*		à » 25 }	
Os, cornes et sabots de bétail.	de 10 »	à 20 »	par 100 kil.
Plâtre et pierres à plâtre. . de 1 fr. » c. les 1565 kil.		à » 15	*idem.*

Résines de pin, de sapin et de mélèze.				f. c.	f. c.	kil.
Brutes	d'exsudation	molle. . . . . . / concrète, ou barras et galipot.	de	1 et 2 » à 5 «		par 100
	obtenues par combustion.	concrète ou brai gras . . . . / liquide ou goudron. . . .	de	1 et 2 » à 1 »		idem
Epurées, ou pâte de térébenthine . .		commune. . . / fine, de Venise, de Chio, ou de Soleil . ;	de »	» 51 à 5 »		idem
Distillées , ou essence de térébenthine .			de »	» 51 à « 50		idem
Résidu de la distillation.		brai sec ou arcanson . . . / colophane. . . / résine d'huile. .	de	1 et 2 » à 1 »		idem

		f. c.			
Terre de marue.	de » 15	les 2000 kilogr.	à « 02	idem
Terre de pipe	de 10 20	les 2000 kilogr.	à « 60	idem

Droits de balance du commerce.

12. Les droits établis par la loi du 24 nivôse an V, pour faciliter la formation d'une balance de commerce, sont modifiés par les dispositions suivantes :

La faculté de déclarer à l'entrée les mêmes marchandises au poids ou à la valeur est supprimée : on devra énoncer exclusivement, soit le poids, le nombre, la mesure ou la valeur, conformément au tarif établi, pour l'entrée, par le tableau ci-annexé n° 3.

13. Les marchandises dont l'exportation est autorisée moyennant le simple droit de balance, comme n'étant pas dénommées au tarif de sortie, devront être déclarées sous des noms admis au tarif général d'entrée.

14. Elles paieront,

1.º Celles qui, à l'entrée, sont taxées au poids, ou prohibées. . . . . 25 c. par 100 kilog.

2.º Celles qui, à l'entrée, resteront taxées à la valeur, nonobstant les articles ci-après . . . . $\frac{1}{4}$ pour 100 de la valeur.

15. Les droits de balance et autres encore fixés sans nécessité à la valeur, ou qui portent, à l'entrée, sur des unités différentes de celles admises pour la sortie, seront mis en concordance par le tableau ci-joint sous le n° 4.

16. Toute marchandise omise au tarif d'entrée, qui paye maintenant à la valeur, d'après les lois des 22 août 1791 ou 30 avril 1806, 20, 10 ou 3 pour cent, ne pourra être importée que par un bureau principal de douane, où le droit de l'article le plus analogue lui sera appliqué.

Décime additionnel.

17. Le décime additionnel, tel qu'il est établi par la loi du 6 prairial an VII (35), est maintenu jusqu'à ce qu'il en soit autrement ordonné.

Taxe de consommation sur les sels.

18. La taxe sur les sels continuera à être perçue à raison de trois décimes par kilogramme, jusqu'à ce qu'il en soit autrement ordonné.

Timbre des Expéditions de douanes.

19. Les actes délivrés par les douanes porteront un timbre particulier, dont le droit est réglé comme il suit, sans qu'il puisse y avoir addition du décime :

Pour les acquits à caution, les actes relatifs à la navigation et les commissions d'emploi. o f. 75 c.

Pour les quittances de droits au-dessus de dix francs . . . . o. 25.

Pour toutes les autres expéditions . . . . o. 05.

L'administration des douanes fera elle-même appliquer ce timbre, et comptera de son produit.

Les dispositions ci-dessus ne concernent pas les actes judiciaires dressés par les agens des douanes : ces actes seront assujettis au timbre ordinaire.

TITRE II.

Désignation des Bureaux d'entrée.

20. Les marchandises dont le droit d'entrée est fixé à plus de vingt francs par cent kilogrammes, non compris le décime additionnel ni la surtaxe relative au mode de navigation, ne pourront être importées en France, savoir :

Que par les ports de Toulon, Marseille, Cette, Agde, Port-Vendre, Saint-Jean-de-Luz, Bayonne, Bordeaux,

Rochefort, la Rochelle, les Sables, Nantes, Lorient, Vannes, Brest, Morlaix, Saint-Brieux, le Légué, Saint-Malo, Granville, Cherbourg, Caen, Rouen, le Hâvre, Honfleur, Fécamp, Dieppe, Saint-Valery-sur-Somme, Boulogne, Calais et Dunkerque;

Et par les bureaux d'Armentières, *par la Lys*, Lille *par Halluin et Baisieux*, pour le commerce par terre, et Bousbeck pour les transports par eau; Valenciennes, Condé, Maubeuge, Rocroy, Givet, Charleville, Sedan *par Saint-Menge;* Givonne, Thionville *par Roussy* ou *par Sierck;* Sierck, Bouzonville, Tromborn, Forbach, Sarguemines *par Grosbliderstroff et Frauenberg;* Lauterbourg, Strasbourg, l'Ile-de-Paille, Saint-Louis, les Rousses, Châtillon, Seyssel, Pont-de-Beauvoisin, Chaparillan, Mont-Genèvre, Saint-Laurent du Var, Septèmes, Perpignan *par Perthus;* Hainoa, Béhobie.

21. Il pourra néanmoins être importé par tous les autres bureaux; savoir :

Jusqu'à la concurrence de 5 kilogrammes de fil, de toute sorte de rubans ou d'ouvrages de passementerie;

25 kilogrammes de fil ou toile de lin, de chanvre ou d'étoupe écrus;

50 kilogrammes de fer, d'outils de fer ou de fer rechargé d'acier.

Il sera d'ailleurs pourvu, quant aux matières à fabriquer, par des mesures administratives, aux exceptions locales qu'exigerait la position des fabriques.

22. A l'égard des marchandises ci-après :

Sucres bruts et terrés,

Café,

Cacao,

Indigo,

Thé,

Poivre et piment,

Girofle,

Canelle et cassia lignea,

Muscade et macis,

Cochenille et orseille,

Rocou,

Bois exotiques de teinture et d'ébénisterie,

Cotons en laine,

Gommes et résines autres que d'Europe,

Ivoire, caret et nacre de perle,

Nankins des Indes,

elles doivent être importées exclusivement, et sans exception de petites quantités, par les seuls ports d'entrepôt, et sur des bâtimens de soixante tonneaux au moins pour l'Océan, ou de quarante au moins pour la Méditerranée.

Cependant le port de Bayonne conservera la faculté de recevoir sur des bâtimens de vingt-cinq tonneaux et au-dessus, les marchandises des espèces désignées, lorsqu'elles proviendront des ports situés entre Bayonne et le cap Ortegal.

TITRE III.

Entrepôts.

23. Les armemens pour les colonies françaises seront permis dans le port du Légué, près Saint-Brieux, sous les conditions résultant des lois et réglemens. Les denrées régulièrement importées de ces colonies jouiront, soit au Légué, soit à Saint-Brieux, des mêmes priviléges que dans les autres ports désignés pour leur admission.

24. Les marchandises étrangères non prohibées pourront être mises en entrepôt réel dans les ports de Morlaix, Caen et Saint-Valery-sur-Somme, par application de la loi du 8 floréal an XI, lorsque ces villes auront fourni et fait disposer, à leurs frais ou à ceux du commerce, des magasins d'entrepôt *sûrs* et *convenables,* en se conformant à l'art. 25 de la même loi (36).

Le port de Caen sera également ouvert au commerce des colonies françaises, avec les mêmes priviléges et sous les mêmes conditions que celui du Légué.

TITRE IV.

Police des importations par terre et du rayon frontière.

25. Les négocians, voituriers et autres qui feront entrer des marchandises dans le royaume par les frontières de terre, seront tenus, en les déclarant au premier bureau

d'entrée, d'ajouter aux détails que doit présenter leur déclaration, d'après l'article 9 du titre II de la loi du 22 août 1791 (37), le nom, l'état ou profession et domicile de la personne à qui les marchandises seront adressées.

26. Aucune desdites marchandises ne pourra être retirée du premier bureau d'entrée qu'après qu'elle y aura été déclarée en détail, que la vérification aura été faite sous la responsabilité personnelle des employés chargés d'y procéder et des chefs de bureau, que les détails et les résultats de la visite auront été constatés en des registres spéciaux, que les droits auront été portés en recette, et que le conducteur sera muni de l'expédition nécessaire pour circuler.

27. Seront seules exceptées de la déclaration en détail et d'une visite complète au premier bureau, les marchandises qui, d'après les ordres particuliers de l'administration des douanes et les modifications qu'elle apportera à la marche du service pour la facilité du commerce, devront être transférées à un deuxième bureau pour y être soumises à ces formalités.

28. Dans le cas prévu à l'article précédent, les négocians, voituriers et autres qui présenteront les marchandises au premier bureau, seront tenus d'y faire au moins une déclaration du nombre de balles, caisses ou futailles destinées à être introduites, et de produire des lettres de voiture en bonne forme, délivrées dans le lieu du chargement ou de dernière expédition sur le pays étranger, lesquelles indiqueront l'espèce de marchandises et les marques, numéro et poids séparés de chaque colis.

Les objets ainsi déclarés ne seront assujettis, au premier bureau, qu'à une vérification sommaire du nombre et du poids des colis, si les préposés l'exigent; ils pourront être ensuite expédiés sous plombs et sous acquit-à-caution pour le bureau auquel sera attribuée la vérification en détail.

29. Les différences constatées au premier bureau sur le nombre, l'espèce ou le poids des colis déclarés, seront mentionnées dans l'acquit-à-caution, auquel on réunira les lettres de voiture par une ligature cachetée.

On n'exigera que le plombage par capacité des voitures dont le chargement sera enveloppé d'une toile qui puisse le renfermer en totalité, par l'apposition de deux plombs. Il suffira également de plomber, par capacité, les bateaux où les marchandises pourront être renfermées sous planches, ou par d'autres moyens qui permettent l'emploi de ce plombage.

Les marchandises devront, en outre, être escortées, dans le trajet du premier au deuxième bureau, par deux préposés.

30. La déclaration sommaire, ainsi faite au premier bureau d'entrée, ne pourra être rectifiée par la déclaration en détail et définitive à fournir au deuxième bureau, que pour la distinction des marchandises imposées à différens droits suivant leur qualité, mais dont l'espèce aura été indiquée sans fraude dans les lettres de voiture ; et pour l'indication du poids des colis, dans le cas seulement où l'on n'aurait pas constaté au premier bureau un excédant de poids au-dessus du dixième pour les marchandises ordinaires, et du vingtième pour les métaux.

Le poids indiqué dans les lettres de voiture sera réputé être celui en usage dans le lieu où elles auront été délivrées, à moins qu'elles ne portent expressément que le poids est en kilogrammes.

Seront réputées introduites en fraude, toutes marchandises prohibées à l'entrée du royaume qui n'auront pas été désignées et distinguées dans la déclaration sommaire au premier bureau d'entrée, et toutes celles qui se trouveront dans les colis non déclarés à ce bureau.

31. Les dispositions ci-dessus modifieront, en ce qui y serait contraire, celles des articles 40 et 41 de la loi du 8 floréal an XI, dans leur application particulière aux importations faites par Strasbourg. L'article 42 de la même loi sera appliqué à toutes les marchandises qui seront transférées pour la visite en détail et le paiement des droits d'un premier bureau d'entrée à un autre bureau (38).

32. Les marchandises qu'on voudra retirer des bureaux, après y avoir rempli les formalités prescrites pour leur

introduction par terre dans le royaume, ne pourront être rechargées que dans l'emplacement affecté à cette opération devant la douane, ou dans les cours et dépendances du bureau, et sous la surveillance des préposés. Les acquits de paiement ou autres expéditions ne seront remis aux intéressés qu'au moment du départ des marchandises, lequel sera constaté par un *visa* des préposés de service près du bureau.

33. Tous les acquits de paiement qui seront délivrés pour des marchandises introduites par les frontières de terre, indiqueront l'espèce, la qualité et la quantité de ces marchandises, d'après le résultat de la visite, en rappelant en marge les marques et numéros des colis. Ils présenteront la liquidation des droits et en porteront quittance, sans que cette dernière condition puisse déranger le mode du crédit que les receveurs auraient été autorisés à accorder, ni nuire à l'effet des obligations à terme qu'ils auront acceptées.

Les acquits de paiement indiqueront en outre le lieu où les marchandises auront été chargées hors de France, le nom et domicile de celui qui aura payé les droits, le lieu de la destination, avec le nom, l'état ou profession de la personne à qui elles seront adressées.

34. Lorsque les marchandises introduites par les frontières de terre seront destinées pour le lieu même de l'établissement du bureau où elles auront payé les droits, l'acquit de paiement n'accordera que la faculté de les conduire immédiatement au domicile de celui à qui elles seront adressées, et ne pourra servir à aucun transport hors de la commune.

35. Si les marchandises ont une autre destination que le lieu où elles auront payé les droits d'entrée, l'acquit de paiement servira à les transporter jusqu'à la destination déclarée. Il désignera la route à suivre, et indiquera le bureau où les conducteurs seront tenus de faire reconnaître les marchandises et contrôler l'acquit de paiement. Le délai dans lequel le chargement devra être présenté au bureau de contrôle, et celui qui sera nécessaire pour le faire arriver à leur destination, seront également fixés par les acquits.

36. Pour faciliter la répression de la fraude sur toutes les parties des frontières de terre où la mesure fixe de deux myriamètres de rayon n'offre pas les positions les plus convenables au service des douanes, ce rayon pourra être étendu, sur une mesure variable, jusqu'à la distance de deux myriamètres et demi de l'extrême frontière.

Dans toutes les localités où le Gouvernement jugera à propos de faire ces changemens à la démarcation actuelle du rayon des frontières, ils seront déterminés par un tableau indicatif des villes, bourgs, villages et bâtimens isolés les plus voisins de la nouvelle ligne de démarcation, et que cette ligne mettra dans le rayon en suivant les limites de leur territoire.

L'exécution des lois et réglemens de douane deviendra obligatoire sur toutes les parties de territoire ainsi ajoutées au rayon des frontières, à l'expiration d'un délai de quinze jours après que ledit tableau, adressé officiellement aux préfets, aura été publié et affiché dans les chefs-lieux des arrondissemens et cantons que traversera la nouvelle ligne de démarcation.

37. Des ordonnances du Roi, en maintenant les dispositions de la loi du 22 août 1791 et de celle du 19 vendémiaire an VI, qui exemptent de la formalité du passavant, pour la circulation dans le rayon des frontières, les bestiaux, poisson, pain, vin, cidre ou poiré, bière, viande fraîche ou salée, volaille, gibier, fruits, légumes, laitage, beurre, fromage et objets de jardinage, lorsqu'ils ne font pas route vers l'étranger, et, dans tous les cas lorsqu'ils sont transportés, aux jours de foire et marché, dans les villes de la frontière, pourront,

1.º Renouveler ou modifier toute autre disposition des réglemens actuellement en vigueur qui aurait pour objet de régler les formes et l'emploi des passavans, ou d'exiger, avant la délivrance de ces expéditions, la justification de l'origine des marchandises de la classe de celles qui sont prohibées à l'entrée, ou dont l'admission est réservée à certains bureaux par l'article 20 de la présente;

2.º Déterminer, suivant la population des communes comprises dans le rayon des frontières, celles où il sera permis de recevoir en magasin et de réexpédier, pour le commerce en gros ou en détail, les marchandises désignées par le paragraphe précédent, en soumettant à la vérification des préposés des douanes les magasins où seront reçues lesdites marchandises, et les pièces justificatives de leur extraction légale, soit de l'étranger, soit de l'intérieur ;

3.º Régler le mode d'exécution des articles 91 du titre XIII de la loi du 22 août 1791, 1 et 2 de la loi du 21 ventôse an XI, et 75 de la loi du 30 avril 1806 (39), relatifs à l'établissement des fabriques dans le rayon des frontières, et étendre, sur les magasins où seront reçus les produits de ces fabriques, la surveillance nécessaire pour qu'elles ne puissent mettre en circulation, avec des passavans, aucune marchandise importée frauduleusement dans le royaume.

38. Les marchandises de la classe de celles qui sont prohibées à l'entrée, ou dont l'admission est réservée à certains bureaux par l'article 20 de la présente, seront réputées avoir été introduites en fraude dans tous les cas de contravention ci-après indiqués :

1.º Lorsqu'elles seront trouvées dans le rayon des frontières, sans être munies d'un acquit de paiement, passavant, ou autre expédition valable pour la route qu'elles tiendront, et pour le temps dans lequel se fera le transport, à moins qu'elles ne viennent de l'intérieur par la route qui conduira directement au premier bureau de deuxième ligne;

2.º Lorsque même étant accompagnées d'une expédition portant l'obligation expresse de la faire viser à un bureau de passage, elles auront dépassé ce bureau sans que ladite obligation ait été remplie;

3.º Lorsqu'ayant été chargées sur le rayon des frontières et amenées au bureau ou représentées aux préposés pour être mises en circulation avec passavant, dans les circonstances où les réglemens permettent ce transport préalable, elles se trouveront dépourvues des pièces justificatives de leur extraction légale de l'étranger ou de l'intérieur, ou de leur fabrication dans le rayon des frontières;

4.º Lorsqu'elles auront été reçues en magasin ou en dépôt dans le rayon des frontières, en contravention aux ordonnances du Roi, qui désigneront les communes où ces magasins et dépôts pourront être établis, suivant le deuxième paragraphe de l'article 37 de la présente loi, et caractériseront ceux qui sont interdits comme frauduleux.

39. Les marchandises désignées à l'article précédent et réputées introduites en fraude à défaut d'expédition qui en légitime le transport dans le rayon des frontières, ou sur laquelle on ait rempli les formalités obligatoires, seront saisissables, à quelque distance qu'elles puissent être arrêtées dans l'intérieur, s'il est constaté par le procès-verbal en bonne forme rédigé par les préposés saisissans,

1.º Qu'elles ont franchi la limite du rayon, et qu'ils les ont poursuivies, sans que leur transport ni leur poursuite aient été interrompus, jusqu'au moment où ils auront atteint et arrêté ce transport sur les routes ou en pleine campagne, ou jusqu'à celui de l'introduction des marchandises dans une maison ou autre bâtiment, dans le cas de poursuite prévu à l'article 36 du titre XIII de la loi du 22 août 1791 (40);

2.º Que lesdites marchandises sont dépourvues, au moment de la saisie, de l'expédition qui était nécessaire pour les transporter ou faire circuler dans le rayon des frontières.

40. Il sera établi, soit sur la ligne de démarcation du rayon des frontières, soit dans les positions convenables les plus rapprochées de cette ligne, en dedans ou en dehors du rayon, de nouveaux postes de préposés des douanes, formés de brigades à résidence fixe ou ambulantes, lesquelles seront spécialement chargées d'exercer le droit de poursuite de la fraude, suivant les dispositions de l'article précédent.

TITRE V.

Répression de la Contrebande.

41. Toute importation par terre d'objets prohibés, et toute introduction frauduleuse d'objets tarifés dont le droit serait de vingt francs par quintal métrique et au-dessus,

donneront lieu à l'arrestation des contrevenans et à leur traduction devant le tribunal correctionnel, qui, indépendamment de la confiscation de l'objet de contrebande et des moyens de transport, prononcera solidairement contre eux une amende de cinq cents francs, quand la valeur de l'objet de contrebande n'excédera pas cette somme, et, dans le cas contraire, une amende égale à la valeur de l'objet.

42. Les contrevenans seront, en outre, condamnés à la peine d'emprisonnement.

43. Si ces importations ou introductions ont été commises par moins de trois individus, l'emprisonnement sera d'un mois au plus, et pourra être réduit à trois jours, lorsque l'objet de fraude n'excédera pas dix mètres, si ce sont des tissus, ou cinq kilogrammes, si ce sont d'autres marchandises.

44. Dans le cas où elles auraient été commises par une réunion de trois individus et plus, jusqu'à six inclusivement, l'emprisonnement sera d'un an au plus, et de trois mois au moins.

45. Le prévenu qui n'aurait pas été mis en arrestation, sera cité à comparaître en personne devant le tribunal correctionel; citation lui sera donnée à son domicile, s'il réside dans le ressort du tribunal; et, dans le cas contraire, elle lui sera donnée au domicile du procureur du Roi près ce même tribunal.

Il y aura trois jours au moins entre celui de la citation et celui indiqué pour la comparution.

46. Si, au jour fixé, il ne comparaît pas en personne, le tribunal sera tenu de rendre son jugement.

47. Si, le prévenu comparaissant, il y a lieu d'accorder une remise, elle ne pourra excéder cinq jours; et le cinquième jour, le tribunal prononcera, partie présente ou absente.

48. Seront justiciables des cours prévôtales les prévenus de toute importation prohibée ou frauduleuse, si, étant à cheval, ils sont au nombre de trois et plus, et, si, étant à pied, ils sont en nombre supérieur à six.

49. On observera pour l'arrestation et la procédure, ce que prescrit la loi du 20 décembre 1815 relative aux cours

prévôtales. Toutefois les procès-verbaux réguliers des employés des douanes auront foi obligée devant ces cours, comme devant les autres tribunaux, à moins qu'il n'y ait inscription en faux déclarée et suivie dans les formes et délais voulus par le Code d'instruction criminelle. Hors ce cas et celui des injures et voies de fait, nulle preuve testimoniale ne sera admise contre les procès-verbaux des employés.

5o. Dans le cas néanmoins où les individus désignés comme prévenus auxdits procès-verbaux n'auraient pu être arrêtés, ces procès-verbaux ne feront plus foi que pour faire prononcer la confiscation avec amende; et, en ce qui touche les autres condamnations, ils ne seront considérés que comme simple plainte, sur laquelle le prévôt fera toutes recherches et informations nécessaires.

51. Tout fait de contrebande de compétence prévôtale entraînera, 1°. la confiscation des marchandises et des moyens de transport; 2°. une amende solidaire de mille francs, si l'objet de la confiscation n'excède pas cette somme, ou du double de la valeur des objets confisqués, si cette valeur excède mille francs; 3°. un emprisonnement qui ne pourra être moindre de six mois, ni excéder trois ans.

52. Le prévôt sera tenu de faire d'office toutes les poursuites nécessaires pour découvrir les entrepreneurs, assureurs, et généralement tous les intéressés à ladite contrebande.

53. Ceux qui, par l'effet de ces poursuites, seraient jugés coupables d'avoir participé, comme assureurs, comme ayant fait assurer, ou comme intéressés d'une manière quelconque, à un fait de contrebande, deviendront solidaires de l'amende, et passibles de l'emprisonnement prononcé.

Ils seront, en outre, déclarés incapables de se présenter à la bourse, d'exercer les fonctions d'agent de change ou de courtier, de voter dans les assemblées tenues pour l'élection des commerçans ou des prud'hommes, et d'être élus pour aucune de ces fonctions, tant et aussi long-temps qu'ils n'auront pas été relevés de cette incapacité par lettres de Sa Majesté.

À cet effet, le procureur du Roi, chargé du ministère public près la cour prévôtale, enverra aux procureurs-généraux près les cours royales, ainsi qu'à tous les directeurs des douanes, des extraits des arrêts de la cour relatifs à ces individus, pour être affichés et rendus publics dans tous les auditoires, bourses et places de commerce, et pour être insérés dans les journaux, conformément à l'art. 457 du Code de commerce (41).

Les dispositions des 2e. et 3e. paragraphes du présent article sont applicables à tous individus qui auraient été déclarés coupables d'avoir participé, soit comme assureurs, soit comme ayant fait assurer, soit comme intéressés d'une manière quelconque à des faits de contrebande dont la connaissance est attribuée aux tribunaux correctionnels; à l'effet de quoi les procureurs du Roi près lesdits tribunaux sont tenus de diriger les mêmes recherches et poursuites prescrites aux prévôts par l'article 52.

54. Les cours prévôtales continueront à connaître des crimes de rebellion et de contrebande avec attroupement et port d'armes, précédemment attribués aux cours spéciales.

55. Seront également justiciables des cours prévôtales les préposés des douanes prévenus de forfaiture, comme ayant fait eux-mêmes la contrebande, ou s'étant laissé corrompre pour la favoriser; et il ne sera pas besoin alors de l'autorisation du Gouvernement pour leur mise en jugement.

56. Les crimes prévus par les deux articles précédens seront poursuivis, jugés et punis ainsi que le prescrit la loi du 20 décembre 1815; et il sera en même temps statué sur les condamnations civiles en résultant, telles que confiscation, amende, dommages et intérêts.

57. Au moyen des présentes dispositions, le titre III de la loi du 17 décembre 1814 est annullé (42).

58. Toutes les autres lois et actes du Gouvernement relatifs aux douanes, encore en vigueur, et que la présente n'abroge pas, continueront à être observés.

TITRE VI.

Recherche, dans l'intérieur, des Marchandises soustraites aux Douanes.

59. A dater de la publication de la présente loi, les cotons filés, les tissus et tricots de coton et de laine, et tous autres tissus de fabrique étrangère prohibés, seront recherchés et saisis dans toute l'étendue du royaume.

A l'effet de distinguer les tissus fabriqués en France, toute pièce d'étoffe de la nature de celles prohibées devra porter une marque et un numéro de fabrication, pour servir de premier indice au jury dont il sera parlé ci-après.

Les détenteurs de tissus qui ne pourraient pas en justifier l'origine française, sont autorisés à les déclarer avant le 1er juillet, et à les faire réexporter par acquit-à-caution avant le 1er janvier 1817.

60. Devront en conséquence les préposés des douanes, en se faisant accompagner d'un officier municipal ou d'un commissaire de police, qui sera tenu de se rendre à leur réquisition, se transporter dans les maisons et endroits situés dans toutes les villes et communes de l'étendue du rayon, qui leur seraient indiqués comme recélant des marchandises de l'espèce de celles dénommées en l'article 69, et en effectuer la saisie. Ces visites ne pourront avoir lieu que pendant le jour.

61. Le procès-verbal qui, à moins d'empêchement, sera rédigé au domicile même de la partie, devra faire mention, 1.º de la désignation des marchandises par poids, nombre et nature des pièces, ou par mètres, s'il ne s'agit que de coupons; 2.º du prélèvement qui sera fait d'échantillons sur chaque pièce ou coupon; 3.º et de la mise sous enveloppe desdits échantillons. Cette enveloppe sera revêtue du cachet de l'officier public, de celui des saisissants et de celui de la partie, à moins qu'elle ne s'y refuse; ce dont le procès-verbal ferait également mention. Les mêmes cachets seront apposés en marge du rapport : les marchandises, ensuite emballées et scellées desdits cachets, seront transportées et déposées au plus prochain bureau, autant que les circonstances pourront le permettre; et le paquet contenant les échantillons sera immédiatement transmis au directeur général de l'administration des douanes.

62. Les mêmes obligations et les mêmes formes de procéder sont imposées dans les villes et endroits de l'intérieur où il n'y a point de bureau de douanes, aux juges de paix, maires, officiers municipaux et commissaires de police.

Les préfets et sous-préfets veilleront à ce qu'elles soient exactement remplies.

Les marchandises saisies dans ces communes seront transportées et déposées aux chefs-lieux de l'arrondissement, et les échantillons ainsi que le procès-verbal seront envoyés au préfet du département, qui les transmettra au directeur général des douanes.

63. Aussitôt que ces procès-verbaux et échantillons lui seront parvenus, le directeur général des douanes les adressera au ministre de l'intérieur, qui fera procéder à l'examen desdits échantillons par un jury assermenté, et composé de cinq négocians pris dans la classe des fabricans et manufacturiers les plus connus.

64. Avant de procéder à cet examen, le jury constatera l'intégrité des cachets et leur identité avec ceux en marge du rapport; et, l'examen achevé, il apposera le sien sur la nouvelle enveloppe.

65. Si de la vérification, ou, en cas de doute, de l'absence des preuves de nationalité que le jury est autorisé à exiger des parties saisies, il résulte que les marchandises sont d'origine étrangère, le directeur général des douanes, d'après le renvoi que lui aura fait le ministre de l'intérieur, du procès-verbal, des échantillons, et de la décision des membres du jury, transmettra le tout, soit au préfet du département, si la saisie a été faite dans l'intérieur, soit, dans le cas contraire, au directeur des douanes, pour lesdites pièces et échantillons être remis par eux au procureur du Roi près le tribunal correctionnel dans le ressort duquel le dépôt des marchandises aura été effectué.

66. Les poursuites seront dirigées par le procureur du Roi, et les délinquans seront condamnés à la confiscation des marchandises, avec amende de cinq cents francs.

67. Lorsque le jugement qui aura prononcé ces condamnations sera devenu définitif, il sera procédé à la vente des marchandises, à charge de réexportation; et, à cet effet, celles

qui auraient été saisies dans l'intérieur seront envoyées dans le bureau des douanes qui sera indiqué par le directeur général.

68. Dans le cas où des marchandises qui auraient été saisies comme étant d'origine étrangère, seraient reconnues par le jury provenir réellement de fabrication française, le propriétaire aura droit à la restitution de tous les frais auxquels la saisie aura donné lieu, et, en outre, à une indemnité qui sera d'un pour cent par mois de la valeur de ses marchandises, à compter du jour de la saisie jusqu'à celui de la remise. Ladite valeur sera fixée par le jury vérificateur, dans le procès-verbal même de son expertise.

TABLEAU n.° I.ᵉʳ *Marchandises auxquelles le Décret du 8 Février 1810 a été appliqué, et dont les Droits primitifs doivent être régularisés, aux termes de l'article 5 de la présente Loi.*

SECTION I.ʳᵉ

Absinthe , herbe.
Alquifoux.
Garance verte.
Graphite (mine de plomb noire).
Noirs de terre et de fumée communs.
Orcanette.

Orobe (graine d').
Sanguine. (Si elle est sciée en crayons , *voyez* Crayons).
Sarrette.
Sénevé (graine de moutarde).
Soufre en canons.
Tutie.

SECTION II.

Acide muriatique (esprit de sel).
— nitrique (esprit de nitre , eau-forte).
— sulfurique (esprit de soufre, ou huile de vitriol).
Æs ustum , ou cuivre brûlé.
Agaric de mélèze.
Aloès (suc d').
Alun brûlé ou calciné.
Ambre gris.
Antimoine cru.
Antimoine préparé, soit en régule ou autrement.
Arsenic.
Asphalte ou bitume de Judée.
Azur de roche fin , ou lazulite.
Barbotine ou semen-contra.
Benjoin.
Betel (feuilles de).
Beurre de Saturne.
Bézoard.
Bleu de Prusse , ou prussiate de potasse.
Bol d'Arménie.
Borax brut ou gras.
— purifié ou rafiné.
Calamine blanche ou pompholyx.
Cantharides.
Cardamome.
Carmin fin et commun.
Castoréum.

Cendres vertes et bleues , autres que celles de cobalt.
Cloportes.
Colle de poisson.
Contra-yerva.
Costus d'Arabie.
Eaux médicinales et de senteur.
Encre de la Chine.
Esprits. *Voyez* Huiles , Acides ou Alkool.
Essences ou quintessences. *V.* Huiles.
Garance sèche.
— moulue.
Ginseng.
Girofle (feuilles de).
Gui de chêne.
Glu.
Huile ambrée.
— d'anis.
— de bergamote.
— de gaïac.
— de lavande.
— de marjolaine.
— de Rhodes.
— de romarin et autres semblab.
— sandaraque (de thuya).
— de sassafras.
— de sauge.
— de jasmin et autres fleurs.
— de cacao, ou beurre de cacao.
— de laurier.

Huile de macis.
— de palma - christi, ricin ou castor.
— de palmes.
— de pignons.
— d'asphalte (bitume liquide).
— de pétrole (*idem*).
Hyacinthe (Pierres d').
Iris.
Ivoire (Râpures d').
Jalap (Racine de).
Jalap (Suc de).
Joncs et cannes non montées.
Laudanum liquide et purifié.
Manne.
Massicot.
Mercure ou argent vif.
Moelle et vessie de cerf.
Musc.
Myrobolans confits.
Naphte.
Nard indien.
Nitre ou salpêtre (beurre de).
Noirs d'Espagne, d'ivoire, d'os et de cerf.
Noix de coco.
Opium.
Os de cœur de cerf.
Outremer.
Papier de la Chine.
Pierres arméniennes.
Râpures de cornes de cerf.
Réglisse (Racine et suc de).

Safran.
Safranum.
Salep et sagou.
Salsepareille.
Sang de bouc ou bouquetin.
Scammonée (Racine de).
Scammonée (Résine de).
Schenante (Paille de).
Séné en feuilles, follicules ou grabeau.
Serpentaire (Racine de).
Sirop de kermès.
Sorbec.
Soufre (Fleur de).
Stil de grains.
Storax naturel, calamite ou rouge.
— liquide.
— en pains.
Succin.
Tamarin (Fruit).
Tamarin confit ou gourre.
Térébenthine, pâte commune.
——— de Venise, de Chio ou de soleil.
Trochisques d'agaric.
Turbith (racine).
Vermeil (couleur).
Vermillon.
Vernis de toute sorte.
Vert-de-gris de toute sorte.
Vert de montagne.
Yeux d'écrevisse.
Zédoaire.

SECTION III.

Marchandises dont les Droits ont été spécialement fixés, par exception aux règles appliquées aux sections précédentes.

Anis étoilé ou badiane..................	60 f. les 100 kil.
Anis vert.........................	35.
Azur en poudre, safre et smalt........	30.
Baumes ou résines benjoïques........	10 par kil.
Blanc de baleine...................	{ comme cire blanche non ouvrée.
Calebasse (fruit).................	35 f. les 100 kil.
Cinabre.........................	150.
Civette..........................	125 le kil.
Crème ou cristal de tartre,.........	30 les 100 kil.

Crayons.
- simples.
  - en pierre noire, en pierre d'Italie, ardoise et pierres dures ou argiles schisteuses . . . . 10 les 100 kil.
  - en sanguine sciée ou terres ferrugineuses . . . .
  - et autres simplement sciées . . . .
- composés.
  - pastels de toutes couleurs . . . .
  - dits façon Conté . . . . 50 *idem.*
  - de sanguine, ou graphite incrusté dans du bois.
    - fins pour les arts . .
    - communs, en bois blancs pour les métiers . . . . 20.

et tous autres de fabrique . . . . 50.

Essaye . . . . comme garance.

Huiles.
- à l'usage de la médecine et des arts.
  - de girofle . . . . 900 fr. *idem.*
  - de cannelle . . . . 100 le kil.
  - d'aspic . . . . } comme huile de lavande.
  - de cade, de cedria, d'oxicèdre (ou de genevrier) . . . .
  - de genièvre . . . .
  - de citron et d'orange . . . . 4 fr. le kil.
  - de fenouil . . . . comme huile d'anis.
  - de rose . . . . 100 fr. le kil.
  - de muscade . . . . comme huile de macis.
  - de soufre . . . . comme acide sulfurique.
  - de térébenthine . . . . 25 fr. les 100 kil.
  - de graines grasses . . . . 12 *idem.*
  - d'olive commune . . . . 15.
  - de tartre ou potasse liquide . . . . comme potasse.
- comestibles.
  - d'olive fine et d'amandes . . . . 25 fr.
  - d'œillette ou de pavot blanc ou noir 20
  - de noix et de faîne 15

(Lies d') . . . . comme leurs huiles.

Lapis antalis . . . . comme antale.

Mercure précipité et sublimé doux et corrosif . . . . . 150 fr. les 100 kil.

Miel . . . . 25.

Orpiment, orpin et réalgar . . . . comme arsenic.

Plumes de parure.
- grandes.
  - brutes . . . . 500 fr. les 100 kil.
  - apprêtées . . . . 700 *id.*
- petites.
  - brutes . . . . 100 *id.*
  - apprêtées . . . . 300 *id.*

Poivre à queue ou cubèbes . . . . comme poivre.

Ilas ou ronas . . . . comme garance.

Régule.
- martial . . . . } comme antimoine préparé.
- de Vénus . . . .

Roseaux des Indes ou rotins . . . . 50 fr. les 100 kil.

Sassafras . . . . comme gingembre.

Schenante ou jonc odorant. . . . . { comme paille de sche-
　　　　　　　　　　　　　　　　　　　　　　　nante.
Sel ammoniac, sans distinction d'origine. . . . . 3 fr. le kil.
Sels non prohibés, comme suit :

　　　　Sels d'Epsom. . . . . }
　　　　— duobus et de Glauber. . . . . }
　　　　— d'oseille. . . . . } 70 les 100 kil.
　　　　— de Saturne, de tartre, de Seiguette. . . }

Sels, huiles ou esprits volatils de corne de cerf, de succin }
　　et de vipère.. . . . . } 200 *id.*
Spode d'ivoire. . . . . comme noir d'ivoire.
Sucre de lait (sel de lait). . . . . comme sucre terré blanc.

Substances végétales principale-ment destinées à la phar-macie, non dénommées en la présente loi, ni en celle du 17 décembre 1814, et qui anté-rieurement étaient omises au tarif ou frappées de droits plus faibles que ceux ci-contre.. . . .	Racines.	20 fr. les 100 kil.
	Bois et brindilles ·	100,
	Ecorces. . . .	150,
	Tiges herbacées et feuilles. . . .	30,
	Fleurs. . . .	40,
	Fruits (non confits).	
	Baies, graines et capsules séminales.	35,
	Mousses et lichens.	15,

Tartre brut. . . . . comme potasse.
Terres, bols, argiles, ocres et schistes propres aux arts,
　　non autrement dénommés dans la présente loi. . . . 2 fr.

TABLEAU n.° 2. *Marchandises qui n'ont pas été assujetties au Décret du 8 Février 1810, et dont la Taxe d'entrée, n'ayant été modifiée par aucune dis-position postérieure, doit être mise en rap-port avec les autres fixations du Tarif, con-formément à l'article 6 de la présente Loi.*

SECTION I.re

Aétite, ou pierre d'aigle.	Carrobe ou carrouge.
Ail.	Cobalt (Minérai de)
Aimant.	Corne de cerf et snack.
Allumettes.	Craie alana ou tripoli.
Amiante.	Dents de loup.
Bitumes antres que ceux dé-nommés.	Ecailles d'ablette.
	Emeril.
Bois de cèdre.	Escajoles.
Bruyères à faire vergettes.	Ferret d'Espagne.

Fil d'étoupes simple.
Flin.
Graines grasses.
Groison.
Hématite.
Légumes secs (pois, féves et fé-veroles, haricots et lentilles).
Marc de roses en chapeaux.

Nattes de paille de jonc, de battin, de roseaux, et d'autres plantes et écorces.
Os de seiche.
Pierres à aiguiser.
Pierre-ponce.
Pierres de touche.
Presle (feuilles ou tiges de).

SECTION II.

Amadou.
Amidon.
Antale.
Argent faux en masses ou lingots.
— battu, tiré ou laminé.
— filé sur fil.
Armes blanches.
Arsenic (métal).
Batiste et linon.
Blanc (fard).
Boîtes de bois blanc.
Calebasses ou courges vidées.
Caractères d'imprimerie en langue française.
Caractères d'imprimerie en langues étrangères.
Cardes à carder.
Chandelles de suif.
Choucroute et tous légumes en sauce.
Cire à cacheter.
— à gommer.
— à soulier.
Cobalt (métal).
Colle, sauf celle de poisson.
Cornichons confits.
Couperose blanche et bleue.
— verte.
Cristal de roche non ouvré.
Dégras de peaux.
Duvet de cygne, d'oie et de canard.
Écorces de citron, orange et bergamote.
Edredon.
Encre à écrire.
— à imprimer et en taille douce.
Épingles blanches, jaunes et noires.

Faïence et poterie de grés, y compris les pipes.
Farine d'avoine en gruau.
Fil de ploc.
Fleurs artificielles.
Fromages.
Fruits de table, frais, salés, ou en sauce, séchés ou tapés.
Fruits à l'eau-de-vie.
Graisse de cheval (dite huile).
Gypse cristallisé.
Huîtres marinées.
Marcassites brutes.
Moules de boutons en bois seulement.
Moutarde.
Or faux en barre ou lingots.
— battu, tiré ou laminé.
— filé sur fil.
Ouvrages de palme, de jonc et de paille.
—— d'osier.
Pain d'épice.
Parchemin neuf, travaillé, bandes comprises.
Pâte d'amande et de pignons.
Peaux de chiens de mer et autres phoques non dénommés.
Peaux d'oie et de cygne apprêtées pour éventails.
Peignes d'écaille.
— d'ivoire et billes de billard.
Pierres à feu.
Pinceaux de poils fins.
—— autres que de poils fins et de cheveux. *V.* Brosserie.
Plumes à écrire brutes.

Plumes à lit.
Poil de chèvre filé.
Pommades de toute sorte.
Poudre à poudrer.
— de Chypre.
— de senteur.
Rouge (fard).
Salpêtre, sauf la restriction exis-
   tante.
Savonnettes.
Sirops non dénommés.

Tapisseries façon de Bruxelles.
Tapisseries avec or et argent.
—— peintes.
—— autres que celles ci-dessus.
Toile de crin ou rapatelle.
Truffes fraîches.
—— sèches.
Vélin.
Visnage ou bisnague.
Vitriol blanc.
—rubifié, calcanthum, colcothar.

SECTION III.

Marchandises dont les Droits ont été spécialement fixés par excep-
tion aux Règles appliquées aux Sections précédentes.

Argent fin battu, tiré, laminé ou filé sur soie. .	50 fr. le kil.
Alpiste, mil ou millet	comme escajoles.
Fanons de baleine coupés et apprêtés.	60 fr. les 100 kil.
Bougie de blanc de baleine.	{ comme cire blanche ouvrée.
Boutargue et caviar.	{ comme poisson de mer.
Bimbeloterie..	droit actuel.
Bismuth ou étain de glace.	comme étain.
Boîtes et tabatières de carton et de papier. . .	200 fr. les 100 kil.

Bonneterie non prohibée. . .
de fil, de poil de lapin, lièvre et chèvre.	200 *id.*
de filoselle et fleuret. . . .	300 *id.*
de soie.	1200 *id.*
de castor.	400 *id.*

Cire. . . . . .
jaune ouvrée.		50 *id.*
blanche..	non ouvrée. . .	60 *id.*
	ouvrée.. . . .	85 *id.*
(Crasse de)..		comme cire jaune.

Confitures, dragées et bonbons.	100 fr. les 100 kil.
Cordages de chanvre (y compris les filets pour la pêche).	droit actuel.
— de jonc, de tilleul, de battin et d'herbes. .	5 fr. les 100 kil.
Corail non ouvré.	20 *id.*

Cornes. . . . .
brutes et sabots de bétail. . .	1 *id.*
préparées ou ébauchées, soit rondes ou plates.	25 *id.*
en feuillets transparens. . .	droits actuels.

Crins.	40 f. les 100 kil.
Poils de porc et de sanglier.	20 *id.*

Émail en gâteaux..........	2 fr. le kil.
Couvertures de plocs et autres basses matières..	50 les 100 kil.
Couvertures de laine et de soie........	droits actuels.

Cuivre et laiton,
- battus, laminés ou fondus en barres............
- chevilles et plaques pour verdets.
- de tréfilerie non polis, excepté les cordes métalliques jaunes et le fil de laiton noir pour la fabrication des épingles, qui sont maintenus au droit actuel............

80 fr. les 100 kil.

Dentelles..
- d'or fin............. 200 fr. le kil.
- d'argent fin........... 100 *id.*
- d'or ou d'argent faux..... 25 *id.*

Défenses de licorne (narval) et d'hippopotame. 5 *id.*

Eponges...
- communes............ droit actuel.
- fines............. *Idem.*

Étain en feuilles et battu............ 60 fr. les 100 kil.

Étoffes de soie, gaze, marly, etc......... droits actuels, le dernier fr. complété.

Fil de cuivre propre à la broderie........ comme or faux tiré.

Fils de lin et de chanvre, sauf celui d'étoupes.. droits actuels le dernier f. complété.

Glaces et miroirs de trois cent vingt-cinq millimètres et au-dessous............ 40 fr. les 100 kil.

Gazettes et journaux.............. comme librairie.

Habillements vieux.............. droit actuel.

Jais travaillé................ comme grains de verre, à mercerie commune.

Kamine mâle................ comme huile d'asphalte.

Liége..
- en planches........... droit actuel.
- ouvré............. 45 fr. les 100 kil.

Livres imprimés à l'étranger, en toutes langues, à l'exception des contrefaçons......... 25 *id.*

Mercerie commune.............. 100 *id.*

Munitions de guerre.............. droits actuels, le dernier f. complété.

Or fin....
- battu en feuilles......... 50 fr. l'hectogr.
- trait, battu en paillettes et clinquans............ 10 *id.*
- filé ou fil d'or......... 10 *id.*

Orge perlé ou mondé............ droit actuel.

Paille de fer et d'acier............ comme limailles.

Passementerie et listonnerie : comme franges, galons, cordons, cordonnets, tresses, sangles, lacets, torsades, jarretières, aiguillettes, etc.

- d'or et d'argent.
  - faux . . . . 5 fr. par kil.
  - fin . . . . 50 *id.*
- de soie.
  - sans mélange . . . . 16 *id.*
  - mêlée.
    - d'or et d'argent fin . . . . 25 *id.*
    - d'or et d'argent faux et de tout. aut. matières (*a*). } 8 *id.*
  - de filoselle et de fleuret . . . .
- de fil.
  - écru et d'étoupes, sans aucun degré de blanchiment . . . 80 par 100 kil.
  - blanc ou mélangé de blanc . . . . 120 *id.*
  - teint en tout ou en partie . . . . . 150 *id.*
- de laine.
  - pure ou mêlée de fil de chèvre . . . 120 *id.*
  - teinte . . . . 150 *id.*
- mélangée de fil, de laine ou de poil . . . . 150 *id.*

Pâtes d'Italie, vermicelle et semoule compris . . 20 *id.*

Plumes à écrire apprêtées . . . . 120 *id.*

Porcelaines . . . . { droits actuels, le dernier fr. complété.

Régule d'étain ou jovial . . . . { comme antimoine préparé.

Rubans.
- de soie sans mélange, y compris ceux de velours . . . . 800 f. par 100 kil.
- de fil à jour imitant la dentelle . . . 500 *id.*
- de filoselle, de laine, de fil et mélangés . } comme passementerie, suivant l'espèce.

Sangles de toute sorte . . . . }

Soies brutes ou en écheveaux . . . . droits actuels.

Soies en ouate . . . . { droit actuel, le dernier fr. complété.

Tapis de soie ou mêlés de soie . . . . droit actuel.

Thon mariné, et tous poissons dans l'huile . . . 100 fr. les 100 kil.

Tombac non ouvré . . . . { comme or faux en lingots.

(*a*) Le coton excepté, à cause de la prohibition.

Autour.

Bistres. *Voyez* Couleurs préparées.

Calamus verus ou *amarus*.

Cendres de bronze. *Voyez* Couleurs préparées.

Ciment.

Dibidivi.

Émail. { brut. *Voyez* Email en gâteaux.
        { ouvré. *Voyez* Bijouterie.

Épines anglières ou aspini.

Garouille.

Parfums non dénommés.

Herbe de maroquin.

Huile de gland.

Laque colombine sèche. *Voyez* Laque prépar.

Laque liquide. *Voyez* Laque préparée.

Laqué de Venise. *Voyez* Couleurs ou ouvrages de tableterie.

Malherbe.

Noir de teinturier et de corroyeur. *Voyez* Couleurs apprêtées.

Pourpre naturelle et factice. *Voyez* Couleurs préparées.

Rodon ou rédon.

Vert de vessie. *Voyez* Couleurs préparées.

Vez-cabouli.

> Dénominations supprimées comme incorrectes ou formant double emploi.

TABLEAU n.° 3. *Classement des marchandises qui, à l'entrée, sont assujetties au simple Droit de balance de commerce, tel qu'il est établi par l'art. 12 de la présente Loi.*

SECTION I.re

Marchandises qui paieront au poids, à raison d'un franc par quintal métrique.

Agaric amadouvier, improprement apelé *éponge*.

Amurca ou marc d'olives.

Autruche (Poil et duvet d').

Avelanèdes ou valanèdes.

Bourdaine (Écorce de).

Baies de genièvre.

Baies de myrtille.

Bourres ou plocs de toute sorte.

Bourres de laine et de poils de chèvre de toute sorte.

Bulbes de fleurs.

Caractères d'imprimerie (vieux).

Cartons gris, ou pâte de papier.

Castine.

Cendres à l'usage des manufactures, sauf celles spécialement tarifées.

Chardon à drapier et à bonnetier.

Cheveux.

Coquillages de mer, tels que moules, etc.

Coris ou Cauris.

Cuivre en flaons pour les monnaies.

Échantillons de gants et de bas de soie.

Écorce d'aulne.

Écorce de grenade.

Écorce ou brou de noix.
Feuilles de houx, de noyer, de myrthe et autres propres à la teinture ou aux tanneries.
Fil de linon et de mulquinerie.
Galles légères, entières, concassées ou pulvérisées.
Garou ou thymelée (Racine de).
Gaude.
Genestrolle.
Gommes d'Europe.
Graines de pâturage.
Graine de pastel.
— de coton.
— de garance.
Graine de sapin.
— de trèfle.
— de jardin.
Graisses non dénommées.
Gravelle (lie de vin séchée).
Héliotrope.
Jais brut.
Jus de limon et de citron.
Laines non filées.
Lichens sans apprêt, propres à la fabrication de l'orseille.
Lie de vin.
Lierre (Feuilles et branches de).
Mine de fer brute ou lavée, et tous minerais non dénommés au tarif.
Manganèse, périgueux, ou pierre de mangayer.
Nerfs de bœuf et d'autres animaux.
Oreillons.
Os de bœuf, de vache et d'autres animaux.
Pastel ou guède.
Peaux en vert et salées, et peaux sèches en poil, sauf celles de bœuf, de vache et de cheval,
Peaux passées et préparées pour parchemin.
Poils en masse et non filés, de lapin, lièvre, castor, chameau, bouc, chèvre, chevreau, etc.
Poils de chien, même filés.
Roseaux ordinaires et roseaux à l'usage des toileries.
Soie (Semence de vers à).
Soies en cocons et bourres écrues.
Soufre brut ou vif.
Spath.
Suie de cheminée.
Talc.
Verre ou talc de Moscovie et mica.

SECTION II.

Marchandises qui paieront au poids, à raison de 50 cent. par quintal métrique.

Beurre frais ou fondu.
Eaux minérales, sauf le droit sur les bouteilles.
Farines.
Gibier de toute sorte.
Grains.
Lard frais.
Légumes verts de toute sorte.
OEufs de volaille et de gibier.
Osier en bottes.
Pain et biscuit de mer.
Pains ou tourteaux de navette, lin, colza, etc.
Plâtre à bâtir.
Plants d'arbres.
Poisson frais d'eau douce.
Présure.
Rogues, coques, raves ou résures de morue.
Son de toute sorte de grains.
Tan moulu.
Viande fraîche.
Volaille.

SECTION III.

Marchandises qui paieront au poids, à raison de 10 cent. par quintal métrique.

Argile ou terre glaise.
Boules de terre.
Cailloux à faïence ou à porcelaine.
Carreaux de pierre.
Cordages et câbles usés.
Derle ou terre de porcelaine.
Drilles.
Ecorces de tilleul pour cordages.
Bois à tan.
Ecorces de chêne et autres à faire tan.
Engrais (ce qui ne s'entend que des matières animales et végéto-animales, sans autre destination).

Foin, fourrages et toutes herbes de pâturage.
Groisil ou verre cassé.
Mâchefer.
Pailles de blé et d'autres grains.
Pavés, même piqués.
Pierres à bâtir.
Pierres de choin brutes ou même taillées, sans être polies.
Pierres à plâtre.
Pouzzolane.
Terre de marne.
Terre à pipe.
Tourbes.
Varechs, algues et goémons.
Marc de raisin.

SECTION IV.

Objets qui paieront au poids des droits spéciaux, tant à l'entrée qu'à la sortie.

Poudre d'or, or et platine, en masse, en lingots, en barres, brûlé, vieux galons, bijoux cassés, etc. . . . . 0f 25c par hectogramme.
Argent en masse, lingots, brûlé, vieux galons, argenterie cassée, etc. . . . . . 0. 05 par kilogramme.
Monnaie. . . { d'or. . . . . 0. 01 par hectogramme.
         { d'argent. . . . . 0. 01 par kilogramme.

SECTION V.

Marchandises qui paieront au nombre ou à la mesure.

Bateaux, barques, canots et autres bâtimens hors d'état de servir. . . . . . . 0f 25c le tonneau de mer.
Bois merrain et douvain. . . . . 0. 10 le mille.
Futailles vides. { cerclées en bois. . . . 0. 10 } par hectolitre de
             { cerclées en fer. . . . . 0. 15 } contenance.
Peaux de castor et de rats musqués. . . 0. 05 la pièce.
Peaux de lièvre et de lapin de toute espèce et couleur, non apprêtées. . . 0. 01 la pièce.

SECTION VI.

A la valeur, à raison d'un pour cent.

Objets de collection, hors de commerce.

- d'histoire naturelle, y compris les coquillages.
- de curiosités, momies, vieilles armures, meubles de Boule, etc.
- d'arts. — Bronzes et marbres antiques, tableaux sans cadres.
- Numismatiques, médailles, pierres antiques.

[TABLEAU n° 4.] *Marchandises dont les Droits doivent être appliqués à des unités nouvelles, soit parce qu'ils sont actuellement fixés à la valeur, sans nécessité, soit parce que l'unité adoptée pour les Droits d'entrée n'est pas celle adoptée pour les Droits de sortie, et vice versâ.*

DÉNOMINATIONS DES MARCHANDISES telles qu'elles se trouvent au Tarif actuel, sauf rectification au Tarif à publier.	DROITS ACTUELS. D'ENTRÉE.	DROITS ACTUELS. DE SORTIE.	CONVERSION DES DROITS CI-CONTRE. pour L'ENTRÉE.	pour LA SORTIE.	UNITÉS sur lesquelles portent les nouveaux droits.
Alpargates, souliers de corde.	1f 50c la douzaine.	Droit de balance.	»f. 15c	»fr. 2c	la paire.
Ardoises — ordinaires, par toutes les frontières	7 50 le mille.	1 fr. par deux départem. Droit de balance par les autres.	droit actuel	1 »	le mille en nombre.
Ardoises — en table.	30f le cent.	droit de balance.	id.	» 50.	le cent en nombre.
Avirons et rames de bateau.	1 id.	id.	id.	5 »	id.
BOIS — par les seuls endroits actuellement ouverts à la sortie; à brûler — en bûches.	balance	différens droits.	»f. 25c	10 »	le stère.
à brûler — en fagots.	id.	id.	» 25.	40 »	le cent en nombre.
de construction, en brin, grume ou écarri — de pin et sapin.	id.	id.	» 10.	50 »	le stère.
en brin, grume ou écarri — d'autre espèce.	id.	id.	» 10.	prohibé.	id.
en solives, poteaux, chevrons et courbes, au-dessus de 8 centimètres [3 pouces] d'épaisseur — en pin et sapin	id.	id.	» 15.	25f. »	id.
en solives, poteaux, chevrons et courbes — d'autre espèce	id.	id.	» 15.	prohibé.	id.
en planches et madriers de 8 centimètres et au-dessous.	id.	id.	1 »	2 fr. 50c.	les 100 mèt. de long.
Mâts de vaisseau dans les cas déterminés.	droit de balance.	5 pour 100.	» 50.	10 »	la pièce.
Pièces de rechange, dans les mêmes cas.	id.	id.	» 05.	5 »	le stère.
par toutes les frontières; en perches.			» 25.	15 »	le mille en nombre.
en échalas	25c le mille	4 pour 100.	» 25.	1 »	id.
en éclisses.	5 pour 100.	4 pour 100.	2 »	2 »	les mille feuilles.
feuillards	25c le mille	4 pour 100.	» 25.	10 »	le mille en nombre,
de buis	2f 4c le quintal.	4 pour 100.	10 »	2 »	les cent kilogr.
d'ébénisterie, marqueterie et tabletterie.	30f id.	4 pour 100.	art 3.	» 50.	id.
ouvrés en boissellerie	15 pour 100.	5 pour 100.	4 fr. »	» 25.	id.
Balais de millet, de bouleau, et autres communs	5 pour 100.	droit de balance.	» 25.	» 05.	le cent en nombre.
Bambous	12 pour 100.	id.	20 »	1 »	id.
Bâts, selles grossières.	50c la pièce.	1/2 pour 100.	droit actuel.	» 05.	la pièce.
Bateaux et nacelles de rivière.	10 pour 100.	droit de balance.	20f. »c.	» 25.	par tonneau de mer.
Bâtimens de mer en état de servir.	2 1/2 pour 100.	prohibé.	20 »	régime actuel.	id.
Briques, tuiles et carreaux de terre.	25c le mille en nombr.	balance.	1 »	»fr. 25c.	le mille en nombre.
Cartes géographiques	5 pour 100.	id.	200 »	» 25.	les cent kilogr.

DÉNOMINATIONS DES MARCHANDISES telles qu'elles se trouvent au Tarif actuel, sauf rectification au Tarif à publier.	DROITS ACTUELS D'ENTRÉE.	DROITS ACTUELS DE SORTIE.	CONVERSION DES DROITS CI-CONTRE, pour L'ENTRÉE.	pour LA SORTIE.	UNITÉS sur lesquelles portent les nouveaux droits.
Cartons. — gris, ou pâte de papier	droit de balance.	prohibé.	1 f. 00	prohibé.	les cent kilogr.
en feuilles, autres que ceux ci-après	48 f. 96 c.	id.	demi-droit du papier.	prohibé.	id.
— à presser les draps	48 96	1 pour 0/0.	50 f. 00.	2 f. 00 c.	id.
Chapeaux de crin.	2 50 la douzaine	droit de balance.	0. 25.	0. 05.	la pièce.
Charbon de bois et de chenevottes, par les seules frontières ouvertes à leur sortie	droit de balance.	différens droits.	0. 05.	0. 10.	l'hectolitre.
Chaux. — d'extraction, dite *pierre à chaux*	30 c. le mètre cube.	15 c. le quintal.	0. 10.	0. 15.	les 100 kilogr.
calcinée — vive.	30 id.	15. id.	0. 10.	0. 15.	id.
calcinée — préparée pour stuc et ciment.	balance	balance.	0. 10.	0. 15.	id.
Champignons, morilles et mousserons — frais	3 p. 0/0 de la val.	id.	0. 15.		id.
secs.	30 f. 60 c. et 24 48	id.	0. 50.	1. 00.	id.
Chiens de chasse.	50 c. pièce.	balance.	droit actuel.	0. 50.	la pièce.
Coques de coco.	balance	balance.	comme bois de tableterie.		
Corail ouvré non monté	15 pour 100.	balance.	10 f. 00 c.	0. 01.	le kilogramme.
Cornes en feuillets transparens — première classe	différens droits.	1 f. le quintal.	droits actuels.	0. 40.	les 104 feuillets.
deuxième				0. 30.	
troisième				0. 20.	
quatrième				0. 15.	
Crêpes de soie.	9 f. la pièce	2 f. le quintal.	idem.	0. 50.	la pièce n'exédant pas 12 mètres.
Diamans non montés.	balance	balance.	1 f. 00 c.	0. 10.	l'hectogramme.
Epiceries non dénommées.	10 pour 100.	idem.	article 16 de la loi.		
Estampes.	15 pour 100.	idem.	300 f. 00 c.	0. 25.	les 100 kilogr.
Forces à tondre les draps.	10 f. 20 c. le quint.	3 f. pièce.	seront traitées comme outils en fer rechargés d'acier.		
Fournitures d'horlogerie, non montées, à la grosse et par pièces séparées	10 pour 100.	balance.	20 f. 00 c.	0. 05.	le kilogramme.
Habillemens neufs et ornemens d'église.	15 pour 100.	idem.	comme l'étoffe principale dont ils sont formés.		
Horloges en bois	10 pour 100.	idem.	art. 4.	0. 05.	la pièce.
Instrumens de musique. — Pianos de formes carrées et verticales	300 f., 400 f. pièce.	idem.	droits actuels.	1. 00.	idem.
Orgues d'église	12 pour 100.	idem.	comme piano de F. vert.	1. 00	idem.
Harpes et clavecins	36 f. 48 f. pièce.	idem.	droits actuels.	1. 00	idem.
Tous autres dénommés au tarif actuel.	différens droits.	idem.	idem.	le 20e du droit d'entrée sans fractions.	
Ceux non dénommés.	12 pour 100.	idem.	seront traités comme leurs analogues.		
Limailles.			comme leurs minérais.		
Liquides. — Bière	15 f. les 268 litres.	balance.	6 f. 00 c.	0 f. 15 c.	l'hectolitre.
Cidre, poiré et verjus	6 f. idem.	idem.	2. 00.	0. 10.	idem.
Eaux-de-vie autres que de vin.	prohibées.	idem.	prohibées.	comme eau-de-vie de vin.	

DÉNOMINATIONS DES MARCHANDISES telles qu'elles se trouvent au Tarif actuel, sauf rectification au Tarif à publier.	DROITS ACTUELS. D'ENTRÉE.	DE SORTIE.	CONVERSION DES DROITS CI-CONTRE. pour L'ENTRÉE.	pour LA SORTIE.	UNITÉS sur lesquelles portent les nouveaux droits.
uites des quides. Rum, rack et tafia	prohibés		prohibés	of 25c	l'hectolitre.
Vinaigres. de vin		comme le vin	1of 00c	comme le vin	*idem.*
Vinaigres. de bière	10c. le litre	2f le muid	2. 00	of 15c	*idem.*
Vinaigres. de cidre et poiré		comme le vin	2. 00	o. 15c	*idem.*
Vendanges	les deux tiers des	droits du vin	moitié des droits sur le vin		
Moût	*idem*		les deux tiers des droits sur le vin.		
Marbre et albâtre. non poli, soit brut ou scié	6c le décimètre cube	balance	of 00c	of 05c	les 100 kilogr.
poli, soit scié, taillé ou sculpté	12c *idem*		4. 00	o. 01	*idem.*
Mercerie. fine	15 pour 100	1f 500 le quintal	200. 00	2. 00	*idem.*
Une liste arrêtée par le ministre des finances indiquera les objets ou matières de fabrication variable qui doivent être rangés sous les dénominations de mercerie fine et de mercerie commune.					
en soie et filoselle, y compris les mouchoirs	12f 24c. le kilogr	omise	comme l'espèce de soierie dont elle est formée.		
Meules à taillandier	différens droits	*idem*	droits actuels { le quadruple des droits d'entrée }		la pièce.
Mottes à brûler	balance	*idem*	of 15c	of 50c	le mille en nombre.
Ouvrages d'or et d'argent, même ceux au poinçon de France. de bijouterie et joaillerie, en or ou platine	12 pour 100	1/2 pour 100	20. 00	1. 00	l'hectogramme.
de bijouterie et joaillerie, en argent	12 pour 100	1/2 pour 100	10. 00	o. 50	*idem.*
d'orfévrerie, en or, platine ou vermeil	10 pour 100	1 pour 100	10. 00	o. 50	*idem.*
d'orfévrerie, en argent	12f 24c le kilogr	1 pour 100	3. 00	o. 15	*idem.*
Ouvrages en pierres et perles fausses dites de composition. montées sur or et argent	5 pour 100	1/2 pour 100	comme bijouterie.		
montées sur métaux communs, ou non montées	5 pour 100	droit de balance	2f 00c	of 2c	le kilogramme.
Ouvrages en cuirs et en peaux de toute sorte, maroquinés, vernissés ou autrement apprêtés; ce qui comprend la cordonnerie sans exception etc., sauf les harnois, qui sont particulièrement tarifés à la sortie	prohibés	1/2 pour 100	prohibition actuelle.	of 500	les 100. kilogr.
Papier. blanc de toute sorte	6f 20c le quintal	1 et 1 1/2 pour 100	15of 00c	1. 00	id.
gris, noir, bleu et brouillard	36 72 id	1 pour cent	80. 00	o. 50	id.
rayé pour musique	15 pour 100	droit de balance	comme papier blanc.		
Parapluies et parasols. en soie	2f pièce	id	droit actuel	of 10c	la pièce.
en toile cirée	75c pièce	id	id	o. 05	id.
peaux parées. au tanin, ou cuirs, simplement tannés	prohibées	id			
corroyés de toute sorte, gras ou secs	id	id			
à la chaux ou peaux mégies, en laines ou en poils	id	1 pour 100			
épilées	id	1 pour 100	prohibées	2f 00c	les 100 kilogr.
chamoisées	id	1 pour 100			
vernissées	id	balance			
maroquinées, ou peaux de Turquie de toute couleur	id	1 pour 100			

10**

DÉNOMINATIONS DES MARCHANDISES telles qu'elles se trouvent au tarif actuel, sauf rectification au Tarif à publier.	DROITS ACTUELS. D'ENTRÉE.	DE SORTIE.	CONVERSION DES DROITS CI-CONTRE, pour L'ENTRÉE.	pour LA SORTIE.	UNITÉS sur lesquelles portent les nouveaux droits.
Pelleterie { brute, à l'exception des peaux de lièvre et de lapin, et pour l'entrée seulement des peaux de rats musqués et castor.	différens droits	2 1/2 p.r 100 pour les sauvagines, balance pour les autres.	droits actuels.	le 5.e des droits d'entrée, sans fractions.	
apprêtées, mais non coupées et cousues pour vêtemens.	id.	balance	id.	le 10.e idem.	
Pennes ou paines et corons de laine, de fil, de coton, etc.	balance	prohibées, excepté celles de coton.	comme la matière dont elles dérivent.		
Perles fines et pierres précieuses ou fines non montées, sauf les diamans qui sont spécialement tarifés	balance	balance	o fr. 5o c.	o f. o5 c.	l'hectogramme.
Perruques.	2 fr. pièce	id.	droit actuel.	o. o5.	la pièce.
Pieds d'élan.	1 fr. 5o c. le cent	id.	id.	o 10.	le cent en nombre.
Pierres de choix polies en cheminée, etc.	2 1/2 pour 100	id.	comme marbre brut.		
— — à feu.	4 fr. 8 c. le quintal	1 pour 100	tableau n.o 2.	1 f. oo c.	les 100 kilogr.
Outils de cuivre ou laiton pour les arts et métiers	omis	1 f. 6o c. le quint.	comme outils de pur acier.		
Ruches à miel	balance	balance	1 f. oo c.	o f. 95 c.	la pièce.
Terre de Lemnos ou sigillée	id.	id.	comme bol d'Arménie.		
Verres en bouteilles et fioles pleines	12 fr. le cent.	id.	o f. 15 c.	o. f. o1 c.	par litre du contenu.
Vipères vivantes ou sèches	1o fr. id	id.	droit actuel.	1. oo.	le cent en nombre.
Zinc { Minéral ou pierres calaminaires.	balance	prohibé.	o f. 1o c.	2. oo.	les 100 kil.
Calamine grillée, pulvérisée ou non	5 fr.	id.	2. oo c.	1. oo.	id.
Métal formé, en masse ou lingots	1o	balance	5. oo c (*).	o. 5o.	id.
Laminé	5o	id.	5o. oo.	o. 25.	id.
Chicorée moulue	2o pour 1oo	id.	2o. oo.	o. 25.	id.
Chiques, billes ou gobilles { de pierre	15 pour 1oo	id.	1o. oo.	o. 25.	id.
de marbre.	15 pour 1oo	id.	15. oo.	o. 25.	id.
d'agate	15 pour 1oo	id.	2o. oo.	o. 25.	id.
Tissus { de lin et de chanvre de toutes sortes	prohibés ou droits divers suivant les espèces.	droits divers suivant les espèces et qualités.	régime actuel maintenu.	1. 6o.	id.
de laine				1. 5o.	id.
de soie				2. oo.	id.
de coton.				o. 5o.	id.

(*) Le zinc destiné aux fabriques de laiton ne paiera que comme minéral, sauf garantie.

La présente loi, discutée, délibérée et adoptée par la Chambre des Pairs et par celle des Députés, et sanctionnée par nous cejourd'hui, sera exécutée comme loi de l'État; voulons, en conséquence, qu'elle soit gardée et observée dans tout notre royaume, terres et pays de notre obéissance.

Si DONNONS EN MANDEMENT à nos Cours et Tribunaux, Préfets, Corps administratifs, et tous autres, que les présentes ils gardent et maintiennent, fassent garder, observer et maintenir, et, pour les rendre plus notoires à tous nos sujets, ils les fassent publier et enregistrer par-tout où besoin sera : car tel est notre plaisir ; et afin que ce soit chose ferme et stable à toujours, nous y avons fait mettre notre scel.

Donné à Paris, le vingt-huitième jour du mois d'Avril de l'an de grâce mil huit cent seize, et de notre règne le vingt-unième.

Signé LOUIS.—*Par le Roi.—Le Ministre Secrétaire d'état des finances, Signé* COMTE CORVETTO.—*Vu et scellé du grand sceau :
Le Garde des sceaux de France, Ministre Secrétaire d'état de la justice, Signé* BARBÉ-MARBOIS.—CERTIFIÉ *conforme par nous,
Garde des sceaux de France, Ministre secrétaire d'état au département de la justice,* BARBÉ-MARBOIS.

ORDONNANCES DU ROI.

Ordonnance du Roi du 1er Mai 1816, *relative à l'exécution du titre VII de la Loi des finances, concernant les Droits de timbre.*

LOUIS, par la grâce de Dieu, Roi de France et de Navarre;
Vu le titre VII de la loi du 28 avril dernier;
Voulant pourvoir à son exécution;
Ouï le rapport de notre ministre secrétaire d'état des finances,
Nous avons ordonné et ordonnons ce qui suit:

Art. 1er. L'administration de l'enregistrement et des domaines continuera à faire débiter les papiers frappés des timbres actuellement en usage, après y avoir fait apposer un contre-timbre qui indiquera l'augmentation des droits.

Pour les effets de commerce et pour les feuilles et demi-feuilles de petit papier de dimension, dont le prix est augmenté de deux cinquièmes, le contre-timbre portera en légende: *Deux cinquièmes en sus: Loi de 1816.*

Pour les feuilles de moyen papier et de grand papier et celles de dimensions supérieures, dont l'augmentation est portée à cinquante centimes, la légende sera: *Cinquante centimes en sus; Loi de 1816.*

Ces contre-timbres seront également apposés, outre les timbres actuellement en usage, sur les papiers qu'on présentera au timbre extraordinaire.

2. Pour les affiches, un timbre destiné aux feuilles de vingt-cinq décimètres carrés portera le prix de *dix centimes.*

Le timbre actuel de *cinq centimes* servira pour les demi-feuilles.

3. Pour les avis et annonces, les feuilles de vingt-cinq décimètres carrés et les demi-feuilles recevront l'empreinte des timbres de *dix centimes* et de *cinq centimes* indiqués à l'article précédent.

Deux autres timbres, portant les prix de *deux centimes et demi* et d'*un centime*, serviront pour les quarts de feuilles et les dimensions inférieures.

4. Pour les livres de commerce, deux nouveaux timbres seront mis en activité, avec l'indication des droits de *vingt centimes* et de *trente centimes*, fixés pour chaque feuillet de papier petit ou moyen et de grand papier.

Le timbre actuel de *cinquante centimes* sera appliqué sur chaque feuillet des registres de dimensions supérieures.

10***

5. Dans les trois mois qui suivront la publication de la loi, les officiers publics et les particuliers seront admis à échanger, au bureau de distribution de leur domicile, les papiers de la débite ordinaire qui resteront sans emploi entre leurs mains, contre des papiers frappés des contre-timbres établis par la présente, en acquittant les suppléments de droits.

Ils pourront, dans le même délai, présenter à la formalité du contre-timbre, en acquittant les suppléments de droits, les papiers précédemment soumis au timbre extraordinaire et non employés.

6. Dans le même délai de trois mois, le papier pour les affiches, avis et annonces, sera fourni par la régie. Jusqu'à l'expiration de ce délai, les imprimeurs et les particuliers présenteront le papier au timbre, ainsi qu'il a été d'usage jusqu'à présent, et acquitteront les droits suivant les nouvelles quotités.

7. L'administration de l'enregistrement fera déposer aux greffes des cours et tribunaux les empreintes des timbres et contre-timbres établis par la présente.

8. Dans le cas où les timbres et contre-timbres ne pourraient être mis en activité, au moment de la publication de la loi, dans quelques départements du royaume, il y sera suppléé par un *visa* daté et signé du receveur de l'administration, énonçant la quotité du droit ou supplément de droit conformément aux articles 1, 2, 5 et 4 de la présente.

9. Notre garde des sceaux, ministre secrétaire d'état de la justice, et notre ministre des finances, sont chargés de l'exécution de la présente ordonnance, qui sera insérée au Bulletin des lois.

Donné à Paris, en notre château etc. *Signé* LOUIS. Etc.

ORDONNANCE DU ROI du 1er Mai 1816, *qui règle d'après de nouvelles bases, le salaire des Conservateurs des Hypothèques.*

LOUIS, par la grâce de Dieu, ROI DE FRANCE ET DE NAVARRE;

Vu la loi du 21 ventôse an VII, et le décret du 21 septembre 1810, portant fixation des salaires attribués aux conservateurs des hypothèques;

Considérant que la loi des finances de 1816 contient de nouvelles dispositions pour la transcription des actes de mutation, et qu'il convient de régler d'après ces dispositions les salaires des conservateurs;

Vu les observations de notre conseiller d'état directeur général de l'administration de l'enregistrement et des domaines;

Sur le rapport de notre ministre secrétaire d'état des finances,

NOUS AVONS ORDONNÉ ET ORDONNONS ce qui suit:

ART. 1er A partir la publication de la loi des finances de 1816, les conservateurs des hypothèques porteront en recette pour le compte du trésor royal, la moitié des salaires fixés par le n° 7 du tableau annexé au décret du 21 septembre 1810, pour la transcription des actes de mutation (43).

2. Notre ministre secrétaire d'état des finances est chargé de l'exécution de la présente ordonnance, qui sera insérée au Bulletin des lois.

Donné à Paris, en notre château etc. *Signé* LOUIS. Etc.

ORDONNANCE DU ROI, du 1er mai 1816, *concernant l'exécution du titre IX de la loi des finances, relatif aux suppléments de cautionnement.*

LOUIS, par la grâce de Dieu, ROI DE FRANCE ET DE NAVARRE; Vu le titre IX de la loi du 28 avril 1816, relatif aux suppléments de cautionnement,

AVONS ORDONNÉ et ORDONNONS :

ART. 1er Les suppléments de cautionnement à fournir, en exécution de ladite loi, par les receveurs généraux, receveurs particuliers d'arrondissement, payeurs des divisions militaires et des départements, employés des contributions directes, conservateurs des hypothèques, agens de l'administration des douanes, agens de change et courtiers de commerce, sont fixés conformément aux états annexés à la loi sous les n°s 1, 2, 3, 5, et à ceux joints à la présente ordonnance sous les n°s 11, 12 et 13 (1).

2. Les préfets feront dresser, 1° des états qui présenteront le montant des recouvrements sur les quatre contributions directes de 1815, dont était chargé chaque percepteur de leur département, et le montant de son cautionnement primitif : les préfets détermineront, d'après ces recouvrements, et suivant les proportions fixées par l'article 82 de la loi du 28 avril 1816, le supplément de cautionnement que les percepteurs auront à fournir ; 2°. de semblables états pour les receveurs communaux ; ces états seront basés sur les recettes de 1815, et fixeront le supplément à fournir par les receveurs communaux, d'après l'article 83 de la loi.

3. Nos procureurs généraux près les cours royales feront dresser, par nos procureurs près les tribunaux de première instance, des états séparés des notaires, avoués, greffiers et huissiers près des cours et tribunaux, greffiers des justices de paix et commissaires-priseurs attachés au ressort de chaque tribunal, ou de ceux qu'il sera convenable d'y attacher.

Ces états, certifiés par nos procureurs près les tribunaux de

____

(1) Ces états ne seront point imprimés, et seront envoyés, par extrait, à chaque préfet.

première instance, présenteront le nom du titulaire, le lieu de sa résidence, la population de la ville où il exercera, son cautionnement actuel, et le supplément qu'il devra fournir conformément à l'article 88 de la loi du 28 avril et aux états annexés à ladite loi sous les n°ˢ 7, 8 et 9.

Nos procureurs généraux, après avoir visé les états que leur enverront nos procureurs près les tribunaux, les adresseront au préfet du département.

4. Le préfet rendra ces états exécutoires, ainsi que ceux qu'il aura fait dresser lui-même pour les percepteurs et les receveurs communaux. Il ordonnera aussitôt aux fonctionnaires qui feront partie de ces divers états, d'acquitter, dans la huitaine, le supplément de cautionnement, soit en argent soit en obligation, entre les mains du receveur général du département. Il sera, en conséquence, remis copie de ces états exécutoires au receveur général: une autre copie sera adressée, sans délai, à notre ministre secrétaire d'état des finances.

5. Les suppléments de cautionnement dont la fixation est faite par les états annexés à la loi du 28 avril 1816, ou par ceux joints à la présente ordonnance, seront versés, dans la quinzaine à compter de ce jour, aux receveurs généraux de département; savoir, un quart en numéraire, et les trois autres quarts en obligations payables les 30 juin, 30 septembre et 31 décembre prochains.

6. Les souscripteurs des obligations seront tenus d'en faire remettre les fonds, aux échéances, au domicile du receveur général: à défaut, les obligations seront protestées audit domicile; et sur l'envoi que le receveur général en fera à notre trésor avec l'acte de protêt, il sera remboursé du montant des obligations. Nos ministres pourvoiront sur-le-champ, conformément à l'article 95 de la loi du 28 avril 1816, au remplacement du fonctionnaire qui aurait manqué de s'acquitter.

Il en sera usé de même à l'égard des fonctionnaires qui retarderaient de faire les versements ordonnés par les articles 4 et 6 ci-dessus.

7. Dans le cas où un souscripteur d'obligations pour supplément de cautionnement cesserait ses fonctions avant le 31 décembre prochain, les obligations par lui souscrites et qui resteront à acquitter, seront payées par son successeur comme si celui-ci les eût souscrites lui-même; le souscripteur sera entièrement libéré du montant de ces obligations au moment où il quittera ses fonctions.

8. Les intérêts du supplément de cautionnement courront à partir de la date des paiements.

9. Les suppléments de cautionnement exigés par la loi du 28 avril 1816, seront transmis à notre trésor, au moyen d'obli-

gations que les receveurs généraux souscriront à l'ordre du caissier général de la caisse de service, payables un mois après celles des fonctionnaires qui sont assujettis à ces supplémens.

Ce délai d'un mois tiendra lieu de toute remise et commission aux receveurs généraux pour la recette et la transmission de ces fonds.

Notre garde des sceaux, ministre de la justice, etc.

Donné à Paris, en notre château, des Tuileries.

Signé LOUIS. Par le Roi.

ORDONNANCE DU ROI, *du 8 mai 1816, relative à l'exécution du titre VI de la Loi du 28 Avril 1816, concernant la recherche des Marchandises soustraites aux Douanes.*

LOUIS, par la grâce de Dieu, ROI DE FRANCE, etc.

Sur le rapport de notre ministre des Finances, etc.

Vu le titre VI de la partie de la loi du 28 avril dernier relative aux douanes, portant que certaines marchandises prohibées seront recherchées dans l'intérieur;

Voulant régler le mode d'exécution de ces dispositions,

Avons ordonné et ordonnons ce qui suit:

Art. 1er. La déclaration voulue par l'art. 59 du titre *Douanes* de la loi du 28 avril dernier, de toutes les marchandises de fabrique étrangère dénommées en cet article, et qui existeraient dans l'étendue du royaume, devra être faite par les détenteurs desdites marchandises au bureau des douanes, s'ils sont domiciliés dans l'étendue du rayon, ou à la municipalité de leur domicile, s'ils résident dans l'intérieur, et qu'il n'y ait pas de bureau de douanes dans leur commune.

2. Cette déclaration indiquera les quantités, qualités et valeur des marchandises, et sera transcrite et signée sur un registre à ce destiné.

3. Dans les trois jours qui suivront la déclaration, le maire ou un officier municipal délégué par lui, et, dans les villes où il y a un bureau, un agent des douanes, se transportera au domicile du déclarant, et vérifiera les objets déclarés, qui seront mis ensuite par les propriétaires ou dépositaires en caisse ou ballots, lesquels, après avoir été ficelés et scellés du sceau de la mairie ou des douanes, et de celui desdits propriétaires ou dépositaires, seront immédia-

11

tement transportés, ou au chef-lieu de la municipalité, ou au bureau des douanes, pour être, à la diligence desdits propriétaires ou dépositaires, retirés desdits lieux de dépôt, et renvoyés à l'étranger, dans le délai voulu par ledit article 59.

4. Une copie de la déclaration, au bas de laquelle sera le certificat constatant le dépôt, sera transmise au directeur général des douanes dans la forme prescrite pour l'envoi des échantillons, par les articles 61 et 62 du titre *Douanes* de la loi du 28 avril dernier.

5. A la sortie du dépôt, les marchandises seront vérifiées de nouveau, et décrites, pour chaque pièce ou coupon, par espèce, qualité, poids, mesure et valeur; après quoi, les colis étant refermés, ficelés et scellés du sceau de la mairie ou des douanes, le propriétaire ou consignataire s'obligera, par une soumission dûment cautionnée, à les réexporter du royaume; et on lui délivrera à cet effet un acquit-à-caution, suivant les modèles de soumission et d'acquit-à-caution annexés à la présente ordonnance.

6. Lesdites marchandises ne pourront être réexportées que par un des bureaux ci-après désignés, lequel sera indiqué dans la soumission et l'acquit-à-caution, au choix des propriétaires; savoir :

Par mer. Dunkerque, Calais, Saint-Valery-sur-Somme, Dieppe, le Hâvre, Rouen, Caen, Cherbourg, Saint-Malo, Morlaix, Brest, Lorient, Nantes, la Rochelle, Bordeaux, Bayonne, Cette, Marseille et Toulon ;

Par terre. Halluin, Baisieux, Valenciennes, Givet, Givonne, Thionville, Sierck, Forback, Strasbourg, Saint-Louis, Verrière-de-Joux, Gougne, Châtillon-de-Michaille, Seyssel, Pont-de-Beauvoisin, Chaparcillan, Saint-Laurent du Var, Ainhoa et Béhobie.

7. Immédiatement après la délivrance de l'acquit-à-caution, il en sera adressé un duplicata au directeur-général des douanes, qui n'autorisera la radiation de la soumission qu'après s'être assuré de la vérité du certificat de décharge.

8. La sortie des marchandises sera constatée dans les formes prescrites par la loi du 17 décembre 1814, relativement au transit : en conséquence, les préposés du bureau de sortie n'accorderont les certificats de décharge qu'après une vérification exacte de l'état des plombs et cachets, de l'espèce, de la qualité, du nombre, du poids et de la va-

leur des marchandises, lesquelles seront ensuite embarquées en présence des préposés dans les ports de mer, ou conduites sous escorte à l'étranger si elles sortent par terre ; sauf, dans le premier cas, l'exécution des formalités nécessaires pour assurer la destination, suivant l'article 78 de la loi du 8 floréal an 11.

Les actes de décharge ne seront valables qu'autant que les opérations successives de la visite, de l'embarquement, ou de la sortie sous escorte, auront été certifiées sur les acquits-à-caution par les vérificateurs et autres préposés, et que ces actes de décharge seront, en outre, signés du receveur et d'un autre employé du bureau.

9. Après l'expiration du délai fixé par ledit art. 59 du titre *Douanes* de la loi du 28 avril dernier, pour effectuer la réexportation, les marchandises qui se trouveront encore dans les dépôts ci-dessus, seront considérées comme abandonnées, et seront vendues à charge de réexportation immédiate : leur produit, déduction faite des frais de vente, transport, etc., sera remis aux propriétaires desdites marchandises.

10. La vente de celles de ces marchandises dont le dépôt aurait eu lieu dans l'intérieur, s'effectuera dans le bureau des douanes qui sera désigné par le directeur-général de l'administration des douanes. A cet effet, les maires des municipalités où il existerait de semblables dépôts à l'époque du 1.er janvier prochain, seront tenus d'en faire immédiatement parvenir l'état au préfet de leur département, qui devra lui-même le transmettre au directeur-général.

11. Au 1.er juillet prochain, les registres sur lesquels les déclarations auront été inscrites, seront arrêtés ; il ne pourra plus en être reçu de nouvelles, et il sera procédé aux recherches et saisies voulues par l'article 59.

12. Les dispositions des articles 5, 6, 7 et 8 de la présente ordonnance, seront applicables à toutes les marchandises prohibées qui devront être réexportées par suite de saisies, abandon, vente, ou remise faite, sous condition de réexportation, au propriétaire.

13. Notre ministre secrétaire-d'état, etc.

Donné à Paris, etc.

Signé LOUIS, etc.

(*Suivent les modèles.*)

SOUMISSION.

DÉPARTEMENT
d

MAIRIE
d

ou

DIRECTION
des Douanes.
d

BUREAU
d

N.

LE   du mois d   mil huit cent
à (*la mairie ou bureau des douanes d*   ), M.
demeurant à   rue   déclare expédier
pour la réexportation, la quantité de (*indiquer le nombre des caisses ou
ballots*) marqués et numérotés comme en marge, contenant les marchandises prohibées ci-après détaillées, provenant de dépôt effectué
en exécution de la loi du 28 avril 1816, sur sa déclaration du
n.   et qu'il fera sortir par le bureau des douanes de
                 savoir : (*rappeler en détail, pour chaque caisse ou ballot, les
espèce, qualité, nombre de pièces, mesure, poids et valeur des marchandises*);
le tout évalué à la somme de (*récapitulation de la valeur*), lesd
caisses ou ballots ficelé et scellé du (*sceau de la mairie ou plomb de la
douane*;

Lesquelles marchandises M   a fait charger sur
                 à la conduite du Sr.

En conséquence, il se soumet par la présente, solidairement avec
M.   demeurant à   rue
qui se rend sa caution, à faire sortir lesdites marchandises du royaume
par la route ci-dessus indiquée, et non par aucune autre, dans le délai
de   et à rapporter à cette (*mairie ou douane du lieu
de l'expédition*), dans le même délai augmenté de vingt jours, le présent
acquit-à-caution, revêtu du certificat de décharge délivré au bureau des
douanes d   qui constatera, après vérification des
cordes, plombs et cachets, et de l'identité des marchandises, qu'elles
sont réellement sorties du royaume, le déclarant et sa caution s'obli-
geant, dans le cas contraire, à payer la valeur des marchandises avec
amende de cinq cents francs, suivant la loi du 28 avril 1816.

A cet effet, ils ont signé la présente déclaration et soumission.

ACQUIT-A-CAUTION.

DÉPARTEMENT
d

MAIRIE
d

ou

DIRECTION
des Douanes.
d

BUREAU
d

N.

LES préposés des douanes laisseront passer pour M.
                 demeurant à   la quantité de (*indiquer le nombre des
caisses ou ballots*) marqués et numérotés comme en marge, et contenant
les marchandises prohibées ci-après détaillées, provenant de dépôt
effectué en exécution de la loi du 28 avril 1816, sur sa déclaration du
n.   et qu'il réexporte à l'étranger
par le bureau des douanes d   savoir (*rappeler en détail,
pour chaque caisse ou ballot, les espèce, qualité, nombre de pièces, mesure,
poids et valeur des marchandises*);

Le tout évalué à la somme de (*récapitulation de la valeur*), lesd
caisses ou ballots ficelé et scellé du (*sceau de la mairie ou plombs de
la douane*);

Lesquelles marchandises M.   a fait charger sur
                 à la conduite du Sr.   et s'est soumis
avec M.   sa caution solidaire, à les exporter par la
route ci-dessus indiquée, et non par aucune autre, dans le délai de
                 et à rapporter à cette (*mairie ou douane du lieu d'où se fera
l'expédition*), dans le même délai augmenté de vingt jours, le présent
acquit-à-caution, revêtu du certificat de décharge délivré au bureau des
douanes d   qui constatera, après vérification des
cordes, plombs ou cachets, et de l'identité des marchandises, qu'elles
sont réellement sorties du royaume ; sous peine d'être contraint de
payer la valeur desdites marchandises et l'amende de cinq cents francs,
en vertu de la loi du 28 avril 1816.

Fait (*à la mairie ou au bureau des douanes*) à   le

CERTIFIÉ conforme par nous   DAMBRAY,

ORDONNANCE DU ROI, *du 8 mai 1816, qui transfère au Trésor Royal l'Administration des Cautionnemens, précédemment attribuée à l'ancienne Caisse d'amortissement.*

LOUIS, par la grâce de Dieu, ROI DE FRANCE, etc.

Les attributions de la caisse d'amortissement, instituée par la loi du 28 avril 1816, étant dégagées du service des cautionnemens; et ce service devant, conformément aux dispositions de la même loi, être fait par le trésor;

Voulant maintenir, nonobstant ce changement, les règles d'après lesquelles il a été dirigé depuis son principe;

Nous avons jugé qu'en incorporant l'administration des cautionnemens dans celle de notre trésor royal, il était utile d'en faire une partie distincte, pour la suivre d'après les principes et les formes qui lui sont propres.

À ces causes, de l'avis de notre conseil, et sur le rapport de notre ministre secrétaire d'état des finances,

Nous avons ordonné et ordonnons ce qui suit :

ART. 1.er Le service des cautionnemens, précédemment attribué à la caisse d'amortissement, est transféré au trésor royal; il sera dirigé par le sieur *Lemonnier*, administrateur dudit trésor, qui prendra la qualité d'administrateur des cautionnemens, sous les ordres de notre ministre des finances.

2. La division qui, à la caisse d'amortissement, était spécialement chargée des affaires relatives aux cautionnemens, passera sous la direction immédiate de l'administrateur, avec le fonds affecté à ses dépenses.

3. Les règles suivies, tant pour la recette, l'inscription, les transferts, applications et remboursemens des cautionnemens, que pour le mode et les époques de paiement des intérêts, sont maintenues, sauf les modifications dont le temps et l'expérience pourront démontrer la convenance et la nécessité pour l'avantage respectif des créanciers et du trésor.

4. Les comptes annuels du trésor, imprimés et publiés, contiendront un chapitre spécial destiné à présenter les mouvemens en recettes et dépenses, et la situation de cette partie du service de nos finances.

Notre ministre secrétaire d'état des finances est chargé de l'exécution de la présente ordonnance.

Donné à Paris, en notre château etc. *Signé* LOUIS. Etc.

ORDONNANCE DU ROI, *du 22 mai 1816, ayant pour objet de prévenir les difficultés qui pourraient s'élever sur l'exécution de la loi du 28 avril 1816, en ce qui concerne le paiement des droits de timbre et d'enregistrement auxquels sont assujettis les procès-verbaux, actes et jugemens en matière criminelle, etc.*

LOUIS, par la grâce de Dieu, ROI DE FRANCE etc.

Sur le rapport de notre amé et féal chevalier le sieur *Dambray*, chancelier de France, chargé du porte-feuille du ministère de la justice ;

Vu les lois des 13 brumaire et 22 frimaire an VII sur le timbre et l'enregistrement, et les articles 38, 43 et 71 de la loi du 28 avril dernier sur les finances ;

Voulant prévenir les difficultés qui pourraient s'élever sur l'exécution de cette dernière loi, en ce qui concerne le paiement des droits de timbre et d'enregistrement auxquels sont assujettis les procès-verbaux, actes et jugemens en matière criminelle, correctionnelle et de police, et assurer, autant qu'il est possible, la perception des revenus publics, sans entraver la marche de la justice répressive, si nécessaire au maintien de la tranquillité publique et de l'ordre social.

Avons ordonné et ordonnons ce qui suit :

ART. 1.er Les procès-verbaux, actes et jugemens en matière criminelle, lorsqu'il n'y a pas de partie civile, continueront à être exempts de la formalité de l'enregistrement, ou à être enregistrés *gratis*, conformément aux dispositions de l'article 70, §. 2, n.º 3, et §. 3, n.º 9, de la loi du 22 frimaire an VII.

Tous autres actes et jugemens en matière criminelle, correctionnelle et de police, qui étaient précédemment soumis à l'enregistrement sur les expéditions, seront, conformément à l'article 38 de la loi du 28 avril dernier, enregistrés sur les minutes ou originaux, dans les vingt jours de leur date.

2. Lorsqu'il y aura une partie civile, les droits seront acquittés par elle. A cet effet, le greffier pourra exiger d'avance la consignation entre ses mains du montant des droits. A défaut de cette consignation et de l'accomplissement de la formalité dans le délai prescrit, le recouvrement du droit ordinaire et du droit en sus sera poursuivi contre la partie civile, par le receveur de l'enregistrement, sur l'extrait du jugement que le greffier sera tenu de lui délivrer dans les

dix jours qui suivront l'expiration du délai fixé pour l'enregistrement; le tout conformément à l'article 37 de la loi du 22 frimaire an VII.

3. Tout greffier qui aura négligé de faire enregistrer, dans le délai fixé, les jugemens pour l'enregistrement desquels le montant des droits lui aura été consigné, ou qui, dans les dix jours qui suivront l'expiration de ce délai, n'aura pas remis au receveur de l'enregistrement l'extrait des jugemens non enregistrés, faute de consignation des droits par la partie civile, sera personnellement tenu au paiement des droits et de l'amende pour chaque contravention, conformément aux articles 35 et 37 de la même loi.

4. Dans les affaires de police correctionnelle ou de simple police qui sont poursuivies à la seule requête du ministère public, sans partie civile, ou même à la requête d'une administration publique agissant dans l'intérêt de l'État, d'une commune ou d'un établissement public, la partie poursuivante ne sera pas tenue de consigner d'avance le montant des frais de poursuite ni des droits d'enregistrement auxquels peuvent donner lieu les jugemens; mais les minutes de ces jugemens devront être enregistrées en débet, conformément au §. 1.er de l'article 70 de la loi du 22 frimaire an VII; et il y aura lieu de suivre la rentrée des droits contre les parties condamnées, en même temps et de la même manière que celle des frais de justice.

Les dispositions du présent article ne sont pas applicables à la régie des contributions indirectes, laquelle continuera à faire l'avance des frais de poursuite et des droits de timbre et d'enregistrement, dans toutes les affaires poursuivies à sa requête et dans son intérêt ou celui de ses agens.

5. Les actes et procès-verbaux des huissiers, gendarmes préposés, gardes champêtres ou forestiers (autre que ceux des particuliers) et généralement tous actes et procès-verbaux concernant la police ordinaire, et qui ont pour objet la poursuite et la répression des délits et contraventions aux réglemens généraux de police ou d'impositions, continueront à être visés pour timbre et enregistrés en débet, lorsqu'il n'y aura pas de partie civile poursuivante, ou qu'elle aura négligé ou refusé de consigner les frais de poursuite, sauf à poursuivre le recouvrement des droits contre qui il appartiendra.

Le *visa* du receveur de l'enregistrement devra toujours

faire mention du montant des droits en suspens, pour en faciliter l'emploi et le recouvrement dans la taxe des frais.

6. Notre chancelier de France, chargé du porte-feuille du ministère de la justice, et notre ministre secrétaire d'état des finances, sont chargés de l'exécution de la présente ordonnance.

Donné à Paris, en notre château, etc. *Signé* LOUIS. Etc.

ORDONNANCE DU ROI, *du 22 mai 1816, contenant Règlement sur l'administration de la Caisse d'amortissement et de la caisse des dépôts et consignations créées par la loi du 28 avril 1816.*

LOUIS, par la grâce de Dieu, ROI DE FRANCE etc.

Vu la loi du 28 avril 1816 portant, titre X, établissement d'une caisse d'amortissement et d'une caisse des dépôts et consignations;

Sur le rapport de notre ministre secrétaire-d'état des finances, et d'après la proposition de la commission de surveillance de ces deux établissemens;

Considérant que la distinction établie par la loi entre les opérations de la caisse d'amortissement et celle de la caisse des dépôts et consignations, ne s'oppose pas à ce que ces deux caisses puissent être dirigées par une même administration, comme elles sont surveillées par une même commission.

Que cette unité d'administration présente des avantages réels pour le service, et des ressources d'économie;

Que pour remplir le vœu de la loi, et fonder la confiance publique sur des bases solides, il suffit que les opérations et les écritures de l'un et l'autre de ces établissemens soient tellement distinctes, que la situation de chaque caisse puisse être instantanément vérifiée et arrêtée de manière à prévenir tous abus, confusions et détournemens de deniers;

Avons ordonné et ordonnons ce qui suit:

TITRE PREMIER.

De l'Administration.

ART. 1er. Il y aura une seule administration pour la caisse d'amortissement et pour celle des dépôts et consignations créées par la loi du 28 avril 1816.

2. L'administration de ces deux caisses sera exercée par un directeur-général, qui aura sous ses ordres un sous-direc-

teur, un caissier, et le nombre de chefs et employés nécessaire pour le service.

3. Les deux établissemens, quoique placés dans le même local, et soumis à la même administration, seront invariablement distincts. Il sera tenu pour chacun des livres et registres séparés. Leurs écritures et leurs caisses ne seront jamais confondues; la vérification en sera toujours faite simultanément, afin d'en garantir plus sûrement l'exactitude.

4. La clôture des livres et registres de l'ancienne caisse d'amortissement sera faite au 31 mai 1816; son bilan sera dressé, et sa situation sera constatée et arrêtée par la commission spéciale que nous avons nommée à cet effet en présence des commissaires surveillans, qui assisteront à cette vérification avec le directeur-général et le caissier du nouvel établissement.

5. Cette opération étant terminée, les espèces existant en caisse et les effets en porte-feuille, qui intéresseront les dépôts et consignations, ainsi que les services réunis à la nouvelle caisse, seront remis à son caissier, qui en délivrera récépissé, et s'en chargera en recette à titre de dépôt.

6. La remise ainsi faite des deniers en caisse et des effets en portefeuille provenant de l'ancienne caisse d'amortissement, ne sera réputée que provisoire; elle ne pourra préjudicier aux droits respectifs du trésor et de la caisse des dépôts et consignations qui résulteront de la liquidation définitive de ladite caisse d'amortissement, lesquels droits seront réglés par nous ultérieurement, ainsi qu'il appartiendra.

7. La nouvelle administration des deux caisses d'amortissement et des dépôts et consignations, entrera en exercice le 1.er juin prochain : il sera ouvert pour chacune de nouveaux livres et registres, et les écritures seront passées à comptes nouveaux.

TITRE II.

Du Directeur-général.

8. Le directeur-général prêtera serment devant la commission de surveillance entre les mains du président.

9. Il ordonnera toutes les opérations et réglera les diverses parties du service des deux établissemens; il prescrira les mesures nécessaires pour la tenue régulière des livres et des caisses; il tiendra la main à ce que les écritures en soient distinctes et les fonds séparés; il ordonnancera les paiemens

de toute nature; il visera et arrêtera les divers états de situation et comptes; il signera la correspondance générale et en fera tenir registre.

10. Il donnera à la commission de surveillance, toutes les fois qu'elle le requerra, tous les documens et renseignemens qu'elle jugera utiles pour l'exercice de sa surveillance; il lui proposera ses vues pour l'amélioration des deux établissemens. Il nous en sera référé, s'il y a lieu, par cette commission et par l'intermédiaire de notre ministère des finances pour être par nous ordonné ce qu'il appartiendra.

11. Les employés de tous grades des deux établissemens seront à la nomination du directeur-général, qui pourra les révoquer.

Ceux attachés à la caisse seront aussi nommés par lui, mais sur la présentation du caissier.

TITRE III.

Du Sous-Directeur.

12. Le sous-directeur sera chargé habituellement sous les ordres du directeur-général, de suivre les parties du service dont celui-ci jugera à propos de lui confier la direction particulière.

13. En cas d'absence ou de maladie du directeur-général, le sous-directeur le remplacera dans l'exercice de ses fonctions. Il sera, dans ce cas, soumis au mêmes règles et à la même responsabilité que le directeur-général.

14. Le sous-directeur prêtera serment devant la commission de surveillance entre les mains du président.

TITRE IV.

Du Caissier.

15. Le caissier, avant d'entrer en fonctions, fournira, pour sûreté de sa gestion, un cautionnement de 100,000 fr. en numéraire.

Il ne pourra être admis au serment qu'il prêtera devant notre cour des comptes, et ne sera installé, qu'après avoir justifié du versement de son cautionnement au trésor.

16. Il sera chargé de la recette, garde et conservation des deniers et valeurs actives déposées entre ses mains à quelque titre que ce soit.

Il acquittera toutes les dépenses et soldera tous les effets payables à la caisse.

Il tiendra pour chaque caisse des journaux distincts, sur lesquels ils inscrira, jour par jour, ses recettes et ses dépenses.

17. Il sera responsable des erreurs et des déficits autres que ceux provenant de force majeure.

18. Les effets et valeurs actives seront passés à l'ordre du caissier, et adressés au directeur-général qui visera les accusés de réception donnés par le caissier.

19. Le caissier signera et délivrera les récépissés des fonds versés à sa caisse; ces récépissés ne seront valables et ne donneront droit contre l'administration qu'autant qu'ils seront visés par le directeur-général.

Il restera personnellement responsable envers les ayans-droit, pour raison des accusés de réception et de récépissés qui ne seraient revêtus que de sa signature.

20. Aucun paiement ne pourra être fait par le caissier, que sur pièces justificatives en règle, et en vertu des mandats du directeur-général.

21. Chaque jour le caissier donnera au directeur-général, pour chacune des caisses, un état de situation par recette, dépense, et restant en caisse; cet état fait double sera certifié par lui et arrêté par le directeur-général, qui gardera l'un des doubles et remettra l'autre au caissier.

Il remettra aussi chaque jour au chef de la comptabilité les états des recettes et paiemens par lui faits, pour être inscrits sur le journal général.

22. Tous les mois, le caissier remettra au chef de la comptabilité les pièces justificatives des recettes et dépenses par lui faites dans le mois, pour être vérifiées.

La situation de sa caisse sera vérifiée par le directeur-général, au moins une fois par mois, indépendamment des vérifications que la commission de surveillance pourra faire toutes les fois qu'elle le jugera utile.

23. Le caissier dressera chaque année deux comptes des recettes et dépenses par lui faites pendant ladite année, l'un pour la caisse d'amortissement, l'autre pour celle des dépôts et consignations.

Ces deux comptes, appuyés des pièces justificatives, seront remis dans le mois qui suivra l'expiration de l'année de chaque exercice; ils seront vérifiés à l'administration et arrêtés provisoirement par le directeur-général.

24. Outre le traitement attribué au caissier, il lui sera accordé une indemnité payable tous les six mois.

TITRE V.

Dispositions particulières à la Caisse d'amortissement.

25. Les rentes sur le grand-livre de la dette publique, acquises par la caisse d'amortissement, seront inscrites en son nom. Il sera fait mention sur les inscriptions au grand-livre, qu'elles ne peuvent être transférées; et il sera en outre apposé sur les extraits desdites inscriptions qui seront délivrées au nom de la caisse, un timbre portant ces mots : *non transférables.*

26. Tous transferts desdites inscriptions qui seroient faits nonobstant les défenses ci-dessus, seront néanmoins valables à l'égard des acquéreurs.

Le recours dans ce cas sera exercé par le gouvernement contre les agens du trésor et de la caisse d'amortissement, ainsi que contre tous autres fauteurs ou complices du délit, conformément aux dispositions de l'art. 109 de la loi du 28 avril 1816.

TITRE VI.

Dispositions particulières à la Caisse des dépôts et con-signations.

27. Le directeur-général est autorisé à se servir de l'intermédiaire des receveurs-généraux pour effectuer, dans les départemens, les recettes et les dépenses qui concernent la caisse des dépôts et consignations.

28. Les receveurs-généraux seront comptables envers la caisse des dépôts et consignations des recettes et dépenses qui leur seront confiées par ladite caisse.

29. Ils seront responsables des erreurs qu'ils auront commises, ainsi que des recettes et dépenses qui n'auront pas été valablement justifiées, conformément aux lois sur la comptabilité.

30. Ils adresseront tous les mois, au directeur-général, les états par eux certifiés des recettes qu'ils auront faites, et des paiemens qu'ils auront effectués dans le mois; avec les pièces justificatives et un bordereau en double expédition.

L'un de ces bordereaux restera, avec les états et pièces, au bureau de la comptabilité, pour servir aux vérifications qui y seront faites; l'autre sera renvoyé au comptable avec les observations dont les états et pièces auront été reconnus susceptibles.

31. Ils seront en outre tenus de dresser et remettre à

l'administration, dans le premier mois qui suivra la fin de chaque année d'exercice, le compte général des recettes et dépenses par eux faites pendant ladite année pour la caisse des dépôts et consignations.

Les comptes annuels certifiés par chaque receveur-général et appuyés des pièces justificatives seront vérifiés à l'administration et arrêtés provisoirement par le directeur-général.

32. Dans le second mois de l'année qui suivra chaque exercice, le directeur-général fera adresser aux administrations et établissemens pour qui la caisse des dépôts et consignations est chargée de faire des recettes et dépenses, le compte général de l'année concernant chaque administration ou établissement.

Ces comptes devront être renvoyés dans le mois suivant au directeur-général, après avoir été arrêtés par lesdits établissement et administration.

Ils seront joints au compte général de la caisse des dépôts et consignations.

33. L'indemnité à accorder aux receveurs-généraux en raison du service dont ils pourront être chargés par la caisse des dépôts et consignations, sera réglée de concert entre notre ministre secrétaire-d'état des finances et la commission de surveillance.

TITRE VII.

Des dépenses administratives.

34. Le traitement du directeur-général est fixé par année à 20,000 francs.

Celui du sous-directeur à 12,000 francs;

Celui du caissier à 12,000 francs, compris une indemnité de 3,000 francs.

Les appointemens des chefs et employés des bureaux sont fixés annuellement à la somme de 99,600 fr., compris l'abonnement pour frais de négociation de la caisse d'amortissement, et les honoraires de l'avocat, conformément à l'état annexé à notre présente ordonnance.

35. Il sera de plus fait un fonds annuel de 16,800 fr. pour gratifications, auquel le directeur, le sous-directeur et le caissier ne participeront pas, et qui sera réparti tous les six mois, entre les chefs, employés et surnuméraires, à raison de la capacité, de l'exactitude et du zèle qu'ils auront montrés dans l'exercice de leurs fonctions.

L'état des répartitions, après avoir été préalablement soumis à la commission de surveillance, sera arrêté par le directeur-général.

36. Les dépenses variables pour frais de bureaux, bois, lumières, entretien et réparations des bâtimens et autres de diverses natures, sont évaluées, pour la présente année, sur le pied de 20,000 fr. par an.

37. A l'avenir, le directeur-général présentera, avant la fin de l'année, à la commission de surveillance, un état détaillé et certifié par lui, des dépenses administratives à faire pour l'année suivante : cet état, revêtu de l'avis de la commission, sera soumis à notre approbation.

38. Les dépenses administratives seront acquittées par le caissier. L'emploi en sera justifié par états, mémoires réglés, mandats du directeur-général, et par les acquits des parties prenantes. Elles ne pourront être excédées sans une autorisation spéciale donnée par nous sur la proposition de la commission de surveillance, sous peine de responsabilité solidaire pour raison de l'excédant, contre le directeur-général qui l'aurait ordonné, et le caissier qui l'aurait acquitté.

39. Les employés de l'ancienne caisse d'amortissement non compris dans la présente organisation, qui ne resteront pas attachés aux bureaux du trésor, ou qui ne seront pas replacés dans une administration publique, jouiront à titre d'indemnité, à dater du 1.er juin 1816, de quatre mois de leur traitement, qui leur sera payé chaque mois par le trésor. Il sera accordé, sur le rapport de notre ministre des finances, des pensions de retraite à ceux d'entr'eux qui y auront droit à raison de leurs services.

TITRE VIII.

De la présentation, vérification et du jugement définitif des comptes.

40. Les comptes annuels du caissier, tant pour la caisse d'amortissement que pour celle des dépôts et consignations, et ceux des receveurs-généraux pour les recettes et dépenses par eux faites dans les départemens au nom de cette dernière caisse, seront présentés et remis avec les états et pièces justificatives nécessaires à leur vérification, dans les six mois qui suivront chaque exercice expiré, à notre cour des comptes, qui les vérifiera, jugera et apurera définitivement.

41. Les livres et registres de la caisse ne seront point dé-

placés ; mais la cour des comptes pourra en faire prendre telle communication qu'elle jugera utile pour la vérification des comptes.

42. Le caissier et les receveurs-généraux dont les recettes auront été reconnues exactes, et les dépenses justifiées par pièces valables et régulières, seront déchargés de leurs gestions respectives, et obtiendront de notre cour des comptes leurs quittus définitifs.

43. Les pièces de comptabilité ne pourront être brûlées avant un délai de cinq ans après l'expiration de l'exercice des comptes auxquels elles appartiendront, distraction faite préalablement de celles qui pourraient être utiles à l'administration comme renseignemens.

44. Notre ministre et secrétaire d'État est chargé de l'exécution de la présente ordonnance.

Donné en notre château, etc. *Signé* LOUIS. Etc.

ORDONNANCE DU ROI, *du 29 mai 1816, portant nomination du Directeur-général, du Directeur-adjoint et du Caissier de la Caisse d'amortissement, et fixation du traitement de ces fonctionnaires.*

LOUIS, par la grâce de Dieu, ROI DE FRANCE, etc.

Vu le titre 10 de la loi du 28 avril dernier, qui crée, art. 99, une nouvelle caisse d'amortissement ;

Après avoir, conformément au même article, pourvu par notre ordonnance du 28 de ce mois à la composition de la commission chargée de surveiller cet établissement ;

Désirant procéder au complément de l'organisation prescrite par la loi ;

Vu l'article 100 portant : « Que la caisse d'amortissement sera dirigée par un directeur-général, auquel il pourra être adjoint un sous-directeur, et qu'il y aura un caissier responsable ; »

Vu l'article 101, d'après lequel ces fonctionnaires doivent être nommés par nous ;

Voulant statuer sur ces nominations ;

Sur le rapport de notre ministre et secrétaire-d'état des finances,

Nous avons ordonné et ordonnons ce qui suit :

ART. 1er. Le sieur Dutremblay père est nommé directeur-général de la caisse d'amortissement, avec un traitement de 20,000 francs.

Le sieur baron Desfougerais, député, est nommé directeur-adjoint, avec un traitement de 12,000 francs.

Le sieur Gravier, député, est nommé caissier, avec un traitement de 9,000 francs, auquel sera ajoutée une indemnité de 3,000 francs, pour le couvrir des erreurs et mécomptes.

2. Ces fonctionnaires entreront en fonctions le 1.er du mois prochain.

3. Notre ministre et secrétaire-d'état des finances, et la commission de surveillance, sont chargés, *etc.*

Donné à Paris, en notre château, etc. *Signé* LOUIS. Etc.

ORDONNANCE DU ROI, *du 29 mai 1816, ayant pour objet d'assurer l'exécution des dispositions des titres III et IV de la loi du 28 avril 1816, qui déterminent le mode de liquidation et d'acquittement de l'arriéré antérieur au 1.er janvier, même année, ainsi que le remboursement de la réquisition de guerre levée en 1815.*

LOUIS, par la grâce de Dieu, ROI DE FRANCE etc.

Vu les dispositions des titres 3 et 4 de la loi du 28 avril dernier, qui déterminent le mode de liquidation et d'acquittement de l'arriéré antérieur au 1.er janvier 1816, ainsi que le remboursement de la réquisition de guerre levée en 1815, voulant assurer l'exécution de ces dispositions, et régler la marche des opérations du trésor en cette partie;

Sur le rapport de notre ministre etc. des finances;

Nous avons ordonné et ordonnons ce qui suit :

ART. 1.er. Les titulaires d'ordonnances de l'arriéré expédiées postérieurement au 4 mai présent mois, date de la promulgation de cette loi, qui, en usant de la faculté accordée par l'art. 14, réclameront leur paiement en rentes 5 pour cent consolidés, seront immédiatement inscrits au grands livre, avec jouissance du 22 septembre 1816. Les arrérage-antérieurs, à compter du 5 dudit mois de mai, seront acquittés à l'échéance, sur des mandats spéciaux qui seront délivrés en même temps que l'extrait d'inscription.

2. La jouissance des arrérages à l'égard des ordonnances antérieures au 5 mai 1816, continuera d'être accordée, savoir : pour les exercices 1809 et antérieurs, à compter de la date de l'ordonnance, et pour les exercices 1810 et suivans, à compter du 1.er jour du semestre dans lequel l'ordonnance aura été expédiée.

3. Les reconnaissances de liquidation qui doivent, en

exécution de l'art. 13 de la même loi, être données en paiement à ceux qui ne réclameront pas l'inscription immédiate au grand-livre, seront délivrées par le directeur du grand-livre, dans la forme du modèle N°. 1.er joint à la présente. Les paiemens de cette nature, comme tous ceux en effets de dette publique, ne pourront être effectués qu'à Paris.

4. L'échéance des intérêts des reconnaissances de liquidation sera, comme pour les cinq pour cent consolidés, 22 mars et 22 septembre de chaque année. Ces intérêts courront dudit jour 5 mai 1816.

5. La conversion de ces reconnaissances en 5 pour cent consolidés, suivant la faculté accordée par la même loi, s'opérera, sauf les droits des tiers-opposans ou cessionnaires, par un simple dépôt à la direction de la dette publique, appuyé d'une demande d'inscription signée du propriétaire ou d'un fondé de pouvoirs, et des expéditions ou extraits des actes établissant la propriété, s'il y a eu mutation depuis le paiement.

6. Les créances au-dessous de mille francs en capital qui ne peuvent donner lieu à une inscription au grand-livre, devant, d'après les dispositions du 2e. paragraphe de l'art. 13 de la loi du 28 avril 1816, être productives d'intérêts à compter de la même époque 5 mai 1816, les paiemens ou les conversions de reconnaissances de liquidation pour créances de cette quotité, seront faits en promesses de 5 pour cent consolidés dans la forme du modèle N.º 2, avec faculté par les propriétaires porteurs, en réunissant jusqu'au *minimum* de 1,000 francs de capital, ou 50 francs de rente, de les faire inscrire au grand-livre, jouissance du 22 septembre 1816.

7. A compter du 22 septembre 1816, toutes les inscriptions au grand-livre provenant de paiemens directs, ou de conversions de reconnaissances de liquidation, auront lieu avec jouissance du semestre courant. Les arrérages antérieurs seront acquittés comme il est dit article premier.

8. Les règles établies par la loi du 24 août 1793, relativement au *minimun* des rentes à inscrire, ne permettant pas de posséder au-dessous de cinquante francs de rente, les porteurs de promesses cinq pour cent consolidés, devront, à compter de la même époque 22 septembre 1816, les réunir et les rapporter à la direction du grand-livre, pour obtenir

12

l'inscription avant l'expiration du semestre, afin de n'éprouver aucun retard dans le paiement de leurs arrérages.

9. Le paiement des intérêts des reconnaissances de liquidation sera imputé sur les fonds généraux de la dette publique, les quittances seront signées des propriétaires, ou de leurs fondés de procuration spéciale. On suivra, pour le surplus, les régles établies pour le paiement des arrérages de la dette publique.

10. La réquisition ou emprunt de guerre levé en exécution de notre ordonnance du 16 août 1815, faisant, aux termes de l'art. 9 du titre 3 de la loi du 28 avril 1816, partie de la dette arriérée, le remboursement en sera effectué dans les mêmes valeurs que ci-dessus, sur des ordonnances de notre ministre des finances, et après une liquidation qui sera opérée de la manière suivante :

11. Les contribuables seront divisés en deux classes.

La première sera composée de ceux qui, comme principaux capitalistes, patentables et propriétaires, ont été taxés spécialement sur des listes arrêtées par les autorités locales.

On comprendra dans la deuxième classe tous les individus taxés au centime le franc de leurs contributions directes, par l'effet d'une répartition générale.

12. Les contribuables de la première classe indistinctement, ainsi que ceux de la seconde dont les taxes sont de 1,000 fr. et au-dessus, qui voudront obtenir leur remboursement, seront tenus de produire à la préfecture de leur département leur quittance finale, indicative de leurs noms et prénoms, signée du percepteur, et visée des maire et sous-préfet. Il en sera , par les soins de chaque préfet, dressé des listes qui seront adressées, avec les quittances à l'appui, à notre ministre des finances, et transmises, avant d'être ordonnancées, au comité de révision institué par notre ordonnance du 10 octobre 1814.

13. Les contribuables de la deuxième classe, pour les taxes au-dessus de 1,000 fr. seront liquidés collectivement.

Les préfets feront dresser des listes indicatives des sommes payées par chaque commune; ces listes seront également adressées à notre ministre des finances et soumises au comité de révision.

14. Le produit des liquidations collectives sera acquitté en rentes ou reconnaissances de liquidation au nom du maire

de chaque commune, avec faculté d'aliéner pour en répartir le prix, de l'avis du conseil municipal, à qui de droit.

15. Le comité de révision prendra connaissance des abandons qui ont été faits au profit de l'État des sommes versées dans l'emprunt. Il en fera, conformément aux offres des contribuables, opérer la distraction des listes ou états de liquidation, dans le cas où ces sommes y auraient été mal à propos comprises.

16. Les inscriptions ou reconnaissances de liquidations délivrées en remboursement de cet emprunt, porteront intérêt, à compter du 5 mai 1816, pour les paiemens faits pour solde des taxes avant la promulgation de la loi des finances, et à l'égard de ceux postérieurs, à compter du premier jour du semestre qui suivra le paiement.

17. Le remboursement de taxes non acquittées intégralement, demeurera ajourné jusqu'à paiement définitif

Donné à Paris, en notre château, etc. *Signé* LOUIS. Etc.

N°. 1. TRÉSOR ROYAL. *Loi du 28 avril 1816, et Ordonnance du Roi du 29 mai suivant.*

DETTE PUBLIQUE.

N°.

RECONNAISSANCE DE LIQUIDATION.

MINISTÈRE   EXERCICE

CAPITAL LIQUIDÉ

M

a droit à un capital de la somme de

Nota. Les intérêts sont payables aux échéances des 22 mars et 22 septemb. de chaque année sur quittance du propriétaire ou de son fondé de procuration.

provenant de liquidation d'arriéré antérieur au 1er. janvier 1816, et portant intérêt à cinq pour cent, à compter du 5 mai suivant.

Paris, ce

Le directeur du Grand-Livre.

No. 2.

CINQ POUR CENT CONSOLIDÉS.

TRÉSOR ROYAL.

PROMESSE D'INSCRIPTION

AU GRAND-LIVRE DES CINQ POUR CENT CONSOLIDÉS.

N°.   SOMME DE RENTE.

Le porteur a droit à

de rente cinq pour cent consolidés, dont l'inscription au grand-livre sera accordée, en réunissant jusqu'à cinquante francs de rente au moins.

Paris, ce

Le Directeur du Grand-Livre.

Talon N°.

Nota. Le porteur est averti de réclamer l'inscription au grand-livre avant le 22 mars 1817, et par suite, avant l'échéance du semestre, afin de n'éprouver aucun retard dans le paiement de ses arrérages.

ORDONNANCE DU ROI, *du 29 mai 1816, qui conserve dans les attributions du Ministre des finances la Compagnie des Agens de change, banque, finance et commerce de la ville de Paris, et contient Réglement sur cette compagnie.*

LOUIS, par la grâce de Dieu, ROI DE FRANCE etc.

Nous étant fait représenter les édits, déclarations, arrêts de notre conseil, lettres-patentes, concernant les agens de change, banque, finance et commerce de notre bonne ville de Paris, et notamment la déclaration du 19 mars 1786, ainsi que l'arrêt de notre conseil d'état du 10 septembre suivant, et les lettres-patentes intervenues sur icelui le 4 novembre de la même année, qui fixent irrévocablement à soixante le nombre des agens de change de Paris, sans pouvoir être augmenté, sous quelque prétexte que ce soit;

Vu les articles 90 et 91 de la loi sur les finances, du 28 avril dernier, qui, en statuant sur le supplément de cautionnement à fournir par les agens de change, accorde aux titulaires la faculté de disposer de leurs offices avec notre agrément;

Vu la loi du 28 ventose an 9 (19 mars 1801), qui attribue au gouvernement la nomination des agens de change que la loi du 8 mai 1791 avait supprimés ;

Informés de l'insuffisance du réglement du 29 germinal an 9, en ce qui concerne les agens de change de Paris ;

Voulant y pourvoir, et jugeant que, pour assurer à cette compagnie la confiance et l'estime qui doivent l'environner, il est utile de la rendre, en quelque sorte, gardienne de sa propre considération, en établissant dans son sein une autorité surveillante, composée de ses membres les plus instruits et les mieux famés ;

Sur le rapport de notre ministre secrétaire d'état des finances, et de l'avis de notre conseil,

Nous avons ordonné et ordonnons ce qui suit :

Art. 1er. La compagnie des agens de change, banque, finance et commerce de notre bonne ville de Paris, reste placée dans les attributions de notre ministre et secrétaire d'état des finances.

2. S'il est nécessaire de compléter le nombre desdits agens de change fixé par l'arrêt du conseil du 10 septembre 1786, les nominations aux charges complémentaires seront, sur une liste triple du nombre des vacances à remplir, proposées par la chambre syndicale de la compagnie à notre ministre secrétaire d'état des finances, qui nous soumettra la liste des candidats qu'il jugera dignes de notre choix.

3. La chambre syndicale aura sur les membres de la compagnie la surveillance et l'autorité d'une chambre de discipline ; elle veillera avec le plus grand soin à ce que chaque agent de change se renferme strictement dans les limites légales de ses fonctions ; elle pourra, suivant la gravité des cas, censurer, suspendre les contrevenans de leurs fonctions, et provoquer auprès de notre ministre des finances leur destitution.

4. Les agens de change qui voudront, conformément à l'article 91 de la loi sur les finances, du 28 avril dernier, disposer de leurs charges, seront tenus de faire agréer provisoirement leurs successeurs par la chambre syndicale, qui exprimera son adhésion motivée, et les présentera à notre ministre des finances, chargé de les agréer définitivement, pour être, sur sa proposition, nommés par nous.

La même faculté est, aux mêmes conditions, accordée aux veuves et enfans des agens de change qui décéderont dans l'exercice de leurs fonctions.

5. En cas de vacance d'un office dont il n'aura point été disposé conformément à l'article précédent, il y sera pourvu dans les formes prescrites par l'art. 2.

6. Les édits, déclarations, lettres-patentes et arrêts de notre conseil, qui déterminent les attributions des agens de change et interdisent à tout individu non pourvu de leurs offices de s'immiscer dans leurs fonctions, et tous autres réglemens qui régissent actuellement la compagnie, sont maintenus, sauf les changemens et modifications que la chambre syndicale croira nécessaire de proposer à notre ministre et secrétaire d'état des finances, pour être, par lui, soumis à notre approbation.

7. Les dispositions contraires à la présente ordonnance sont abrogées.

8. Notre ministre secrétaire d'état des finances est chargé de l'exécution de la présente ordonnance.

Donné à Paris, en notre château etc. *Signé* LOUIS. Etc.

Ordonnance du Roi, *du 5 juin 1816, qui contient répartition des fonds destinés par la Loi du 28 avril 1816 à l'amélioration du sort du Clergé, et comprend dans cette répartition la dépense à laquelle donnera lieu la création, dans les séminaires, de mille Bourses nouvelles destinées à l'éducation des Ecclésiastiques.*

LOUIS, par la grâce de Dieu, Roi de France etc.

Un des grands objets de notre sollicitude a toujours été de venir au secours du clergé, et de faire cesser la détresse affligeante où il se trouve réduit, particulièrement dans les campagnes.

Sans les évènemens désastreux de l'année dernière, les dispositions législatives, fondées sur les ressources que présentaient alors les finances de l'État, auraient satisfait ce besoin de notre cœur; mais nous éprouvons au moins la consolation de pouvoir, dès aujourd'hui, réaliser une partie des espérances que nous avions conçues; et à cet égard, le vœu des chambres n'a fait que suivre le nôtre.

Les fonds destinés par la loi du 28 avril à l'amélioration du sort du clergé sont déjà une ressource précieuse, qui, employée avec discernement, peut amener d'importans résultats pour la religion.

Soulager la classe la plus nombreuse et la moins aisée de ses ministres, encourager ceux de nos sujets qui se destinent à la carrière ecclésiastique, tel est le double but que cette loi nous permet d'atteindre.

A ces causes, nous avons ordonné et ordonnons ce qui suit :

ART. 1.er Il sera créé dans les séminaires mille bourses nouvelles, destinées à l'éducation des ecclésiastiques. Le montant de ces bourses, et la dépense de la réparation ou de l'augmentation des bâtimens et des mobiliers, seront pris sur un crédit d'un million qui sera porté au budjet de l'intérieur, exercice 1816, chapitre *du Clergé*, et qui, à cet effet, sera prélevé sur les cinq millions ajoutés à ce chapitre en exécution de la loi des finances, du 28 avril dernier.

2. L'emploi des quatre millions restans est réglé ainsi qu'il suit, à compter de l'année 1816 :

42,000 fr.	pour porter de mille francs à onze cents francs les traitemens des chanoines ;
228,000 fr.	pour la même augmentation aux curés de deuxième classe ;
2,240,000 fr.	pour porter à six cents francs le traitement actuel de cinq cents francs des succursalistes ;
850,000 fr.	pour assurer deux cents francs aux vicaires autres que ceux des villes de grande population, qui n'ont jusqu'à présent joui d'aucune rétribution sur les fonds de l'Etat ;
50,000 fr.	pour augmenter les fonds de secours aux congrégations ;
90,000 fr.	pour ajouter à celui qui est affecté aux prêtres âgés et infirmes ;
500,000 fr.	qui seront tenus en réserve pour être ajoutés au produit des vacances dans chaque département ; et le tout est réparti, à titre d'indemnité ou de supplément de traitement, aux curés et succursalistes qui seront désignés par les évêques.

4,000,000 fr.

3. Nos ministres secrétaires d'état de l'intérieur et des finances sont chargés de l'exécution, etc.

Donné à Paris, en notre château etc. *Signé* LOUIS. Etc.

ORDONNANCE DU ROI, *du 5 juin 1816, concernant le mode de distribution des centimes additionnels affectés, par la loi du 28 avril 1816, aux remises et modérations.*

LOUIS, par la grâce de Dieu, ROI DE FRANCE etc.

Vu l'article 22 du titre VI de la loi du 28 avril dernier, sur les finances, duquel il résulte qu'il sera imposé additionnellement au principal des contributions foncière, personnelle et mobilière de 1816, cinq centimes pour fonds de non-valeurs ; et voulant déterminer la portion de ces cinq centimes qui sera à la disposition des préfets des départemens pour pourvoir aux remises et modérations ;

A ces causes, de l'avis de notre conseil, et sur le rapport de notre ministre secrétaire-d'état des finances,

Nous avons ordonné et ordonnons ce qui suit :

ART. 1er. Il est mis, sur les cinq centimes additionnels au principal des contributions foncière, personnelle et mobilière de 1816, pour fonds de non-valeurs, un centime à la disposition des préfets des départemens pour faire face aux remises et modérations.

2. Nous nous réservons d'accorder, sur les centimes restant, tous dégrèvemens nécessaires à ceux des départemens qui, par les pertes qu'ils auraient éprouvées, auront le plus de droits à la bienfaisance du gouvernement.

3. Notre ministre etc.   *Signé* LOUIS. Etc.

ORDONNANCE DU ROI, *du 11 juin, concernant l'admission des marchandises étrangères non prohibées et des denrées coloniales à l'entrepôt de Lyon.*

LOUIS, par la grâce de Dieu, ROI DE FRANCE etc.

Vu les dispositions de la loi du 30 avril 1806, relatives à l'entrepôt de Lyon, et les actes postérieurs qui ont étendu les facilités originairement attachées à cet établissement ;

Sur le rapport de notre ministre et secrétaire-d'état des finances :

Nous avons ordonné et ordonnons ce qui suit :

ART. 1er. L'entrepôt de Lyon continuera de recevoir les denrées coloniales françaises ou étrangères, et toutes les marchandises étrangères, non prohibées, et non fabriquées, qui seront tirées des ports de Marseille, Bayonne, Bordeaux, Nantes, Rouen et le Havre.

Lesdites denrées coloniales et autres marchandises, devront à cet effet être déclarées, vérifiées et plombées au port d'arrivée, et expédiées par acquit-à-caution, qui en assurera le transport et le déchargement à l'entrepôt de Lyon, sous les conditions résultantes de l'application combinée de l'article 32 de la loi du 30 avril 1806, et des articles 6, 7, 8 et 9 de la loi du 17 décembre 1814.

2. Le terme de l'entrepôt à Lyon est fixé à huit mois, à compter de la date de l'acquit-à-caution avec lequel les marchandises auront été dirigées sur cet entrepôt.

3. Les denrées coloniales et autres marchandises désignées à l'art. 4 de la loi du 17 décembre 1814, pourront

être retirées de l'entrepôt de Lyon, soit pour être mises en consommation dans l'intérieur, en acquittant les droits d'entrée, soit pour être réexportées en transit par l'un des bureaux de Strasbourg, Saint-Louis, Verrière-de-Joux, Châtillon-de-Michaille, Seyssel, et Pont-de-Beauvoisin, à charge de se conformer aux régles générales du transit.

4. Notre ministre etc. *Signé* LOUIS.

ORDONNANCE DU ROI, *du 11 juin 1816, portant que l'élévation de trois à quatre pour cent du taux des intérêts des cautionnemens qu'une classe de comptables avait précédemment la faculté de remplacer en immeubles ou en rentes, aura lieu à dater du 5 mai, jour de la publication de la loi du 28 avril 1816.*

LOUIS, par la grâce de Dieu, ROI DE FRANCE etc.

Sur le rapport de notre ministre secrétaire d'état des finances,

Vu l'article 97, titre IX de la loi du 28 avril dernier, portant que la faculté conservée à des fonctionnaires de l'ordre judiciaire, employés des administrations civiles, receveurs des communes et comptables des deniers publics, de fournir tout ou partie de leurs cautionnemens en immeubles ou rentes sur l'État, ne sera plus accordée à ceux qui seront nommés à partir de la publication de cette loi;

Prenant en considération les motifs qui ont fait réduire à trois pour cent les intérêts des cautionnemens versés en numéraire par les titulaires qui avaient la faculté de les remplacer à volonté, en immeubles ou rentes sur l'état,

Avons ordonné et ordonnons ce qui suit :

ART. 1er. A dater du 5 mai, jour de la publication de la loi du 28 avril 1816, les intérêts des capitaux de cautionnemens versés en numéraire par les titulaires français en activité de service, qui antérieurement avaient la faculté de les remplacer en immeubles ou rentes sur l'État, seront payés à raison de 4 pour cent.

2. Notre ministre est chargé etc. *Signé* LOUIS. Etc.

ORDONNANCE DU ROI, *du 11 juin 1816, relative au mode d'exécution de l'article 230 de la loi du 28 avril 1816, sur les acquits-à-caution délivrés par la régie des contributions indirectes.*

LOUIS, par la grâce de Dieu, ROI DE FRANCE etc.

L'article 230 de la loi du 28 avril dernier a ordonné que

tout ce qui concerne les acquits-à-caution, délivrés par la régie des contributions indirectes, serait réglé conformément à la loi du 22 août 1791. Les dispositions de la susdite loi ayant été originairement prescrites pour le service de nos douanes, nous avons jugé à propos de déterminer par une ordonnance spéciale et réglementaire, de quelle sorte elles seraient employées pour garantir la perception des droits de consommation intérieure, que la régie des contributions indirectes est chargée de recouvrer;

A ces causes, et sur le rapport de notre ministre secrétaire d'état des finances,

Notre conseil-d'état entendu,

Nous avons ordonné et ordonnons ce qui suit :

ART. 1er. Dans tous les cas où, en vertu des lois et réglemens en vigueur, la régie des contributions indirectes délivrera un acquit-à-caution, l'expéditeur des marchandises que cet acquit-à-caution devra accompagner, s'engagera à rapporter, dans un délai déterminé, un certificat de l'arrivée desdites marchandises à la destination déclarée, ou de leur sortie du royaume, et se soumettra à payer, à défaut de cette justification, le double des droits que l'acquit-à-caution aura eu pour objet de garantir. Ledit expéditeur donnera en outre caution solvable, qui s'obligera solidairement avec lui à rapporter le certificat de décharge, si mieux il n'aime consigner le montant du double droit.

2. Les acquits-à-caution délivrés pour les marchandises à la destination de l'étranger, seront déchargés après la sortie du territoire ou l'embarquement. Ceux qui auront accompagné des marchandises enlevées pour l'intérieur, ne seront déchargés qu'après la prise en charge des quantités y énoncées, si le destinataire est assujetti aux exercices des employés de la régie, ou le paiement du droit, dans le cas où il sera dû à l'arrivée.

3. Les certificats de décharge seront signés par deux employés au moins, et enregistrés au lieu de la destination.

Les employés qui auront signé un certificat de décharge seront tenus d'en délivrer un *duplicata* toutes les fois qu'ils en seront requis.

4. Les préposés de la régie ne pourront délivrer de certificat de décharge pour les marchandises qui leur seront représentées après le terme fixé par l'acquit-à-caution, ni pour celles qui ne seraient pas de l'espèce énoncée dans

l'acquit-à-caution. Dans ces deux cas, les marchandises seront saisies comme n'étant pas accompagnées d'une expédition valable, et il sera dressé procès-verbal de cette contravention conformément à la loi.

5. Lorsqu'il y aura seulement différence dans la quantité, et qu'il sera reconnu que cette différence provient de substitution, d'addition ou de soustraction, l'acquit-à-caution sera déchargé pour la quantité représentée indépendamment du procès-verbal, qui sera rapporté dans ce cas pour contravention aux articles 6 et 10 de la loi du 28 avril 1816. Si la différence est en moins, l'expéditeur sera tenu, aux termes de la soumission, de payer le double droit, pour la quantité manquante : si la différence est en plus, le destinataire sera tenu d'acquitter sur l'excédant le double des mêmes droits.

6. Lorsque les acquits-à-caution seront rapportés au bureau d'enlèvement, revêtus de certificats de décharge en bonne forme, ou en cas de perte de ces expéditions, lorsqu'il sera produit des *duplicata* réguliers desdits certificats de décharge, les engagemens des soumissionnaires et leurs cautions seront annullés, et les sommes consignées restituées, sauf la retenue, s'il y a lieu, pour doubles droits, sur les manquants reconnus à l'arrivée, et moyennant que les soumissionnaires certifient au dos desdites expéditions, la remise qu'ils en feront, et qu'ils déclarent le nom, la demeure et la profession de celui qui leur aura renvoyé le certificat de décharge.

7. Dans le cas où les certificats de décharge après vérification seraient reconnus faux, les soumissionnaires et leurs cautions ne seraient tenus que des condamnations purement civiles, conformément à leur soumission, sans préjudice des poursuites à exercer contre qui de droit, comme à l'égard de falsification ou altération d'écritures publiques. La régie aura quatre mois pour s'assurer de la validité des certificats de décharge et intenter l'action; après ce délai, elle ne sera plus recevable à former aucune demande.

8. Si les certificats de décharge ne sont pas rapportés dans les délais fixés par la soumission, et s'il n'y a pas eu consignation au départ, les préposés à la perception décerneront contrainte contre les soumissionnaires et leurs cautions, pour le paiement des doubles droits; néanmoins, si les soumissionnaires rapportent, dans le terme de six mois,

après l'expiration dudit délai, le certificat de décharge en bonne forme, délivré en temps utile, les sommes qu'ils auront payées leur seront remboursées.

9. Après le délai de six mois, aucune réclamation ne sera admise, et les doubles droits seront acquis à la régie, l'un comme perception ordinaire, l'autre à titre d'amende.

10. Notre ministre etc.   *Signé* LOUIS. Etc.

ORDONNANCE DU ROI, *du 11 juin 1816, qui détermine la condition sous laquelle les soies du Piémont et de l'Italie jouiront du transit dans le royaume.*

LOUIS, par la grâce de Dieu, ROI DE FRANCE etc.

Vu l'article 14 de la loi du 17 décembre 1814, relative aux douanes;

Sur le rapport de notre ministre secrétaire-d'état des finances,

Nous avons ordonné et ordonnons ce qui suit :

ART. 1.er Les soies grèges et ouvrées du Piémont et de l'Italie jouiront du transit dans le royaume, sous la condition de les introduire par le bureau de Pont de Beauvoisin, d'où elles seront expédiées par acquit-à-caution et sous plombs, pour l'entrepôt de Lyon.

2. Il sera accordé, à compter du jour de la réception des soies dans cet entrepôt, un délai de 18 mois, soit pour les mettre en consommation, en payant les droits d'entrée, soit pour les réexpédier en transit, sous les conditions résultant des art. 5, 6, 7, 8, 9 et 12 de la loi du 17 décembre 1814.

Dans ce dernier cas, les soies ne seront assujetties qu'au droit de balance du commerce, payable à la sortie de l'entrepôt de Lyon, et elles ne pourront être exportées que par un des bureaux de Châtillon-de-Michaille, Verrières-de-Joux, Saint-Louis, Strasbourg, Calais et le Havre.

3. Notre ministre etc.   *Signé* LOUIS. Etc.

ORDONNANCE DU ROI, *du 26 juin 1816, qui proroge la perception des contributions directes de l'année courante sur les rôles de 1815, en attendant la confection des rôles de 1816.*

LOUIS, par la grâce de Dieu, ROI DE FRANCE etc.

Vu la loi du 28 avril dernier, portant que les contributions directes seront perçues en 1816, tant en principal qu'en centimes additionnels, sur le même pied qu'en 1815, et prescrivant, en outre, qu'il sera perçu extraordinairement, 1.º cent dix centimes sur les patentes, y compris dix centimes pour frais de non-valeurs et de dégrèvement; 2.º cinquante centimes sur le principal des portes et fenêtres; 3.º dix centimes sur le principal de la contribution personnelle et mobilière, et que le paiement de cette perception extraordinaire sera fait par huitième, à compter du 1er. mai de la présente année;

Et sur ce qu'il nous a été représenté, d'une part, que les douzièmes perçus jusqu'à ce jour sur les rôles de 1815, à valoir sur les rôles de 1816, donnaient une somme moindre que celle que la loi accorde pour cette même année 1816; de l'autre, que les sessions des conseils généraux et des conseils d'arrondissement, chargés de faire la répartition et la sous-répartition de la contribution foncière et de la contribution personnelle et mobilière, dureraient jusqu'à la fin du présent mois de juin; qu'ainsi les rôles définitifs de 1816, ne pourront être commencés qu'au 1.er juillet, et être mis par-tout en recouvrement avant le 1.er août prochain;

Voulant remédier au double inconvénient d'un retard et même d'une interruption dans le recouvrement, et assurer l'exécution de la loi du 28 avril;

De l'avis de notre conseil, et sur le rapport de notre ministre secrétaire-d'état des finances,

Nous avons ordonné et ordonnons ce qui suit :

Art. 1er. En attendant que les rôles définitifs de 1816 puissent être confectionnés, les contributions directes continueront à être perçues sur les rôles de 1815.

2. Toutes les mesures seront prises pour que les termes échus soient payés d'après les bases prescrites par la loi du 28 avril dernier.

3. Notre ministre etc.   *Signé* LOUIS. Etc.

ORDONNANCE DU ROI, *du 3 juillet 1816, relative aux attributions de la caisse des dépôts et consignations créées par la loi du 28 avril 1816.*

LOUIS, par la grâce de Dieu, ROI DE FRANCE etc.

Les Rois, nos augustes prédécesseurs, en créant des établissemens pour recevoir les dépôts et consignations, ont eu pour objet de remédier à des abus non moins préjudiciables aux fortunes particulières qu'à l'intérêt général de l'État.

L'édit du mois de juin 1578 a toujours été considéré comme un bienfait signalé; et, deux siècles après, malgré tant de variations importantes survenues dans l'administration de la justice, l'édit du mois d'octobre 1772 proclamait cette maxime : « qu'il importait à la sûreté publique qu'il existât, » sous les yeux des magistrats, un dépôt permanent et » inviolable pour toutes les consignations judiciaires. »

Depuis 1789 même, l'esprit d'innovation, qui s'est trop malheureusement introduit dans toutes les parties de la législation, n'a pas empêché qu'on ne reconnût cette vérité.

Les lois des 30 septembre 1791, 23 septembre 1793, et 18 janvier 1805 (28 nivose an 13), paraissent l'avoir prise pour base; mais les établissemens qu'elles avaient formés manquant d'indépendance, d'une surveillance et d'une garantie qui n'eussent rien d'illusoire, leur exécution n'a point répondu à ce qu'on pouvait en attendre. Il est notoire que la plupart des sommes sur lesquelles diverses personnes prétendent des droits opposés ou litigieux, loin d'être mises en séquestre dans une caisse de dépôts dont l'inviolabilité puisse rassurer chacun des intéressés, restent entre les mains de débiteurs qui ne présentent aucune garantie, d'officiers ministériels dont les cautionnemens n'ont pas pour objet de répondre de ces sommes, parce qu'il n'entre pas dans leurs fonctions de les recevoir et de les garder. Ainsi la confiance publique est trompée, les dépôts sont violés; on a vu des officiers ministériels détourner des sommes qu'ils avaient conservées contre le vœu des lois et l'intention des parties, sans qu'il y eût des moyens pour prévenir de tels abus.

Frappés de tant de désordres, résolus d'y mettre fin, et convaincus que les intérêts particuliers ne peuvent trouver une plus sûre garantie que dans un dépôt placé sous la foi publique et sous la surveillance de la commission qui inspecte la caisse d'amortissement, dont les opérations touchent si directement la fortune de l'État, nous avons proposé aux chambres, et elles ont adopté dans les articles 110, 111 et 112 de la loi du 28 avril dernier, l'institution d'une caisse des dépôts et consignations.

L'article 112 de ladite loi nous attribuant le droit d'organiser cette caisse, nous avons cru, en attendant qu'une loi spéciale ait déterminé tous les cas dans lesquels il y a lieu à consigner des sommes ou valeurs, devoir réunir les diverses dispositions des lois actuelles sur cet objet, et déterminer les mesures propres à en assurer l'exécution.

À ces causes, et vu les articles 110 et suivans de la loi du 28 avril 1816; vu l'article 14 de la Charte constitutionnelle qui nous réserve et attribue le droit de faire tous les réglemens nécessaires pour l'exécution des lois;

Sur la proposition de la commission chargée de la surveillance des caisses d'amortissement et consignations, et le rapport de notre ministre secrétaire-d'état des finances,

Nous avons ordonné et ordonnons ce qui suit :

SECTION PREMIÈRE.

Des sommes qui doivent être versées dans la caisse des dépôts et consignations.

ART. 1.er La caisse des dépôts et consignations, créée par l'article 110 de la loi du 28 avril dernier, recevra seule toutes les consignations judiciaires.

2. Seront en conséquence versées dans ladite caisse,

1.º Les deniers offerts réellement, conformément aux articles 1257 et suivans du Code civil; ceux que voudra consigner un acquéreur ou donataire dans le cas prévu par les articles 2183, 2184, 2186 et 2189, le montant des effets de commerce dont le porteur ne se présente pas à l'échéance, lorsque le débiteur voudra se libérer conformément à la loi du 23 juillet 1795 (6 thermidor an 3); et en général toutes sommes offertes à des créanciers refusans par des débiteurs qui veulent se libérer;

2.º Les sommes qu'offriront de consigner, suivant la faculté que leur accordent les articles 2041 du Code civil, 167, 542 du Code de procédure, 117 du Code d'instruction criminelle, et autres dispositions des lois, toutes personnes qui astreintes, soit par lesdites lois, soit par des jugemens ou arrêts, à donner des cautions ou garanties, ne pourraient ou ne voudraient pas les fournir en immeubles;

3.º Les deniers remis par un débiteur à un garde de commerce exerçant une contrainte par corps, pour éviter l'arrestation, conformément à l'article 14 du décret du 14 mars 1808, et ceux qui, dans les mêmes circonstances, seraient remis à un huissier exerçant la contrainte par corps dans les villes et lieux autres que Paris, lorsque le créancier n'aura pas voulu recevoir lesdites sommes dans les vingt-quatre heures accordées auxdits officiers ministériels pour lui en faire la remise;

4.º Les sommes que des débiteurs incarcérés doivent, aux termes de l'article 798 du Code de procédure, déposer ès-mains du geolier de la maison de détention, pour être mis en liberté, lorsque le créancier ne les aura pas acceptées dans le délai de vingt-quatre heures;

5.º Les sommes dont les cours et tribunaux ou les autorités administratives, quand ce droit leur appartient, auraient ordonné la consignation, faute par les ayans-droit de les recevoir ou réclamer, ou le séquestre en cas de prétentions opposées;

6.º Le prix que doivent consigner, conformément à l'article 209 du Code de commerce, les adjudicataires de bâtimens de mer vendus par autorité de justice.

7.º Les deniers comptant, saisis par un huissier chez un débiteur contre lequel il exerce une saisie exécution, lorsque, conformément à l'article 590 du Code de procédure civile, le saisissant, la partie saisie et les opposans ayant la capacité de transiger, ne seront pas convenus d'un séquestre volontaire dans les trois jours du procès-verbal de saisie, et ceux qui se trouveront, lors d'une apposition de scellés ou d'un inventaire, si le tribunal l'ordonne ainsi sur le référé provoqué par le juge de paix.

8.º Les sommes saisies et arrêtées entre les mains de dépositaires ou débiteurs, à quelque titre que ce soit; celles qui proviendraient de ventes de biens, meubles de toute espèce, par suite de toutes sortes de saisies, ou même de ventes volontaires, lorsqu'il y aura des oppositions dans les cas prévus par les articles 656 et 657 du Code de procédure civile.

9.º Le produit des coupes et des ventes de fruits pendans par les racines sur des immeubles saisis réellement, celui des loyers ou fermages des biens non affermés lors de la saisie, qui seraient perçus au profit des créanciers, dans les cas prévus par l'article 688 du Code de procédure; ensemble tous les prix de loyers, fermages ou autres prestations, échus depuis la dénonciation au saisi, au fur et à mesure des échéances.

10.º Le prix ou portion de prix d'une adjudication d'immeubles vendus sur saisie immobiliaire, bénéfice d'inventaire, cession de biens, faillite que le cahier des charges n'autoriserait pas l'acquéreur à conserver entre ses mains, si le tribunal ordonne cette consignation sur la demande d'un ou de plusieurs créanciers ;

11.º Les deniers provenant des ventes des meubles, et marchandises des faillis et de leurs dettes actives, dans le cas prévu par l'article 497 du Code de commerce ;

12.º Les sommes d'argent trouvées ou provenues des ventes et recouvremens dans une succession bénéficiaire, lorsque, sur la demande de quelque créancier, le tribunal en aura ordonné la consignation ;

13.º Les sommes de deniers trouvées dans une succession vacante ou provenant du prix des biens d'icelles, conformément à l'avis du conseil d'état du 13 octobre 1809 ;

14.º Enfin toutes les consignations ordonnées par des lois, même dans les cas qui ne sont pas rappelés ci-dessus, soit que lesdites lois n'indiquent pas le lieu de la consignation, soit qu'elles désignent une autre caisse, et notamment ce qui peut être encore dû par les anciens commissaires aux saisies réelles, conformément au décret du 12 février 1812, lequel continuera de recevoir son exécution.

3. Défendons à nos cours, tribunaux et administrations quelconques, d'autoriser ou d'ordonner des consignations en autres caisses et dépôts publics ou particuliers, même d'autoriser les débiteurs, dépositaires, tiers-saisis à les conserver sous les noms de séquestre ou autrement, et au cas où de telles consignations auraient lieu, elles seront nulles et non libératoires.

4. Pour assurer l'exécution des dispositions ci-dessus, il ne pourra être ouvert aucune contribution de deniers provenant de ventes, recouvremens, mobiliers, saisies-arrêts ou autres, que l'acte de réquisition qui doit être rédigé conformément à l'art. 658 du Code de procédure civile, ne contienne mention de la date et du numéro de la consignation qui en a été faite ; défendons aux présidens de nos tribunaux de commettre des commissaires pour procéder aux distributions ainsi requises sans ladite mention ; et, au cas où une nomination leur serait surprise, défendons à tous commissaires nommés d'y procéder, sauf aux parties qui seraient lésées, leur recours contre les avoués par la faute desquels la distribution n'aurait pas lieu ; défendons pareillement à tous greffiers de délivrer les mandemens énoncés en l'ar-

ticle 671 du même Code, sur autres que sur les préposés de la caisse des dépôts et consignations. Il en sera de même relativement aux ordres, lorsque le prix aura dû être versé dans le cas prévu n.º 10 de l'art. 2.

SECTION II.

Obligation des officiers ministériels ou autres, tenus de faire des versemens à la caisse des dépôts et consignations.

5. Tout officier ministériel qui aura fait des offres réelles extrajudiciairement ou judiciairement, sera tenu, si elles ne sont pas acceptées, d'en effectuer le versement dans les 24 heures qui suivront l'acte desdites offres, à la caisse des dépôts et consignations, à moins qu'il n'en ait été dispensé par ordre écrit de celui qui l'a chargé de faire lesdites offres.

6. Tout garde de commerce, huissier ou geolier, qui, ayant reçu des sommes dans les cas prévus par les n.ºˢ 3 et 4 de l'art. 2 ci-dessus, n'en aura pas fait le versement à la caisse des dépôts et consignations dans les délais prescrits par ledit art. 2, sera poursuivi comme rétentionnaire de deniers publics.

Seront, à cet effet, tenus les gardes de commerce et huissiers de mentionner au pied de leurs exploits, et avant de les présenter à l'enregistrement, s'ils ont remis au créancier les sommes par eux reçues, et de mentionner également cette remise sur leurs répertoires, et les geoliers feront ladite mention sur leurs registres d'écrou.

7. Tout notaire, greffier, huissier, commissaire-priseur, courtier, etc., qui aura procédé à une vente, sera tenu de déclarer au pied de la minute du procès-verbal, en le présentant à l'enregistrement, et de certifier, par sa signature, qu'il a ou n'a pas d'opposition, et qu'il a ou n'a pas connaissance d'oppositions aux scellés ou autres opérations qui ont précédé ladite vente.

8. Les versemens des sommes énoncées au n.º 8 de l'article 2 seront faits dans la huitaine, à compter de l'expiration du mois accordé par l'art. 656 du Code de procédure, aux créanciers, pour procéder à une distribution amiable.

Ce mois comptera pour les sommes saisies et arrêtées du jour de la signification au tiers-saisi, du jugement qui fixe ce qu'il doit rapporter.

S'il s'agit de deniers provenant de ventes ordonnées par

justice, ou résultant de saisies-exécutions ; saisies-foraines, saisies-brandons , ou même de ventes volontaires auxquelles il y aurait eu des oppositions, ce délai courra du jour de la dernière séance du procès-verbal de vente.

S'il s'agit de deniers provenant de saisies de rentes ou d'immeubles, du jour du jugement d'adjudication.

9. Conformément à l'article 10 de la déclaration du 29 février 1648, et de celle du 16 juillet 1669, le directeur-général de la caisse des consignations pourra décerner, ou faire décerner par les préposés de la caisse, des contraintes contre toute personne qui, tenue, d'après les dispositions ci-dessus, de verser des sommes dans ladite caisse ou dans celle de ses préposés, sera en retard de remplir ces obligations; il sera procédé pour l'exécution desdites contraintes, comme pour celles qui sont décernées en matière d'enregistrement; et la procédure sera communiquée à nos procureurs près les tribunaux.

10. Tout notaire, courtier, commissaire-priseur, huissier ou geolier qui aura contrevenu aux obligations qui lui sont imposées par la présente ordonnance, en conservant des sommes de nature à être versées dans la caisse des consignations, sera dénoncé par nos préfets ou procureurs à celui de nos ministres dans les attributions duquel est sa nomination, pour sa révocation nous être proposée, s'il y a lieu, sans préjudice des peines qui sont ou pourront être prononcées par les lois.

SECTION III.

Obligation de la caisse des dépôts et consignations et de ses préposés.

11. La caisse des consignations aura des préposés, pour le service qui lui est confié, dans toutes les villes du royaume où siége un tribunal de première instance.

Elle sera responsable des sommes par eux reçues lorsque les parties auront fait enregistrer leurs reconnaissances dans les cinq jours de celui du versement, conformément à l'art. 3 de la loi du 18 janvier 1805 (28 nivose an 13).

12. Les reconnaissances de consignations délivrées à Paris par le caissier, et dans les départemens par les préposés de la caisse, énonceront sommairement les arrêts, jugemens, actes ou causes qui donnent lieu auxdites consignations, et, dans le cas où les deniers consignés proviendraient d'un

emprunt, et qu'il y aurait lieu à opérer une subrogation en faveur du prêteur, il sera fait mention expresse de la déclaration faite par le déposant, conformément à l'article 1250 du Code civil, laquelle produira le même effet de subrogation que si elle était passée devant notaire. Le timbre et l'enregistrement seront aux frais de celui qui consigne, s'il est débiteur, ou prélevés sur la somme, s'il l'a déposée à un autre titre.

13. Tous les frais et risques relatifs à la garde, conservation et mouvement des fonds consignés, sont à la charge de la caisse : défendons à ses préposés ou à leurs commis et employés de se faire payer, par les déposans ou ceux qui retireront les sommes consignées, aucun droit de garde, prompte expédition, travail extraordinaire, ou autre, à quelque titre que ce soit, à peine de destitution et d'être poursuivis comme concussionnaires.

14. Conformément à l'article 2 de la loi du 18 janvier 1805 (28 nivose an 13), la caisse des dépôts et consignations paiera l'intérêt de toute somme consignée, à raison de trois pour cent, à compter du 61.ᵉ jour, à partir de la date de la consignation, jusques et non compris celui du remboursement.

Les sommes qui resteront moins de 60 jours en état de consignation, ne produiront aucun intérêt ; lorsque les sommes consignées seront retirées partiellement, l'intérêt des portions restantes continuera de courir sans interruption.

15. Conformément à l'article 4 de la susdite loi, les sommes consignées seront remises, dans le lieu où le dépôt aura été fait, à ceux qui justifieront leurs droits, dix jours après la réquisition de paiement au préposé de la caisse.

Ladite réquisition contiendra élection de domicile dans le lieu où demeure le préposé de la caisse des consignations ; elle devra être accompagnée de l'offre de remettre les pièces à l'appui de la demande, de laquelle remise mention sera faite dans le *visa* que doit donner le préposé, conformément à l'article 69 du Code de procédure civile.

Les préposés qui ne satisferaient pas au paiement après ce délai, seront contraignables par corps, sans préjudice des droits des réclamans contre la caisse des consignations, ainsi qu'il est dit en l'article 11.

16. Ne pourront lesdits préposés refuser les remises réclamées, que dans les deux cas suivans : 1.ᵒ Sur le fondement d'opposition dans leurs mains, soit sur la généralité de la

consignation, soit sur la portion réclamée, soit sur la personne requérante ; 2.º sur le défaut de régularité des pièces produites à l'appui de la réquisition.

Ils devront, dans ce cas, avant l'expiration du dixième jour, dénoncer lesdites opposition ou irrégularité aux requérans, par signification au domicile élu, et ne seront contraignables que dix jours après la signification des mains-lévées ou du rapport des pièces régularisées.

Les frais de cette dénonciation seront à la charge des parties réclamantes, à moins qu'elles n'aient fait juger contre le préposé que son refus était mal fondé, auquel cas les frais seront à la charge de ce dernier, sans répétition contre la caisse des dépôts et consignations ; sauf le cas où son refus aurait été approuvé par le directeur-général.

17. Pour assurer la régularité des paiemens requis par suite d'ordre ou de contribution, il sera fait, par le greffier du tribunal, un extrait du procès-verbal dressé par le juge-commissaire, lequel extrait contiendra, 1.º les noms et prénoms des créanciers colloqués ; 2.º les sommes qui leur sont allouées ; 3.º mention de l'ordonnance du juge qui, à l'égard des ordres, ordonne la radiation des inscriptions, et, à l'égard des contributions, fait mains-levées des oppositions des créanciers forclos ou rejetés.

Le coût de cet extrait sera compris dans les frais de poursuite, nonobstant toutes dispositions contraires de l'article 137 du décret du 16 février 1807. Dans les dix jours de la clôture de l'ordre ou contribution, cet extrait sera remis par l'avoué poursuivant, savoir : à Paris, au caissier, et dans les autres villes, au préposé de la caisse des consignations, à peine de dommages-intérêts envers les créanciers colloqués à qui ce retard pourra être préjudiciable.

La caisse des consignations ne pourra être tenue de payer aucun mandement ou bordereau de collocation avant la remise de cet extrait, si ce n'est dans le cas de l'article 758 du Code de procédure civile.

SECTION IV.

Dispositions transitoires.

18. Toute personne sans distinction, dépositaire ou débitrice, à quelque titre que ce soit, de sommes qui, d'après les dispositions de la présente ordonnance, doivent être reçues par la caisse des consignations ou par celle de ses

préposés, est tenue d'en faire la déclaration et versement avant le 1.er août prochain, sous les peines prononcées par les articles 3, 8 et 10 de la présente ordonnance.

19. Nos ministres etc. sont chargés de l'exécution de la présente ordonnance.   *Signé* LOUIS. Etc.

ORDONNANCE DU ROI, *du 3 juillet 1816, qui autorise la caisse des dépôts et consignations à recevoir les dépôts volontaires et particuliers.*

LOUIS, par la grâce de Dieu, ROI DE FRANCE etc.

L'ancienne caisse d'amortissement était autorisée par l'article 7 de la loi du 18 janvier 1805 (28 nivose an 13), à recevoir des dépôts volontaires aux mêmes conditions que les dépôts judiciaires; mais il était difficile d'espérer qu'un établissement, dépourvu de toute garantie, pût obtenir la confiance, qui ne se commande point. Les attributions de cette caisse ayant été transférées par l'art. 110 de la loi du 28 avril 1816 à la nouvelle caisse des consignations et dépôts, nous avons jugé que le moment était venu de faire jouir le public des avantages d'un établissement qui, placé sous la plus forte de toutes les garanties, pût faire fructifier les capitaux qui lui sont confiés, et les rendre à la première réquisition.

A ces causes, vu l'article 111 de la susdite loi du 28 avril 1816, sur la proposition de la commission de surveillance de la caisse d'amortissement et de celle des dépôts et consignations, et sur le rapport de notre ministre secrétaire-d'état des finances,

Nous avons ordonné et ordonnons ce qui suit:

ART. 1.er Conformément à la faculté accordée par l'article 7 de la loi du 18 janvier 1805 (28 nivose an 13), la caisse des dépôts et consignations est autorisée à recevoir les dépôts volontaires des particuliers.

2. Ces dépôts ne pourront être faits qu'à Paris et seulement en monnaie ayant cours, d'après les lois et ordonnances, ou en billets de la banque de France.

3. La caisse et ses préposés ne pourront, sous aucun prétexte, exiger de droit de garde ni aucune rétribution, sous quelque dénomination que ce soit, tant lors du dépôt que lors de sa restitution.

4. La caisse sera chargée des sommes versées par les récépissés du caissier, visés par le directeur, conformément à

l'article 19 de notre ordonnance du 22 mai dernier. Le déposant devra, sur ce même récépissé, et par déclaration de lui signée, élire dans la ville de Paris un domicile qui sera attributif de juridiction pour tout ce qui aura trait audit dépôt, conformément à l'article 111 du Code civil.

5. Les sommes déposées porteront intérêt à trois pour cent, pourvu qu'elles soient restées à la caisse trente jours. Si elles sont retirées avant ce temps, la caisse ne devra aucun intérêt.

6. Le dépôt sera rendu à celui qui l'aura fait, à son fondé de pouvoir ou ses ayant-cause, à l'époque convenue par l'acte de dépôt, et, s'il n'en a pas été convenu, à simple présentation. Ceux qui retireront ainsi leurs fonds, ne seront soumis à aucune autre condition que celle de remettre la reconnaissance de la caisse et de signer leur quittance.

7. Les sommes déposées ne pourront être saisies et arrêtées que dans les cas, les formes et sous les conditions prévues par les art. 557 et suivans du Code de procédure civile; pourront néanmoins être reçues des oppositions sans que lesdites formes soient observées, 1°. de la part du déposant, qui déclarerait avoir perdu son récépissé; 2°. de la part des agens ou syndics d'un failli, comme il est dit dans l'article 149 du Code de commerce.

8. Les départemens et communes sont autorisés à déposer à la caisse ou à ses préposés, dans les villes autres que Paris, les fonds qui sont ou seront à leur disposition, soit d'après les lois annuelles sur les finances, soit d'après celles qui les auraient autorisés à quelques impositions extraordinaires, soit enfin les sommes qui proviendraient de leurs revenus ordinaires et extraordinaires, excédans de recettes sur les dépenses, coupes de bois et autres causes semblables.

La même faculté est accordée à tous les établissemens publics.

9. La caisse ou ses préposés effectueront les remboursemens entre les mains du receveur de l'établissement au nom duquel le dépôt aura été fait, d'après les mandats des préfets, des maires ou administrateurs compétens.

10. Le caissier et autres préposés qui, sans motifs fondés sur les dispositions de la présente ordonnance, refuseraient de faire un remboursement, seront personnellement condamnés à bonifier les intérêts à la partie prenante, sur le pied de cinq pour cent; et poursuivis par voie de contrainte par

corps, tant pour le capital que pour les intérêts, sans préjudice du recours du créancier contre la caisse, qui devra elle-même ladite bonification de retard, comme garante des faits de ses préposés, et sauf son recours contre eux.

11. En cas de perte d'un récépissé, le déposant devra former opposition, fondée sur cette cause; ladite opposition sera insérée par extrait dans le journal officiel, aux frais et diligence du réclamant; un mois après ladite insertion, la caisse sera valablement libérée en lui remboursant le montant du dépôt sur sa quittance motivée.

12. Notre ministre etc. est chargé de l'exécution de la présente ordonnance.   *Signé* LOUIS. Etc.

ORDONNANCE DU ROI *du 3 juillet 1816, relative au versement à la caisse des dépôts et consignations des fonds de retraite des ministères, administrations et établissemens.*

LOUIS, par la grâce de Dieu, Roi DE FRANCE etc.

Notre sollicitude pour les fonctionnaires et employés qui se consacrent à notre service, nous a portés à rendre diverses ordonnances dont l'objet a été d'assurer des fonds de retraite dans diverses administrations. Nous n'avons pas été moins jaloux de veiller à la conservation des sommes destinées à l'acquit de cette dette sacrée; et à cet effet, nous avons proposé, et les chambres ont adopté l'art. 110 de la loi du 28 avril 1816, qui charge la nouvelle caisse des dépôts et consignations de recevoir les fonds de retraite.

A ces causes, sur la proposition de la commission de surveillance de la caisse des dépôts et consignations, et sur le rapport de notre secrétaire-d'état ministre des finances,

Nous avons ordonné et ordonnons ce qui suit :

ART. 1.er Toutes les sommes provenant de retenues qui sont ou seront exercées en vertu de nos ordonnances, dans les ministères, administrations et établissemens, sur les appointemens, salaires et autres rétributions, seront versées à la caisse des dépôts et consignations, conformément à l'article 110 de la loi du 28 avril dernier, et les receveurs ou préposés desdites administrations n'en seront libérés que par un récépissé du caissier ou préposé de cette caisse.

2. Les sommes et valeurs provenant des retenues exercées jusqu'à présent, qui pourraient se trouver entre les mains

des chefs ou préposés desdites administrations et établissemens publics, ou en quelque autre dépôt que ce soit, seront
versées immédiatement dans la susdite caisse.

3. Il sera ouvert à la caisse des dépôts et consignations un
compte courant avec chaque administration; à la fin de l'année les sommes qui se trouveront rester au crédit de chaque
établissement, après l'acquittement des retraites dont il est
chargé, seront employées en achats d'inscriptions sur le grand-
livre, dont les arrérages seront perçus pour son compte, et
accroîtront d'autant les fonds destinés aux pensions de retraites à sa charge.

4. Notre ministre etc. est chargé de l'exécution de la présente ordonnance. *Signé* LOUIS. Etc.

ORDONNANCE DU ROI *du 3 juillet 1816, portant que la
formalité du* visa *des acquits-à-caution de transit,
prescrite par la loi du 17 octobre 1814, sera remplie
au premier bureau de deuxième ligne des Douanes.*

LOUIS, par la grâce de Dieu, ROI DE FRANCE etc.

Sur le rapport de notre ministre secrétaire-d'état des
finances,

Nous avons ordonné et ordonnons ce qui suit :

ART. 1.er La formalité du *visa* des acquits-à-caution de
transit, prescrite par l'article 10 de la loi du 17 octobre
1814, n'aura plus lieu dans les bureaux des contributions
indirectes; elle sera remplie, sous les conditions exprimées
par la loi, au premier bureau de deuxième ligne des
douanes, quel que soit le trajet pour lequel on aura accordé
le transit.

2. Notre ministre etc. est chargé de l'exécution de la présente ordonnance. *Signé* LOUIS. Etc.

ORDONNANCE DU ROI *du 3 juillet 1816, qui règle le mode
de transmission des fonctions d'agens-de-change et de
courtiers de commerce dans tout le royaume, en cas de
démission ou de décès.*

LOUIS, par la grâce de Dieu, ROI DE FRANCE etc.

A tous ceux qui ces présentes verront, salut :

Vu l'article 91 de la loi du 28 avril présente année, après
avoir réglé par notre ordonnance du 29 mai 1816, le mode
de nomination des agens-de-change de Paris, placé dans
les attributions du ministre secrétaire-d'état des finances;

Voulant statuer sur celui qu'il convient d'adopter, tant pour les agens-de-change des autres places, que pour les courtiers de commerce de tout le royaume, les uns et les autres ressortissant au ministère de l'intérieur;

Sur le rapport de notre ministre secrétaire-d'état au département de l'intérieur,

Nous avons ordonné et ordonnons ce qui suit :

Art. 1.er Dans le cas de transmission prévu par l'art. 91 de la loi du 28 avril dernier, les agens-de-change et courtiers de commerce pourront présenter leurs successeurs, à la hargee par ces derniers de justifier, de la manière ci-après déterminée, qu'ils réunissent les qualités requises.

La même faculté est accordée aux veuves et enfans des titulaires qui décéderaient en exercice.

2. Les demandes de transmission seront adressées aux préfets, et par eux renvoyées aux tribunaux de commerce du ressort.

Ces tribunaux donneront leur avis motivé sur l'aptitude et la réputation de probité du candidat présenté, en se conformant d'ailleurs aux articles 88 et 89 du Code de commerce, et aux articles 6 et 7 de l'arrêté du 29 germinal an 9 (19 avril 1801).

Les demandes seront ensuite communiquées par le préfet aux syndics et adjoints des agens-de-change et des courtiers, pour avoir leurs observations.

Partout où il n'existe pas de syndic et adjoints, l'avis favorable du tribunal de commerce sera suffisant.

3. Ces formalités remplies, la demande sera adressée à notre ministre secrétaire-d'état de l'intérieur par le préfet, qui y joindra son avis.

Notre ministre secrétaire-d'état agréera définitivement le candidat et le proposera à notre nomination.

4. Les agens-de-change ou courtiers de commerce, leurs veuves et enfans ne pourront jouir du bénéfice de l'art. 91 de la loi du 28 avril dernier, s'ils ne justifient du versement intégral du cautionnement, tant en principal qu'à titre de supplément.

5. Il n'est rien changé au mode actuel de nomination des agens-de-change et des courtiers de commerce, toutes les fois qu'il n'y aura pas lieu à l'application de l'art. 91 de ladite loi.

Notre ministre etc.   *Signé* LOUIS. Etc.

ORDONNANCE DU ROI *du 26 juin 1816, qui établit des commissaires-priseurs dans les villes chefs-lieu d'arrondissement où qui sont le siége d'un tribunal de première Instance, et dans celles qui, n'ayant ni sous-Préfecture, ni Tribunal, renferment une population de 5,000 âmes et au-dessus.*

LOUIS, par la grâce de Dieu, ROI DE FRANCE etc.

A tous ceux qui ces présentes verront, salut :

La loi sur le budjet porte qu'il sera établi dans toutes les villes où nous le jugerons convenable, des commissaires-priseurs, dont les attributions seront les mêmes que celles des commissaires-priseurs établis à Paris.

Le principe posé par cette loi a besoin d'être développé, et son exécution doit être réglée d'une manière uniforme ;

A quoi voulant pourvoir, après nous être fait représenter les anciens édits, ordonnances, réglemens et décrets sur cette matière ;

Sur le rapport de notre amé et féal chevalier chancelier de France, le sieur Dambray, chargé par interim du portefeuille du ministère de la justice,

Avons ordonné et ordonnons ce qui suit :

ART. 1.er Dans toutes les villes chefs-lieu d'arrondissement, ou qui sont le siége d'un tribunal de première instance, et dans toutes celles qui n'ayant ni sous-préfecture ni tribunal, renferment une population de 5,000 âmes et au-dessus, il sera nommé un commissaire-priseur par chaque justice de paix existant dans la ville.

Les justices de paix des faubourgs et celles désignées sous le nom d'*extrà muros,* seront considérées comme faisant partie de celles des villes dont elles dépendent.

2. Il n'est rien innové aux dispositions de la loi du 27 ventose an 9, qui accordent aux commissaires-priseurs de Paris la concurrence pour les ventes et prisées qui se font dans l'étendue du département de la Seine.

3. A compter du jour de leur prestation de serment devant le tribunal de première instance dans le ressort duquel ils seront établis, les commissaires-priseurs nouvellement nommés dans les chefs-lieux d'arrondissement feront exclusivement toutes les prisées de meubles et ventes publiques aux enchères qui auront lieu dans le chef-lieu de leur établissement, et ils auront la concurrence pour les opérations de

même nature qui se feront dans l'étendue de leur arrondissement, à l'exception des villes où résiderait un commissaire-priseur.

Cette concurrence pour les commissaires-priseurs établis dans les villes qui ne sont pas chef-lieu d'arrondissement, se bornera à l'étendue de leur canton.

4. Il y aura une bourse commune entre les commissaires-priseurs d'une même résidence : ils seront tenus d'y verser la portion de leurs droits et honoraires, fixés par notre ordonnance du 18 février 1815.

5. Dans les villes où il existe des monts-de-piété, des commissaires-priseurs, choisis parmi ceux résidant dans ces villes, seront exclusivement chargés de toutes les opérations de prisées et de ventes ainsi que cela est établi pour les commissaires-priseurs de Paris, par le réglement du 10 mars 1807.

La désignation des commissaires-priseurs près des monts-de-piété sera faite par les administrateurs de ces établissemens, qui fixeront le nombre de ces officiers nécessaire pour le service.

Ils verseront dans la bourse commune, ainsi que les commissaires-priseurs établis près du mont-de-piété de Paris sont tenus de le faire, et dans les mêmes proportions, les remises et droits qui leur seront alloués ; les dispositions du réglement précité, relatives aux garanties pour le fait de charges, leur sont également applicables.

6. Lesdits commissaires-priseurs pourront recevoir toute déclaration concernant les ventes auxquelles ils procéderont, recevoir et viser toutes les oppositions qui y seront formées, introduire devant les autorités compétentes tous référés auxquels leurs opérations pourront donner lieu, et citer, à cet effet, les parties intéressées devant lesdites autorités.

7. Toute opposition, toute saisie-arrêt formées entre les mains des commissaires-priseurs et relatives à leurs fonctions, toute signification de jugement prononçant la validité desdites opposition ou saisie-arrêt, seront sans effet, à moins que l'original desdites opposition, saisie-arrêt ou signification de jugement n'ait été visé par le commissaire-priseur ; en cas d'absence ou de refus, il en sera dressé procès-verbal par l'huissier, qui sera tenu de le faire viser par le maire de la commune.

8. Les commissaires-priseurs auront la police dans les

ventes, et pourront faire toutes réquisitions. pour y maintenir l'ordre.

Ils pourront porter dans l'exercice de leurs fonctions une toge de laine noire fermée par-devant, à manches larges, toque noire, cravatte tombante de batiste blanche plissée, cheveux longs ou ronds.

9. Les commissaires-priseurs seront nommés par nous sur la présentation qui nous en sera faite par notre ministre de la justice.

10. Nul ne pourra être admis à exercer les fonctions de commissaire-priseur s'il n'a 25 ans accomplis, ou s'il n'a obtenu de nous des dispenses d'âge que nous nous réservons d'accorder lorsque nous le jugerons convenable.

11. Les fonctions de commissaire-priseur seront compatibles dans toutes les résidences autres que la ville de Paris avec les fonctions de notaire, de greffier de justice de paix ou de tribunal de police et d'huissier.

12. Il est fait défenses expresses aux commissaires-priseurs d'exercer la profession de marchand de meubles, de marchand fripier ou tapissier, ni même d'être associés à aucun commerce de cette nature, à peine de destitution.

13. Les commissaires-priseurs tiendront un répertoire sur lequel ils inscriront leurs procès-verbaux jour par jour, et qui sera préalablement visé au commencement, coté et paraphé à chaque page par le président du tribunal de leur arrondissement. Ce répertoire sera arrêté tous les trois mois par le receveur de l'enregistrement. Une expédition en sera déposée chaque année avant le 1.er mars au greffe du tribunal civil.

14. Les commissaires-priseurs seront placés sous la surveillance de nos procureurs près des tribunaux de première instance.

15. Aucun commissaire-priseur ne pourra être admis au serment, qu'il n'ait préalablement justifié du paiement de son cautionnement, conformément à la loi du budget.

16. Les dispositions des anciens édits, lois, ordonnances et décrets qui ne sont point formellement abrogées, continueront à recevoir leur exécution pour tout ce qui tient à la discipline du corps des commissaires-priseurs.

17. Notre amé et féal chevalier et chancelier de France le sieur Dambray, chargé du portefeuille du ministère de la justice, est chargé, etc.   *Signé* LOUIS. Etc.

ORDONNANCE DU ROI *du 3 juillet 1816, qui nomme les membres du Jury institué par l'art. 63 du titre VI, section des Douanes, de la loi du 28 avril 1816, pour examiner les échantillons des Tissus de fabrique étrangère, saisis dans l'intérieur du royaume.*

LOUIS, par la grâce de Dieu, ROI DE FRANCE etc.

Vu les articles 59 et 63 du tit. VI, section des Douanes, etc.;

Nous avons ordonné et ordonnons ce qui suit :

ART. 1.er Sont nommés membres du jury assermenté, institué par l'art. 63 du titre VI, section des Douanes, de la loi du 28 avril 1816, des fabricans et négocians dont les noms suivent : *Terneaux aîné; Schlumberger, Decrétot, Mertian; Grivel.*

2. Sont nommés suppléans près le jury assermenté, les fabricans et négocians dont les noms suivent : *Feray, Bellangé; Guiton; Doccagne; Jourdan.*

3. Notre ministre etc. est chargé de l'exécution de la présente ordonnance.

Donné à Paris, en notre château etc. *Signé* LOUIS. Etc.

Le ministre secrétaire-d'état au département de l'intérieur, signé LAINÉ.

ORDONNANCE DU ROI *du 17 juillet 1816, relative à la délivrance des Permis de Port d'armes.*

LOUIS, par la grâce de Dieu, ROI DE FRANCE etc.

Vu les décrets des 11 juillet 1810, 21 mars 1811 et 12 mars 1813;

Vu notre ordonnance du 9 septembre 1814 et l'article 77 de la loi du 28 avril dernier.

Considérant que la faculté accordée aux personnes décorées des ordres français, d'obtenir des permis de port d'armes en payant seulement un franc, n'a point été confirmée par la loi du 28 avril, qui a réduit de moitié le prix de ces permis ; que cette exemption est en opposition avec le texte et l'esprit de notre Charte, qui n'admet aucun privilége en matière de contribution ;

Sur le rapport de notre ministre secrétaire-d'état des finances,

Nous avons ordonné et ordonnons ce qui suit :

ART. 1.er La faculté accordée par les décrets des 22 mars 1811 et 12 mars 1813 aux personnes décorées des ordres français qui existaient alors, de ne payer qu'un franc fixe pour l'obtention du permis de port d'armes, laquelle faculté a été étendue par notre ordonnance du 9 septembre 1814 aux chevaliers de notre ordre royal et militaire de Saint-Louis, est et demeure supprimée: en conséquence, le droit de quinze francs, fixé par l'article 70 de la loi du 28 avril dernier, sera payé indistinctement par tous ceux qui seront dans le cas de se pourvoir de ces permis.

2. La gratification de trois francs, précédemment accordée à tout gendarme, garde-champêtre ou forestier qui constate des contraventions aux lois et réglemens sur la chasse, est portée à cinq francs.

3. Notre chancelier de France, ayant par *interim* le porte-feuille du ministère de la justice, et nos ministres secrétaires-d'état aux départemens des finances et de la police générale, sont chargés, chacun en ce qui le concerne, de l'exécution de la présente ordonnance, qui sera insérée au Bulletin des lois.

Donné à Paris, en notre château etc. *Signé* LOUIS. Etc.

ORDONNANCE *du* 17 *juillet* 1816, *qui détermine les conditions sous lesquelles les tabacs exotiques destinés pour les pays étrangers jouiront du transit dans le Royaume.*

LOUIS, par la grâce de Dieu, ROI DE FRANCE etc.

Vu l'article 14 de la loi du 17 décembre 1814.

Sur le rapport de notre ministre etc. des finances,

Nous avons ordonné et ordonnons ce qui suit :

ART. 1.er Les tabacs en feuilles étrangers, importés par les bureaux du Hâvre, Nantes, Bordeaux et Marseille, jouiront du transit dans le royaume en payant le droit de balance du commerce et sous la condition de les exporter par le bureau de Strasbourg exclusivement.

2. Les négocians qui voudront jouir de ce transit, seront tenus de déclarer au bureau d'entrée l'espèce, la qualité et le poids des tabacs, et de les y faire vérifier, plomber et expédier par acquit-à-caution. Ils fourniront en conséquence, leur soumission cautionnée de les faire sortir par le bureau de Strasbourg et d'en justifier en rapportant l'acquit-à-caution revêtu du certificat de décharge et de sortie, sous peine de payer, à titre de confiscation et d'amende, la somme de onze francs vingt centimes par kilogramme de tabac.

3. Les employés de la manufacture royale de Strasbourg et les chefs du service général de la régie des contributions indirectes dans cette ville, concourront avec ceux des douanes à la vérification des tabacs présentés à la sortie avec des acquits-à-caution de transit, et à l'exécution des formalités à remplir pour assurer l'exportation.

4. Les peines portées par l'art. 2 de la présente ordonnance seront encourues pour tout déficit reconnu au bureau de sortie, sur la quantité des tabacs introduits en transit, sans que les soumissionnaires soient admis à justifier que le déficit provient d'accident dans le transport.

5. Les tabacs avariés et les côtes de tabac détachées des feuilles seront exclus du transit. Les tabacs qui se trouveraient avariés lorsqu'on les présentera à la sortie, ne pourront être reconnus, si l'avarie excède deux pour cent de la valeur.

6. Indépendamment des condamnations encourues suivant l'art. 2 pour toute soustraction de tabac introduit en transit, les substitutions de tabacs indigènes et de tous autres objets par lesquels on aurait cherché à couvrir la soustraction, donneront lieu à la saisie et à la confiscation desdits objets substitués, et les conducteurs seront en outre condamnés à l'amende portée par l'art. 9 du titre III de la loi du 22 août 1791.

7. Les dispositions des articles 5, 6, 7, 10 et 12 de la loi du 17 décembre 1814, seront applicables au transit des tabacs, sauf les modifications résultant de la présente ordonnance.

8. Notre ministre secrétaire-d'état des finances est chargé de l'exécution de la présente ordonnance, qui sera insérée au Bulletin des lois.

Donné au château des Tuileries, le 17 juillet de l'an de grâce 1816, et de notre règne le vingt-deuxième.

Signé LOUIS, etc.

ORDONNANCE *du 17 juillet 1816, relative à la désignation de deux nouveaux bureaux de Douanes pour la sortie des ouvrages d'or et d'argent de fabrique française.*

LOUIS, par la grâce de Dieu, ROI DE FRANCE etc.

Vu notre ordonnance du 3 mars 1815.

Sur le rapport de notre ministre secrétaire-d'état des finances,

Nous avons ordonné et ordonnons ce qui suit :

ART. 1er. Les bureaux de douanes du Pont de Beauvoisin et de Forbach feront partie, à l'avenir, de ceux désignés pour la sortie des ouvrages d'or et d'argent de fabrique française qui, étant destinés pour l'étranger, doivent jouir de la prime d'exportation.

2. Notre ministre secrétaire-d'état au département des finances est chargé de l'exécution de la présente ordonnance, qui sera insérée au Bulletin des lois.

Donné au château des Tuileries, le 17 juillet de l'an de grâce 1816, et de notre règne le vingt-deuxième.

Signé LOUIS.

Par le Roi.

Le ministre secrétaire-d'état des affaires étrangères.

Signé RICHELIEU.

ORDONNANCE DU ROI, *du 19 juillet 1816, qui proroge le Délai accordé pour faire la déclaration des Cotons et Tissus de fabrique étrangère prohibés, dont la réexportation est ordonnée par la loi sur les Douanes.*

LOUIS, par la grâce de Dieu, ROI DE FRANCE etc.

Informés que plusieurs négocians et autres détenteurs de marchandises prohibées désignées en l'article 59 de la loi du 28 avril dernier sur les finances, qui devaient les déclarer avant le 1er. juillet présent mois et les faire réexporter avant le 1er. janvier 1817, paraîtraient s'être mépris sur le motif du double délai spécifié par l'article précité, et s'être persuadés faussement, mais de bonne-foi, qu'ils étaient admis jusqu'au 1er. janvier 1817 à déclarer lesdites marchandises ;

Que d'autres, également de bonne-foi, se sont crus dispensés de déclarer des tissus de l'espèce de ceux dénommés en l'article 59, originaires de pays maintenant étrangers, par la raison que ces pays ont été ci-devant réunis à la France, et qu'ils les avaient acquis dans le temps de cette réunion ; auquel cas, lesdits tissus, n'étant point de fait étrangers, peuvent bien n'être pas obligés à la réexportation, mais doivent toujours être déclarés comme tous autres d'origine maintenant étrangère, d'après les termes généraux et absolus de la loi, qui n'en excepte aucun de la nécessité de la déclaration ;

Voulant éviter que les uns et les autres, qui peuvent n'être contrevenus à la loi qu'involontairement, soient privés de tout moyen de se soustraire à ses dispositions pénales, et confondus ainsi avec les fraudeurs d'intention,

Nous avons jugé à propos d'étendre le délai fixé pour recevoir les déclarations de marchandises prohibées, sans pour cela suspendre le droit de rechercher et saisir en dépôt dans l'intérieur les marchandises de l'espèce non déclarées.

A ces causes, vu les observations de notre conseiller d'état directeur général des douanes;

Sur le rapport de notre ministre secrétaire d'état des finances;

Notre conseil entendu,

Nous avons ordonné et ordonnons ce qui suit:

ART. 1er. Le délai fixé par l'article 59 de la loi sur les douanes du 28 avril dernier, et expiré au 1er. juillet présent mois, pour déclarer les tissus prohibés par ledit article comme étant de fabrique étrangère, est renouvelé et prorogé jusqu'au 1er. septembre prochain exclusivement.

2. A dater du jour de la promulgation de la présente ordonnance, les dispositions de notre ordonnance du 8 mai dernier, qui a réglé les formalités à remplir pour les déclarations de l'espèce, sont remises en vigueur, à l'exception de l'article 11, et continueront d'être exécutées jusqu'au jour auquel lesdites déclarations cesseront définitivement de pouvoir être reçues (1er. septembre 1816).

3. La faculté accordée par les deux articles ci-dessus aux négocians, marchands et tous autres détenteurs de bonne-foi de tissus prohibés des espèces désignées par l'article 59 de la loi du 28 avril, de les déclarer jusqu'au 1er. septembre prochain, ne suspendra pas l'exécution de ladite loi à l'égard des tissus *non déclarés*, lesquels continueront d'être recherchés et saisis dans toute l'étendue de notre royaume, sauf à ne donner d'autre suite que la simple réexportation aux saisies déjà faites, ou à faire d'ici au 1er. septembre prochain, de tissus prohibés dont les propriétaires ou détenteurs seraient reconnus par notre ministre secrétaire d'état des finances être ou avoir été dans l'un des cas d'ignorance ou de bonne-foi prévus par la présente ordonnance.

4. A partir du 1er. septembre prochain, nul ne sera plus admis à prétendre qu'il s'est abstenu de déclarer des tissus fabriqués dans un lieu présentement étranger, sur le motif qu'il les regardait comme ayant primitivement une origine française, l'obligation de déclarer ces tissus comme tous

autres, sous peine de saisie et confiscation, étant devenue patente et notoire pour tous, non-seulement par les lois et ordonnances antérieures, mais aussi et plus particulièrement encore par la présente.

Néanmoins les individus qui prétendraient que les marchandises dont ils sont assujettis à faire la déclaration, proviennent des fabriques de pays ayant fait partie de la France, et qu'ils en étaient déjà détenteurs avant la séparation desdits pays, sont autorisés à l'affirmer dans leurs déclarations, en se soumettant à en justifier par leurs registres et factures. Cette justification sera faite devant le jury institué en vertu de la loi du 28 avril; et si elle est reconnue suffisante, les marchandises à l'égard desquelles elle aura été admise, seront remises à la disposition des propriétaires et dispensées de la réexportation.

5. Notre ministre secrétaire d'état des finances est chargé de l'exécution de la présente ordonnance, qui sera insérée au Bulletin des lois, *et publiée sans délai dans toutes les communes, à la diligence des préfets.*

Donné à Paris, au château des Tuileries, le 19 juillet de l'an de grâce 1816, et de notre règne le vingt-deuxième. *Signé* LOUIS. Par le Roi : *Le Ministre Secrétaire-d'État des affaires étrangères,* signé RICHELIEU.

ORDONNANCE *du 7 août 1816, qui exempte de tous droits à l'entrée du royaume, les grains, farines, de toutes sortes, pain et biscuit de mer.*

LOUIS, par la grâce de Dieu, ROI DE FRANCE etc.

Sur ce qu'il nous a été représenté que le droit de 50 centimes par quintal métrique imposé à l'entrée, par la loi du 28 avril dernier, sur les grains et farines, pourrait en gêner l'importation, que les circonstances actuelles nous font un devoir de favoriser ;

Ouï le rapport de notre Ministre secrétaire-d'Etat des finances : notre conseil entendu ;

Nous avons ordonné et ordonnons ce qui suit :

ART. 1er. Les grains, farines de toute sorte, pain et biscuit de mer, sont exceptés de tous droits à l'entrée de notre royaume, tant par mer que par terre, jusqu'à ce qu'il en soit autrement ordonné.

2. Notre ministre etc. est chargé de l'exécution de la présente ordonnance. *Signé* LOUIS. Etc.

ORDONNANCE DU ROI, *du 8 août 1816, portant que les fabricans d'Étoffes et Tissus de la nature de ceux qui sont prohibés, ne doivent mettre dans le commerce ces Étoffes et Tissus que revêtus d'une marque de fabrication.*

LOUIS, par la grâce de Dieu, ROI DE FRANCE etc.

A tous ceux qui ces présentes verront, salut :

Sur le rapport de notre ministre secrétaire-d'état de l'intérieur,

Vu l'article 59 titre VI de la loi du 28 avril dernier, sur les douanes,

Nous avons ordonné et ordonnons ce qui suit :

ART. 1er. Les fabricans d'étoffes pleines ou mélangées en laine ou en coton et de tous tissus de la nature de ceux qui sont prohibés, venant de l'étranger, ne pourront mettre dans le commerce ces étoffes et tissus que revêtus d'une marque de fabrication et d'un numéro d'ordre repris de leurs registres d'entrée et de sortie.

2. Les marques indiqueront le nom de la ville ou de l'arrondissement où la fabrication a lieu et le nom du fabricant, ou tel chiffre ou signe qu'il déclarera choisir : Elles seront tissues, brodées ou imprimées selon la nature de l'étoffe et à la volonté du fabricant, mais de manière à se conserver le plus long-temps qu'il sera possible.

3. Les prud'hommes, et à leur défaut les maires, assistés de fabricans notables, vérifieront la nature de chaque marque et le procédé d'application; si ce dernier est défectueux, et si la marque est susceptible d'être confondue avec des signes déjà employés par d'autres manufacturiers, ils exigeront un procédé plus solide et une désignation différente. En cas de contestation à ce sujet, il en sera référé au préfet qui décidera après avoir pris l'avis de la chambre consultative des manufactures ou de la chambre de commerce qui en fait les fonctions.

4. Chaque fabricant est tenu de déposer à la sous-préfecture de son arrondissement deux empreintes ou modèles de sa marque, l'un de ces modèles y sera conservé, l'autre sera transmis au ministre de l'intérieur pour rester dans les archives du jury institué par l'art. 63 de la loi du 28 avril, présente année.

5. La marque de fabrication sera apposée, ainsi que

le numéro d'ordre aux deux extrémités de la pièce : les teinturiers, imprimeurs ou autres apprêteurs seront tenus de la conserver en la couvrant au besoin pendant les apprêts.

6. Aucun coupon ne peut être mis dans le commerce sans sa marque et son numéro. Lorsqu'un fabricant usera pour ses pièces de marques tissues, il y suppléera, pour les coupons tirés de ces pièces, au moyen d'une marque brodée ou imprimée ou d'un plomb ou d'un bulletin portant les mêmes indications. Les modèles de ces marques de supplément seront déposés avec ceux de la marque principale.

7. La bonneterie de coton ou de laine est aussi assujettie à la marque de fabrication : cette marque consistera, autant qu'il sera possible, en lettres, chiffres ou signes travaillés dans le tricot même, et à l'aide desquels on puisse reconnaître le nom du fabricant et sa résidence, en recourant aux modèles qui seront déposés, comme il est dit en l'article 4. Les dispositions de l'art. 3 sont aussi applicables à la bonneterie.

8. Les contrevenans aux obligations prescrites par les dispositions précédentes, seront responsables des dommages qu'éprouveraient des tiers sur qui les objets auraient été saisis, sans préjudice des peines portées par les articles 142, 143 et 423 du Code pénal.

9. Les marques et numéros étant, aux termes de la loi, le premier indice de l'origine nationale des tissus, les marchands en détail sont avertis qu'ils doivent conserver ces signes à chaque coupon restant dans leur magasin.

10. Tout acheteur est autorisé à exiger de son vendeur une facture signée, qui indique la marque et le numéro des pièces, laquelle facture doit correspondre aux livres du marchand qui fait la vente, et aux factures par lui reçues du vendeur précédent, le tout pour y recourir au besoin.

11. Notre ministre secrétaire-d'état de l'intérieur est chargé de l'exécution de la présente ordonnance.

Donné en notre château des Tuileries, le 8 août, l'an de grâce 1816, et de notre règne le vingt-deuxième.

Signé LOUIS.

Par le Roi.

Le ministre secrétaire-d'état au département de l'intérieur,

signé LAINÉ.

ORDONNANCE DU ROI, *du 7 août 1816, qui nomme des commissaires priseurs dans 46 villes de France.*

LOUIS, par la grâce de Dieu, ROI DE FRANCE etc.

A tous ceux qui ces présentes verront, salut :

Sur le rapport de notre amé et féal chevalier chancelier de France, le sieur Dambray, chargé du porte-feuille du ministère de la justice,

Nous avons ordonné et ordonnons ce qui suit :

ART. 1er. Sont nommés pour remplir les fonctions de commissaires - priseurs dans les villes ci-après désignés, savoir : les sieurs (1).

2. ABBEVILLE (SOMME). Louis Bué. — François-Adrien Monflière.

36. AIX (BOUCHES-DU-RHÔNE). Jean-Baptiste-François Porte. — Choloi.

16. AMIENS (SOMME). François Bordecq. — le Tellierdanse. — Joseph-Auguste Quatresols. — Pierre-Louis-Jean-Baptiste Brullé.

22. ANDELYS (EURE). Alexis-Désiré Beuselin.

32. ARLES (BOUCHES-DU-RHÔNE). Rebuffat.

14. ARRAS (PAS-DE-CALAIS). Jean Libersalle. — Alexandre Braine, (*Nous lui accordons les dispenses d'âge qui lui sont nécessaires pour pouvoir exercer*).

33. BAYEUX (CALVADOS). Jacques-Olivier Lemeteyer.

21. BAYONNE (BASSES-PYRÉNÉES). Jean Duplantier.

35. BESANÇON (DOUBS). Léonard-Martin Gaumé. — François-Félix-Nicolas Pepier.

15. BETFORT (HAUT-RHIN). François-Michel Streullet, fils d'un juge de paix.

10. BLOIS (LOIR-ET-CHER). Jean-Anne Pardessus. — Louis Delagrange.

13. CAMBRAY (NORD). Eugène-Léonard-Joseph Bouly. — François-Joseph Molard.

---

(1) Les numéros en tête de chaque article rétablissent l'ordre qui est suivi dans le Bulletin des Lois. Cet ordre est interverti ici, et remplacé par l'ordre alphabétique des villes, pour faciliter les recherches.

Nous avons supprimé les anciennes qualités des nouveaux commissaires-priseurs, comme étant d'un médiocre intérêt.

46. CHARTRES (Eure-et-Loire). Jacques-Ambroise-Bruno Dargère.—Louis-Julien Loyson. (*Nous lui accordons les dispenses d'âge qui lui sont nécessaires pour pouvoir exercer*).

11. CHERBOURG (Manche). Charles-Etienne Germain.

17. COULOMMIERS (Seine-et-Marne). Nicolas-Voisin.

4. DIEPPE (Seine-Inférieure). Joseph - Bertrand Diernard.

12. DOUAI (Nord). François-Marie Porret. — Auguste-Froment Philippe.—Casimir-Alphonse Deloffre.

8. DREUX (Eure-et-Loir). Jacques Robillard.

43. ELBEUF (Seine - Inférieure). Denis - François Heullant.

25. ETAMPES (Seine - et - Oise). Romain - Pierre-Guettard Hamouy.

40. EVREUX (Eure). Tessier-Firmin Cheramy.

5. FÉCAMP (Seine-Inférieure). Pierre-Noël Morel.

6. HAVRE (Seine-Inférieure). Couture.

39. HAZEBROUCK (Nord). Jean - Baptiste - Louis Houvenaghe.

31. JOIGNY (Yonne). Nicolas Courtin.

24. LIMOGES (Haute-Vienne). Michel Guyard. — André Deschamps.

37. MOULINS (Allier). Desaint Père. — Elie Barrichon.

45. NANTES (Loire-Inférieure). Jean - Joseph Aguier. — Delinée. — Philpin. — Vassilière. — François-Eugène-Aubin Fraisse.

18. NEVERS (Nièvre). Claude Boyron.

3. NIORT (Deux-Sèvres). Louis-René Ardy.—François Bonneau.

20. ORLÉANS (Loiret). Jean - Baptiste Alligre. — Claude-Paul-Joseph Grison. — Marie - Jacques - Benjamin Otton.— Jean-Baptiste-Marie-Guillaume Lanson.

41. PÉRIGUEUX (Dordogne). Jean-Baptiste Guillemot.

19. ROMORANTIN (Loir-et-Cher). Louis-Etienne-Edouard Bodin.

42. SAINT-DIZIER (Haute-Marne). Jean-Baptiste Formey.

7. SAINT-GERMAIN (Seine-et-Oise). Henri Denis.

9. SAINT-GILLES (Gard). Roquelin fils.

38. SAINT-OMER (Pas-de-Calais). Jacques - Félix Tanchon. — Antoine-Léopold Mallet.

27. SEGRÉ (Maine-et-Loire). Mercier Lavendée.

34. SENLIS (Oise). Moinet.

28. TOULOUSE (Haute-Garonne). Fonvielle. — Jean Alexandre Ferret. — Jacques Lafoux. — Saurine.

23. TOURS (Indre-et-Loire). Jean-Marie-Joseph-Pierre Rouxel. — Jean-Louis-Joseph-Delehelle Devicques. — Jean-Essaye Delamothe.

44. TROYES (Aube). Etienne-Charles Crou. — Philippe-Antoine Aubry.

29. VANNES (Morbihan). Herville. — Jean-Marie Huchet.

26. VENDOME (Loir-et-cher). Jean-Baptiste-Pierre Buffereau.

30. VILLEFRANCHE (Aveyron). Lala.

1. YVETOT (Seine-Inférieure). Charles-Henri-St. Requier.

Art. 2. Notre amé et féal chevalier chancelier de France, le sieur Dambray, chargé du porte-feuille du ministère de la justice, est chargé de l'exécution de la présente ordonnance.

Donné à Paris, au château des Tuileries, le 7 août de l'an de grâce 1816, et de notre règne le vingt-deuxième.

Signé LOUIS.

Par le Roi.

Le chancelier de France,

signé Dambray.

Ordonnance, *du 26 juin 1816, relative à la liquidation de l'ancienne caisse d'amortissement.*

LOUIS, par la grâce de Dieu, Roi de France etc.

Vu l'art. 98 de la loi du 28 avril 1816, qui ordonne la liquidation de l'ancienne caisse d'amortissement;

Voulant accélérer les travaux de cette liquidation, ainsi que l'examen et le jugement des différentes comptabilités qui s'y rattachent;

Sur le rapport de notre ministre secrétaire-d'état des finances,

Avons ordonné et ordonnons ce qui suit :

Art. 1er. Les comptes du caissier de l'ancienne caisse d'amortissement pour l'année 1815, et les cinq mois échus de l'année 1816, ceux des receveurs-généraux pour l'année 1815, ceux des cinq mois échus de l'année 1816, ceux non encore jugés des années antérieures, et ceux des receveurs des domaines qui ont géré pour le compte de ladite caisse, seront vérifiés et jugés conformément au décret du 11 septembre 1808.

2. Un commissaire nommé par nous sera chargé, sous la direction de notre ministre secrétaire-d'état au département des finances, de la liquidation et des autres opérations préparatoires au jugement desdits comptes.

3. Le commissaire-liquidateur établi par le précédent article, présentera tous les trois mois, à la commission de notre conseil nommée par l'ordonnance du 8 mai dernier, les comptes vérifiés et provisoirement arrêtés par lui, pour, sur la vérification définitive et le rapport de ladite commission, être statué par nous ce qu'il conviendra relativement au résultat desdits comptes.

4. Notre ministre secrétaire-d'état au département des finances mettra à la disposition du commissaire-liquidateur le nombre d'employés nécessaire pour terminer dans le délai, le plus court qu'il sera possible, cette liquidation, et réglera le traitement de ces employés.

5. Notre ministre etc., est chargé de l'exécution de la présente ordonnance. *Signé* LOUIS. Etc.

ORDONNANCE, *du* 26 *juin* 1816, *qui nomme M. Labrouste commissaire-liquidateur de l'ancienne caisse d'amortissement.*

LOUIS, par la grâce de Dieu, ROI DE FRANCE etc.

Sur le rapport de notre ministre secrétaire-d'état au département des finances,

Nous avons ordonné et ordonnons ce qui suit :

ART. 1er. Le sieur Labrouste, l'un des administrateurs de l'ancienne caisse d'amortissement, est nommé commissaire liquidateur pour diriger, sous la surveillance de notre ministre secrétaire-d'état des finances, les opérations déterminées par notre ordonnance de ce jour pour l'apurement des comptes, tant du caissier-général que des divers agens comptables de l'ancienne caisse d'amortissement, jusqu'au 1er. juin 1816. Il lui est attribué en cette qualité un traitement annuel de douze mille francs.

2. Notre ministre etc., est chargé de l'exécution de la présente ordonnance.   *Signé* LOUIS. Etc

ORDONNANCE, *du 24 juillet 1816, portant que l'arriéré spécifié par la loi du 20 mars 1813 sera payé dans les valeurs et suivant le mode prescrit par la loi du 28 avril 1816.*

LOUIS, par la grâce de Dieu, etc.

Voulant faire cesser les incertitudes qui se sont élevées sur l'étendue d'application que devait recevoir la loi du 20 mars 1813, qui ordonne de payer en rentes les dettes de l'exercice de 1809 et antérieurs, jusqu'à l'an 9 inclusivement (23 septembre 1800);

Attendu que les termes de cette loi, promettant le paiement de tout l'arriéré à partir de l'an 9, impliqueraient contradiction, si on en inférait que la portion de l'arriéré qui excédera le crédit qu'elle ouvre ne pourra plus être payée;

Considérant que ce crédit ne peut être interprété que comme une évaluation approximative du montant de l'arriéré qu'on se proposait d'éteindre, extinction d'ailleurs garantie par l'article 22 de la loi du 23 septembre 1814;

Qu'en conséquence, l'insuffisance dudit crédit ne saurait être un obstacle au paiement des dettes qui l'excéderont, et que cet excédent rentre dans la masse de l'arriéré antérieur au 1.er janvier 1816, dont le sort est réglé par la loi du 28 avril dernier;

A ces causes, ouï le rapport de notre ministre secrétaire-d'état des finances, et de l'avis de notre conseil,

Nous avons ordonné et ordonnons ce qui suit :

ART. 1er. L'arriéré spécifié par la loi du 20 mars 1813, et qui s'étend depuis le 23 septembre 1800 jusqu'au 31 décembre 1809, fait partie de l'arriéré postérieur qui part du 1er. janvier 1810 et finit au 1er. janvier 1816, et sera payé dans les valeurs et suivant le mode prescrit par la loi du 28 avril 1816.

2. Les sommes restant à solder sur les exercices énoncés dans ladite loi du 20 mars 1813, pourront en conséquence être, au gré des créanciers, acquittés, soit en reconnaissances de liquidation, soit en inscriptions au grand-livre des cinq pour cent consolidés.

3. Le reliquat disponible du crédit d'un million de ren-

tes ouvert par la loi précitée du 20 mars, cesse d'être dis-
tinct, et se fond dans le crédit illimité que la loi du 28 avril
accorde en faveur des créanciers de l'arriéré qui voudront
recevoir leur payement en inscriptions.

4. Les jouissances d'arrérages desdites inscriptions seront
réglés conformément aux articles 1 et 2 de notre ordonnance du 29 mai 1816, auxquels il n'est rien innové.

Nos ministres etc., sont chargés de l'exécution de la présente ordonnance.   *Signé* LOUIS. Etc.

ORDONNANCES, *des 14 et 28 août 1816, qui nomment des
commissaires-priseurs dans 56 villes de France.*

Ordonnance du 14 août 1816.

Sont nommés pour remplir les fonctions de commissaires-
priseurs dans les villes ci - après , savoir : les sieurs (1)
8. AVALLON (*Yonne*). Claude - Germain - Remy
Thibault. —3. AVRANCHES (*Manche*). Jean Pézerii.
—12. AUXERRE (*Yonne*). Joseph-Louis-Marie Duche-
min. — Rivolet. — 9. BAR-SUR-AUBE (*Aube*). François
Robin. — 1. COUTANCES (*Manche*). Pierre - Étienne
Delafosse. — 10. PÉRONNE (*Somme*). Durand.—
5. RHEIMS (*Marne*). Jean-Baptiste Maillard. — Nicolas
Soudant. — Jacques-Louis-François-Antoine Delaunois.—
3. SAINT-LO (*Manche*). Charles - Michel Angot.—
11. SENS (*Yonne*). Jean-Joseph Avron — Charles-Amand
Thomas.—6. STRASBOURG (*Bas-Rhin*). Claude-Hubert
Goubert. — Claude Jeannot. — Jean Vigner.—7. TROYES
(*Aube*). Bernage.   *Signé* LOUIS. Etc.

Ordonnance du 28 août 1816.

Sont nommés commissaires-priseurs, les sieurs :
34. AIRE (*Pas-de-Calais*). Herbette. — 31. ALEN-
ÇON (*Orne*). Céleste-Pierre Lemire — Charles-Claude-
François-Félix Honnery. — 29. ARMENTIÈRES (*Nord*).
François-Nicolas Michel — 7. BÉTHUNE (*Pas-de-Ca-
lais*). Philippe - Alexandre-Joseph Hulleu. — 33. BOU-
LOGNE-SUR-MER (*Pas-de-Calais*). Pierre-Nicolas-Mau-
rice Dutertre. — 9. BOURG (*Ain*). Philibert Boutet. —
12. BOURGES (*Cher*). Charles Gambon.—38. BRIEY
(*Moselle*). François Guillemin. — 13. BRIVES (*Corrèze*).
Lemas. — 16. CETTE (*Hérault*). Claude Moisson. —

---

(1) Même note que page 222.

15. CHATEAUDUN (*Eure-et-Loir*). Jacques-Pierre Corroyeur. — 43. CHATEAU-GONTIER (*Mayenne*). Jean-Pierre-Julien Bachelier. — 19. CHATEAUROUX (*Indre*). Claude Milord. — 44. CLAMECY (*Nièvre*). Duret (.....) — 30. CLERMONT (*Oise*). Joseph Samson Levasseur. — 11. DARBEZIEUX (*Charente*). Louis-André Bigot. — 3. DOLE (*Jura*). Jean-François-Xavier Lachiche. — 24. ESTAIRE (*Nord*). Jean-Baptiste-Joseph Vienne. — 10. FALAISE (*Calvados*). Jean-François Lane. — Marin-Thomas Leseigneur. — 4. GRANVILLE (*Manche*). Louis-Charles Le Sauvage de Veaufevrier. — 40. LAON (*Aisne*). Louis Daweze. — 23. LAVAL (*Mayenne*). Joseph Hureau. Jacques Granger. — 26. LORIENT (*Morbihan*). Edme-Antoine Hyver. — Marie Daménil. — 42. MANS (*Sarthe*). François-Benoist-Siméon Brouard. — Louis-Réné-Marie Dreux. — Réné-Casimir Dounay. — 25. MERVILLE (*Nord*). Sabin Notelle Boutry. — 8. MONTDIDIER (*Somme*). Jacques-Hypolite Leconte. — 31. MORTAGNE (*Orne*). Médéric-Louis-Alexis Got. — 14. NOGENT-LE-ROTROU (*Eure-et-Loir*). Vanard. — 35. PAU (*Basses-Pyrénées*). Paul de Deblair. — Jean-Benoist Damoulon. — 21 PITHIVIERS (*Loiret*). Charles-Chrétien Perier. — 2. RENNES (*Ille-et-Vilaine*). Joseph-Marie-Louis-Mathurin Maudet. — Pierre-Honoré Langlois de Saint-Montant. — Lemarié. — Raymond. — 20. ROANNE (*Loire*). Pierre Villefranche. — 28. ROUBAIX (*Nord*). Louis-Joseph Bernard. — 17. SAINT-MALO (*Ille-et-Vilaine*). Jean-Marie Vincent. — 5. SAINTE-MÉNEHOULD (*Marne*). Nicolas François. — 39. SAINT-QUENTIN (*Aisne*). Pierre-Abraham Caillard. — 18. SAINT-SERVAN (*Ille-et-Vilaine*). François-César Ducrocq. — 37. SEDAN (*Ardennes*). Claude-Nicolas Lemoine-Souin. — Henry Dervin. — 1. SOISSONS (*Aisne*). Marie-Louis-Constant Meuriset. — 36. TONNERRE (*Yonne*). Etienne-Michel Le Page. — 27. TOURCOING (*Nord*). André-François-Joseph Delahaye. — Jean-François-Marie Defontaines. — 6. VALENCIENNES (*Nord*). Humbert-Joseph Manesse-Mallet — Antoine Laplace. — Fernet Ducoroy. — 22. VASSY (*Haute-Marne*). Augustin-François Hû. — 41. VERVINS (*Aisne*). Jean-Baptiste-Eloi Rimbault.

TABLE

DE LA LOI SUR LES FINANCES.

CONTRIBUTIONS INDIRECTES.

TITRE 1er. — *Droits sur les Boissons.*

DOUANES,

TITRE PREMIER. — *Tarif des droits.*

TABLE DES ORDONNANCES DU ROI

(1) Cette ordonnance n'est point imprimée avec les autres, parce que son
titre suffit.

Du 26 juin 1816.

Du 3 juillet 1816.

Du 17 juillet 1816.

NOTES DU BUDGET,

CONTENANT *l'extrait des Lois, Décrets et Ordonnances, confirmés, modifiés ou révoqués par* LA LOI DU 28 AVRIL 1816, SUR LES FINANCES.

AVIS. La page indiquée en tête de chaque note renvoie à la page du Budget où se trouve l'application de la note. — Nous prévenons que souvent nous ne donnerons que partie des lois citées, et que quelquefois même nous nous dispenserons d'en rien donner du tout dans les cas suivans : 1°. lorsque la loi citée ne présentera que des dispositions dont l'intérêt nous paraîtra restreint ; 2°. lorsque cette loi n'étant citée qu'en tant qu'elle est révoquée, les dispositions révoquées seront d'ailleurs suffisamment indiquées dans le texte de la loi du 28 avril ; 3°. lorsque la loi citée n'aura pas avec la loi du 28 avril un rapport direct et nécessaire ; 4°. enfin lorsqu'elle sera d'une étendue trop considérable. Au reste, dans ce dernier cas, la désignation du titre et de la date facilitera du moins les recherches du lecteur.

(Note 1 , page 4). — *ORDONNANCE du* 16 *août* 1815. — (Bulletin 15).

« Art. 10. Les comités de département et d'arrondissement formeront, dans le délai de dix jours, les états de la répartition individuelle des contingens qui leur seront respectivement assignés.

11. Ces états seront arrêtés et rendus exécutoires par le préfet.

12. La somme assignée sur chacun des principaux capitalistes, patentables et propriétaires, sera acquittée par quart, du 15 septembre au 15 novembre, aux échéances qui seront déterminées par le comité.

13. Les receveurs généraux et particuliers, dans leurs arrondissemens respectifs, feront des traites, payables aux échéances indiquées, sur les individus portés sur les états arrêtés et rendus exécutoires par le préfet.

14. Les traites devront, à présentation, être acceptées par les tirés, payables, soit au domicile de leur receveur général ou particulier, soit à un domicile à Paris, à leur choix, à peine de toutes poursuites judiciaires, comme pour effets de commerce.

15. Tout refus ou retard d'accepter à présentation lesdites traites sera constaté par un protêt dans la forme ordinaire, et rendra le montant de la traite immédiatement exigible : le recouvrement en sera poursuivi par voie de contrainte et de garnisaire. »

Ainsi donc tout contribuable en retard doit s'attendre à être poursuivi par voie de contrainte et de garnisaire ; il perd d'ailleurs, par le seul fait de ce retard, le droit d'exiger son remboursement : c'est ce qui résulte de l'article 17 de l'ordonnance du Roi du 29 mai 1816. *Voyez* ladite ordonnance page 184.

ORDONNANCES approuvant les impositions locales levées dans les départemens pendant l'occupation militaire de 1815.

Ces diverses ordonnances ne contenant que de simples régularisations, et ne statuant d'ailleurs que sur des intérêts particuliers à chacun des départemens qu'elles concernent, nous croyons pouvoir nous dispenser de les rapporter ici.

(Note 2, page 8). — *Loi du* 23 *septembre* 1814. — (Bulletin 39).

Art. 8. La contribution foncière, la contribution personnelle et mobilière, et la contribution des portes et fenêtres seront, en 1815, perçues, principal et centimes additionnels, conformément aux tableaux annexés à la présente loi.

NOTÈS.

CONTRIBUTION FONCIÈRE DE 1815.

RÉPARTEMENT.

DÉPARTEMENS.	PRINCIPAL.	5 centimes pour fonds de non-valeurs.	45 cent. pour subvenir aux dépenses administratives et judiciaires fixes et variables, et à toutes autres dépens. précédemment acquittées par des centimes communaux.	TOTAL du Répartement.
	F.	F.	F.	F.
Ain.	1,173,860	58,693	528,237	1,760,790
Aisne.	3,070,000	153,500	1,381,500	4,605,000
Allier.	1,423,000	71,150	640,350	2,134,500
Alpes (Basses)	654,170	32,709	294,377	981,256
Alpes (Hautes). . . .	500,830	25,042	225,374	751,246
Ardèche.	885,089	44,255	398,290	1,327,634
Ardennes	1,690,000	84,500	760,500	2,535,000
Arriége	590,000	29,500	265,500	885,000
Aube.	1,530,000	76,500	688,500	2,295,000
Aude.	1,930,000	96,500	868,500	2,895,000
Aveyron.	2,140,450	107,021	963,202	3,210,673
Bouches-du-Rhône. . . .	1,520,000	76,000	684,000	2,280,000
Calvados.	4,260,000	213,000	1,917,000	6,390,000
Cantal.	1,359,000	67,950	611,550	2,038,500
Charente.	2,029,999	101,499	913,499	3,044,997
Charente-Inférieure. . .	2,670,000	133,500	1,201,500	4,005,000
Cher.	1,060,000	53,000	477,000	1,590,000
Corrèze.	1,023,000	51,150	460,350	1,534,500
Corse.	170,000	8,500	76,500	255,000
Côte-d'Or.	2,540,000	127,000	1,143,000	3,810,000
Côtes-du-Nord.	1,680,000	84,000	756,000	2,520,000
Creuse.	880,000	44,000	396,000	1,320,000
Dordogne.	2,109,000	105,450	949,050	3,163,500
Doubs.	1,140,150	57,008	513,068	1,710,226
Drôme.	1,260,000	63,000	567,000	1,890,000
Eure.	3,670,000	183,500	1,651,500	5,505,000
Eure-et-Loir.	2,860,000	143,000	1,287,000	4,290,000
Finistère.	1,420,000	71,000	639,000	2,130,000
Gard.	1,807,057	90,353	813,175	2,710,585
Garonne (Haute). . . .	2,380,443	119,022	1,071,199	3,570,664
Gers.	1,683,178	84,159	757,430	2,524,767
Gironde.	2,890,000	144,500	1,300,500	4,335,000
Hérault.	2,551,000	127,550	1,147,900	3,826,500
Ille-et-Vilaine	1,910,000	95,500	859,500	2,865,000
Indre.	1,045,000	52,250	470,250	1,567,500
Indre-et-Loire. . . .	1,850,000	92,500	832,500	2,775,000
Isère.	2,380,000	119,000	1,071,000	3,570,000

Suite du Répartement de la Contribution foncière de 1815.

	F.	F.	F.	F.
Jura	1,320,000	66,000	594,000	1,980,000
Landes	770,000	38,500	346,500	1,155,000
Loir-et-Cher	1,501,000	75,050	675,450	2,251,500
Loire	1,665,000	83,250	749,250	2,497,500
Loire (Haute)	1,020,000	51,000	459,000	1,530,000
Loire-Inférieure	1,580,000	79,000	711,000	2,370,000
Loiret	2,330,000	116,500	1,048,500	3,495,000
Lot	1,410,860	70,543	634,888	2,116,291
Lot-et-Garonne	2,468,022	123,401	1,110,610	3,702,033
Lozère	602,000	30,100	270,900	903,000
Maine-et-Loire	2,892,135	144,607	1,301,461	4,338,203
Manche	3,720,000	186,000	1,674,000	5,580,000
Marne	2,470,000	123,500	1,111,500	3,705,000
Marne (Haute)	1,406,000	70,300	632,700	2,109,000
Mayenne	2,180,000	109,000	931,000	3,270,000
Meurthe	1,689,933	84,497	760,470	2,534,900
Meuse	1,580,000	79,000	711,000	2,370,000
Morbihan	1,450,000	72,500	652,500	2,175,000
Moselle	1,922,784	96,139	865,254	2,884,177
Nièvre	1,321,000	66,050	594,450	1,981,500
Nord	4,080,000	204,000	1,836,000	6,120,000
Oise	2,892,000	144,600	1,501,400	4,338,000
Orne	2,502,464	125,123	1,126,109	3,753,696
Pas-de-Calais	2,950,000	147,500	1,527,500	4,125,000
Puy-de-Dôme	2,500,000	125,000	1,125,000	3,750,000
Pyrénées (Basses)	870,000	43,500	391,500	1,305,000
Pyrénées (Hautes)	570,000	28,500	256,500	855,000
Pyrénées-Orientales	700,000	35,000	315,000	1,050,000
Rhin (Bas)	2,040,000	102,000	918,000	3,060,000
Rhin (Haut)	1,800,000	90,000	810,000	2,700,000
Rhône	2,100,000	105,000	945,000	3,150,000
Saône (Haute)	1,459,850	72,995	656,931	2,189,774
Saône-et-Loire	3,026,140	151,307	1,361,762	4,539,209
Sarte	2,757,536	137,877	1,240,891	4,136,304
Seine	9,535,000	476,750	4,291,750	4,302,500
Seine-Inférieure	5,280,000	264,000	2,576,000	7,920,000
Seine-et-Marne	3,218,000	160,900	1,448,100	4,827,000
Seine-et-Oise	4,511,000	225,550	2,029,950	6,765,500
Sèvres (Deux)	1,777,865	88,892	800,039	2,666,796
Somme	3,449,000	172,450	1,552,050	5,173,500
Tarn	1,880,000	94,000	846,000	2,820,000
Tarn-et-Garonne	1,728,533	86,427	777,840	2,592,800
Var	1,400,000	70,000	630,000	2,100,000
Vaucluse	860,854	43,043	387,385	1,291,282
Vendée	1,710,000	85,500	769,500	2,565,000
Vienne	1,350,000	67,500	607,500	2,025,000
Vienne (Haute)	1,080,000	54,000	486,000	1,620,000
Vosges	1,170,000	58,500	526,500	1,755,000
Yonne	1,900,000	95,000	855,000	2,850,000
Totaux	172,132,202	8,606,610	77,459,491	258,198,303

CONTRIBUTION PERSONNELLE ET MOBILIÈRE DE 1815.

RÉPARTEMENT.

DÉPARTEMENS.	PRINCIPAL.	5 centimes pour fonds de non-valeurs.	45 cent. pour subvenir aux dépenses administratives et judiciaires, fixes et variables, et à toutes autres dépens. précédemment acquittées par des centimes communaux.	TOTAL du Répartement.
	f.	f.	f.	f.
Ain.	133,300	6,665	59,985	199,950
Aisne.	381,700	19,085	171,765	572,550
Allier.	154,900	7,745	69,705	232,350
Alpes (Basses).	61,850	3,092	27,832	92,774
Alpes (Hautes).	40,150	2,007	18,067	60,224
Ardèche.	97,900	4,895	44,055	146,850
Ardennes.	220,500	11,025	99,225	330,750
Arriége.	100,100	5,005	45,045	150,150
Aube.	244,300	12,215	109,935	366,450
Aude.	242,300	12,115	109,035	363,450
Aveyron.	217,670	10,884	97,952	326,506
Bouches-du-Rhône.	577,900	28,895	260,055	866,850
Calvados.	604,500	30,225	272,025	906,750
Cantal.	147,300	7,365	66,285	220,950
Charente.	247,300	12,365	111,285	370,950
Charente-Inférieure.	384,500	19,225	173,025	576,750
Cher.	131,700	6,585	59,265	197,550
Corrèze.	107,800	5,390	48,510	161,700
Corse.	55,500	2,775	24,975	83,250
Côte-d'Or.	355,500	17,775	159,975	533,250
Côtes-du-Nord.	241,600	12,080	108,720	362,400
Creuse.	93,900	4,695	42,255	140,850
Dordogne.	250,000	12,500	112,500	375,000
Doubs.	180,800	9,040	81,360	271,200
Drôme.	142,700	7,135	64,215	214,050
Eure.	383,400	19,170	172,530	575,100
Eure-et-Loir.	321,200	16,060	144,540	481,800
Finistère.	351,800	17,590	158,310	527,700
Gard.	282,100	14,105	126,945	423,150
Garonne (Haute).	345,892	17,294	155,652	518,838
Gers.	210,302	10,515	94,636	315,453
Gironde.	680,100	34,005	306,045	1,020,150
Hérault.	388,100	19,405	174,645	582,150
Ille-et-Vilaine.	329,300	16,465	148,185	493,950
Indre.	142,800	7,140	64,260	214,200
Indre-et-Loire.	232,000	11,600	104,400	348,000
Isère.	265,000	13,250	119,250	397,500
Jura.	164,700	8,235	74,115	247,050
Landes.	95,600	4,780	43,020	143,400

Suite du Répartement de la contribution personnelle et mobilière de 1815.

	f.	f.	f.	f.
Loir-et-Cher.	209,100	10,455	94,095	313,650
Loire.	292,900	14,645	131,805	439,350
Loire (Haute).	116,600	5,830	52,470	174,900
Loire-Inférieure	455,900	22,795	205,155	683,850
Loiret.	373,100	18,655	167,895	559,650
Lot.	192,265	9,614	86,519	288,398
Lot-et-Garonne.	292,033	14,602	131,415	438,050
Lozère.	51,700	2,585	23,265	77,550
Maine-et-Loire.	330,770	16,538	148,846	496,154
Manche.	457,400	22,870	205,830	686,100
Marne.	344,200	17,210	154,890	516,300
Marne (Haute).	196,700	9,835	88,515	295,050
Mayenne.	243,800	12,190	109,710	365,700
Meurthe.	229,600	11,480	103,320	344,400
Meuse.	186,600	9,330	83,970	279,900
Morbihan.	274,100	13,705	123,345	411,150
Moselle.	266,332	13,316	119,849	399,497
Nièvre.	176,900	8,845	79,605	265,350
Nord.	719,700	35,985	323,865	1,079,550
Oise.	395,500	19,775	177,975	593,250
Orne.	307,346	15,368	138,307	461,021
Pas-de-Calais.	422,000	21,100	189,900	633,000
Puy-de-Dôme.	348,700	17,435	156,915	523,050
Pyrénées (Basses).	150,900	7,545	67,905	226,350
Pyrénées (Hautes).	62,700	3,135	28,215	94,050
Pyrénées-Orientales.	61,200	3,060	27,540	91,800
Rhin (Bas).	380,500	19,025	171,225	570,750
Rhin (Haut).	255,500	12,775	114,975	383,250
Rhône.	559,000	27,950	251,550	838,500
Saône (Haute).	139,360	6,965	62,684	208,949
Saône-et-Loire.	320,400	16,020	144,180	480,600
Sarte.	296,654	14,833	133,495	444,982
Seine.	4,177,400	208,870	1,879,830	6,266,100
Seine-Inférieure.	1,095,400	54,770	492,930	1,643,100
Seine-et-Marne.	443,600	22,180	199,620	665,400
Seine-et-Oise.	616,500	30,825	277,425	924,750
Sèvres (Deux).	195,730	9,786	88,078	293,594
Somme.	467,000	23,350	210,150	700,500
Tarn.	210,000	10,500	94,500	315,000
Tarn-et-Garonne.	187,889	9,395	84,550	281,834
Var.	212,800	10,640	95,760	319,200
Vaucluse.	121,400	6,070	54,630	182,100
Vendée.	193,000	9,650	86,850	289,500
Vienne.	123,500	6,175	55,575	185,250
Vienne (Haute).	134,100	6,705	60,345	201,150
Vosges.	131,900	6,595	59,355	197,850
Yonne.	262,100	13,105	117,945	393,150
TOTAUX.	27,289,683	1,364,484	12,280,357	40,934,524

Nota. Voyez, page xvj des notes, le nouveau Tarif pour la répartition des contributions personnelle et somptuaire de la ville de Paris.

NOTES.

RÉPARTEMENT
DES PORTES ET FENÊTRES DE 1815.

DÉPARTEMENS.	PRINCIPAL.	10 centim. pour frais de confection de rôles, fonds de dégrèvement et non - valeurs.	TOTAL.
	f.	f.	f.
Ain.	82,900	8,920	91,190
Aisne.	220,200	22,020	242,220
Allier.	61,300	6,130	67,430
Alpes (Basses).	40,824	4,082	44,906
Alpes (Hautes).	25,576	2,558	28,134
Ardèche.	59,500	5,950	65,450
Ardennes.	110,200	11,020	121,220
Arriége	51,000	5,100	56,100
Aube.	114,600	11,460	126,060
Aude.	93,800	9,380	103,180
Aveyron.	100,770	10,077	110,847
Bouches-du-Rhône.	429,900	42,990	472,890
Calvados.	234,900	23,490	258,390
Cantal	40,600	4,060	44,660
Charente.	110,600	11,060	121,660
Charente-Inférieure.	163,900	16,390	180,290
Cher.	68,900	6,890	75,790
Corrèze.	55,500	5,550	61,050
Corse.	6,000	600	6,600
Côte-d'Or.	163,000	16,300	179,300
Côtes-du-Nord.	85,600	8,560	94,160
Creuse.	37,800	3,780	41,580
Dordogne.	95,400	9,540	104,940
Doubs.	128,600	12,860	141,460
Drôme.	66,200	6,620	72,820
Eure.	268,000	26,800	294,800
Eure-et-Loir.	135,100	13,510	148,610
Finistère.	126,800	12,680	139,480
Gard.	144,100	14,410	158,510
Garonne (Haute).	196,625	19,662	216,287
Gers.	96,179	9,618	105,797
Gironde.	419,400	41,940	461,340
Hérault.	153,600	15,360	168,960
Ille-et-Vilaine.	123,400	12,340	135,740
Indre.	50,400	5,040	55,440
Indre-et-Loire.	118,800	11,880	130,680
Isère.	140,300	14,030	154,330
Jura.	110,800	11,080	121,880
Landes.	65,500	6,550	72,050
Loire-et-Cher.	85,200	8,520	93,720
Loire.	81,900	8,190	90,090

Suite du Répartement des portes et fenêtres de 1815.

	F.	F.	F.
Loire (Haute).	57,400	5,740	63,140
Loire-Inférieure.	141,700	14,170	15,870
Loiret.	197,900	19,790	25 690
Lot.	6 ,821	6,882	75,703
Lot-et-Garonne.	92,349	9,235	101,584
Lozère.	30,100	3,010	33,110
Maine-et-Loire.	129,201	12,940	142,121
Manche.	155,700	15,570	171,270
Marne.	228,600	22,860	251,460
Marne (Haute).	106,300	10,630	116,930
Mayenne.	61,200	6,120	67,320
Meurthe.	158,400	15,840	174,240
Meuse.	118,700	11,870	130,570
Morbihan.	88,800	8,880	97 680
Moselle.	181,984	18,199	200,183
Nièvre.	60,200	6,020	66,220
Nord.	420,400	42,040	462,440
Oise	234,300	23,430	257,730
Orne.	123,560	12,356	135,916
Pas-de-Calais.	277,800	27,780	305,580
Puy-de Dôme.	77,300	7,730	85,030
Pyrénées (Basses).	140,500	14,050	154,550
Pyrénées , Hautes).	48,600	4,860	53,460
Pyrénées-Orientales.	36,800	3,680	40,480
Rhin (Bas).	305,400	30,540	335,940
Rhin (Haut)	187,200	18,720	205,920
Rhône.	301,900	30,190	332,090
Saône (Haute).	122,100	12,210	134,310
Saône-et-Loire.	118,300	11,830	130,130
Sarte.	108,840	10,884	119,724
Seine.	1,279,900	127,990	1,407,890
Seine-Inférieure.	538,300	53,830	592,130
Seine-et-Marne.	162 100	16,210	178,310
Seine-et-Oise.	345,500	34,550	380,050
Sèvres (Deux).	68,799	6,880	75,679
Somme.	302,400	30,240	332,640
Tarn.	99,500	9,950	109,450
Tarn-et-Garonne.	69,283	6,928	76,211
Var.	137,200	13,720	150,920
Vaucluse.	78,900	7,890	86,790
Vendée.	49,100	4,910	54,010
Vienne.	96,300	9,630	105,930
Vienne (Haute).	63,200	6,320	69,520
Vosges.	122,300	12,230	134,530
Yonne.	134,900	13,490	148,390
TOTAUX.	12,891,711	1,289,171	14,180,882

NOTA. *Les tableaux qui précèdent ne seront appliqués à l'année 1816 que moyennant les modifications résultant de la distraction des territoires que la France a cédés en vertu du dernier traité.*

OBSERVATION *sur les contributions foncière, personnelle et mobilière, et des portes et fenétres.*

Contribution foncière.

La loi qui régit la *contribution foncière* est la loi du 3 frimaire an 7 (Bulletin 23); elle contient 154 articles, dont plusieurs ont été abrogés par des lois subséquentes. Nous y renvoyons le lecteur, et nous donnons ici, *comme simple renseignement*, que la contribution foncière, à Paris, est fixée, pour l'année 1815, à 39 c. 889 17/100,000 pour franc du *produit net*. On entend par *produit net*, le produit *déduction faite du quart pour les réparations.* Ainsi supposons qu'une maison rapporte 133 fr. 33 cent., déduisez 33 fr. 33 cent. (le quart) pour les réparations, restera la somme de 100 fr., revenu net de la maison, pour laquelle la contribution foncière sera taxée à 39 fr. 88 cent. environ; d'où résulte que *les maisons*, à Paris, *sont imposées, pour l'an 1816, à peu près aux deux cinquièmes de leur revenu net.*

Contribution personnelle et mobilière.

La contribution personnelle et mobilière a été remplacée dans plusieurs grandes villes par le produit d'une perception sur la consommation.

A Paris elle se paie en proportion du loyer, suivant le tarif ci-après, arrêté par le décret du 14 brumaire an 13 (Bulletin n°. 20), et augmenté de 10 c. au principal par la loi du 28 avril 1816.

Tarif des contributions personnelle et mobilière à Paris.

				ancien.		nouveau.	
				fr.	c.	fr.	c.
Loyers de	100	à	149 fr.	néant.		néant.	
	150	à	399.	5	»	5	50
	400	à	599.	10	»	11	»
	600	à	899.	20	»	22	»
	900	à	1,199.	30	»	33	»
	1,200	à	1,499.	40	»	44	»
	1,500	à	1,999.	50	»	55	»
	2,000	à	2,499.	60	»	66	»
	2,500	et au-dessus.		80	»	88	»

Contribution des portes et fenétres.

La loi du 13 floréal an 10 (Bulletin 187) est celle qui régit la contribution des portes et fenêtres; elle fixe cette contribution ainsi qu'il suit :

Portes cochères dans les villes

				fr.	c.
Au-dessous de		5,000 habitans.		1 fr.	60 c
de 5	à	10,000.		3	50
de 10	à	25,000.		7	40
de 25	à	50,000.		11	20
de 50	à	100,000.		15	80
Au-dessus de		100,000.		18	80

Portes ordinaires, et fenétres des rez-de-chaussée, premier et second étage, dans les communes

				fr.	c.
Au-dessous de		5,000 habitans.		» fr.	60 c.
de 5	à	10,000.		»	75
de 10	à	25,000.		»	90
de 25	à	50,000.		1	20
de 50	à	100,000.		1	50
Au-dessus de		100,000.		1	80

Fenêtres du troisième étage et au-dessus, dans les villes

Au-dessous de 5,000 habitans.	» fr. 60 c.
Au-dessus de 5,000.	» 75

Maison n'ayant qu'une porte et une fenêtre, dans les communes

	porte	fenêtre.
Au-dessous de 5,000 habitans.	» fr. 40 c.	» fr. 20 c.
de 5 à 10,000	» 50	» 25
de 10 à 25,000	» 60	» 30
de 25 à 50,000	» 80	» 40
de 50 à 100,000	1 »	» 50
Au-dessus de 100,000	1 20	» 60

Il faudrait ajouter à ce tarif 50 cent. par franc pour l'année 1816, conformément à la loi du 28 avril 1816, art. 34, première série ; mais comme il est possible que, d'après les matrices, la somme à imposer soit au-dessus ou au-dessous de la somme à payer en l'an 1816, ce tarif peut éprouver des variations en plus ou en moins : cela résulte de l'article 20 de la loi du 13 floréal an 10.

« Art. 20. Si, d'après les matrices, la somme à imposer est au-dessus de la somme à payer en l'an 11 par la commune, il sera fait une déduction proportionnelle par chaque cote.

» Si, au contraire, la somme à imposer est au-dessous de celle à payer pour l'an 11, il sera fait pour chaque cote une augmentation proportionnelle. »

C'est ce qui fait probablement que l'on n'est imposé à Paris, pour 1816, que, porte cochère à 25 fr. 20 c. ; portes et fenêtres du deuxième et au-dessous, à 2 fr. 40 c. ; portes et fenêtres du troisième et au-dessus, à 1 fr. ; fenêtre simple, à 80 centimes : ce qui ne fait qu'un tiers en sus de l'année 1815, et non moitié, ainsi que le prescrit l'article 34 précité de la loi du 28 avril 1816 ; mais il est possible que dans un autre département le contraire arrive, et que le tarif soit un peu plus fort.

Note 3, page 8.

La loi du premier brumaire an 7 (Bulletin 234) qui maintient la contribution des patentes et en règle la perception pour l'an 7, est encore en vigueur, ainsi que le tarif. Nous allons donner ce tarif tel qu'il est ; le lecteur y ajoutera l'augmentation de 110 centimes sur le principal, ordonné pour 1816 par l'article 34, première série, de la loi du 28 avril 1816.

(1) *Tarif du Droit de patentes, dressé en conformité des lois des 6 fructidor an IV (Bulletin 70), 9 frimaire an V (Bulletin 94), et 7 brumaire an VI (Bulletin 155).*

1°. Sans égard à la population :

Les banquiers.	500 fr.
Les courtiers de navires et de marchandises, entrepreneurs de roulage, de voitures publiques par terre et par eau . . . . }	200

---

(1) Aux termes de la loi du 28 avril 1816, il faut ajouter au principal de ce tarif 110 centimes. Ainsi donc la patente de banquier, qui coûtait 500 fr., coûtera, cette année, 1050 fr., et ainsi des autres.

Les marchands forains avec voitures . . . . . 40 fr.

Les colporteurs avec chevaux ou autres bêtes } 30
de somme . . . .

Les colporteurs avec balle, soit qu'ils aient do- } 20
micile ou non . . . .

Les entrepreneurs ou directeurs } Une représentation complète, établie
de spectacles, ou autres amusemens   d'après le nombre et le prix de
publics dans lesquels les spectateurs   chaque place.
paient leurs places . . . . . . }

2°. Eu égard à la population :

Première classe.

Les négocians et armateurs, les agens de change et courtiers, les commissionnaires de marchandises.

Les entrepreneurs, fournisseurs et munitionnaires du gouvernement ; les directeurs et entrepreneurs d'établissemens de ventes à l'encan, et les directeurs d'agences ou bureaux d'affaires ; les marchands de charbon de terre en gros ; les marchands de bois en chantier ou magasin, ou exploitant ventes dans les bois, forêts et plantations du gouvernement, des communes ou de particuliers ; les marchands de bois de marine.

Les marchands en gros, de draperie, mercerie, soierie, étoffes de coton, toilerie, linons, mousselines, gazes, dentelles, acier, fer et autres métaux, quincaillerie, vins, liqueurs, vinaigre, épicerie, droguerie, cuirs et peaux, et les marchands tanneurs.

Les chiffonniers en gros.

Population.			*Prix de la Patente.*
100,000 ames et au-dessus			300 fr.
50,000	à	100,000	240
30,000	à	50,000	180
20,000	à	30,000	120
10,000	à	20,000	80
5,000	à	10,000	50
Au-dessous de 5,000			40

Seconde classe.

Les notaires, marchands en détail de draperie, étoffes en soie, toileries ; étoffes de coton, mousselines, s'ils en font leur principal commerce.

Les architectes entrepreneurs de bâtimens, constructeurs de navires.

Les orfèvres, horlogers, bijoutiers, lapidaires, joailliers, distillateurs, confiseurs.

Les apothicaires-pharmaciens, imprimeurs, brasseurs, les traiteurs, restaurateurs.

Population.			*Prix de la Patente.*
100,000 ames et au-dessus.			100 fr.
50,000	à	100,000	80
30,000	à	50,000	60
20,000	à	30,000	40
10,000	à	20,000	30
5,000	à	10,000	25
Au-dessous de 5,000			20

Troisième classe.

Les marchands merciers en détail, tapissiers, marchands tailleurs, marchands cordonniers, manchonniers, fourreurs; les marchands en détail, en linons, gazes, dentelles, droguerie et teintures; amidonniers, tanneurs, corroyeurs, ciriers, charcutiers, pâtissiers; marchands de vin, liqueurs, vinaigre; rôtisseurs; maîtres d'hôtels garnis; marchands de papiers; les marchands de chevaux et autres bêtes de somme.

Les marchands de bœufs, vaches, veaux, moutons, cochons.

Les maîtres de billards, les paumiers, les limonadiers, carrossiers.

Les marchands de laine, fil et coton en détail.

Les marchands de grains autres que ceux de leur récolte.

Les huissiers, les huissiers-priseurs, les détenteurs, fermiers ou entrepreneurs de bacs sur les fleuves et rivières.

Les propriétaires de bâtimens faisant le cabotage.

Les marchands cartiers et cartonniers.

Les peseurs-jurés, les jaugeurs de liquides.

Les fabricans d'eau-de-vie.

Les marchands de rubans.

Les marchands de comestibles, les aubergistes.

Population	Prix de la Patente.
100,000 ames et au-dessus	75 fr.
50,000 à 100,000	60
30,000 à 50,000	45
20,000 à 30,000	30
10,000 à 20,000	25
5,000 à 10,000	20
Au-dessous de 5,000	15

Quatrième classe.

Les ébénistes, fripiers, marchands de meubles, marchands de bois n'exploitant point de ventes dans les bois, forêts et plantations du Gouvernement et des particuliers, et n'ayant ni chantiers ni magasins; marchands d'écorces, tan et tourbe; serruriers, taillandiers, armuriers, couteliers, éperonniers, couvreurs, plombiers.

Les marchands en détail de fer, acier et autres métaux; épicerie, quincaillerie, cuirs et peaux; chapeliers, bonnetiers; loueurs de chevaux et de voitures suspendues, marchands de papiers peints; marchands de verre et verroterie, de porcelaine et cristaux; modes, plumes peintes, fleurs artificielles; perruquiers coeffeurs de femmes; selliers, parfumeurs, libraires, officiers de santé, dentistes, gantiers.

Ceux qui tiennent des bains publics; les marchands d'objets de curiosité; les mesureurs de sel et maîtres de traçons.

Les marchands de faïence.

Les fabricans de couvertures de soie, coton ou laine.

Les mesureurs de toiles et autres étoffes.

Les apprêteurs d'étoffes.

Les marchands de couleurs.

Les marchands de boutons.

Population.			Prix de la Patente.
100,000 ames et au-dessus			50 fr.
50,000	à	100,000	40
30,000	à	50,000	30
20,000	à	30,000	20
10,000	à	20,000	15
5,000	à	10,000	10
Au-dessous de 5,000			8

Cinquième classe.

Boulangers, meûniers, blatiers, cabaretiers, marchands de tableaux et gravures en boutique, marchandes lingères, batteurs et tireurs d'or, galonniers, tourneurs sur métaux, tabletiers, layetiers, miroitiers, éventaillistes, lunetiers, bouchonniers.

Luthiers, opticiens, marchands de baromètres, facteurs d'instrumens de physique, d'astronomie et de mathématiques.

Marchands de briques, ardoises, tuiles, plâtre, chaux et lattes.

Les constructeurs de barques, bateaux et batelets.

Les ferblantiers, mégissiers, les charpentiers, charrons, bourreliers, menuisiers ; les marchands de chanvre, lin et filasse, de résine, de poudre à tirer ; les marchands de cordes et cordages.

Les marchands de chocolat, de macaroni et autres pâtes de même nature.

Les brossiers.

Les mariniers en chef, les déchireurs de bateaux.

Les entrepreneurs de vidanges, les boyaudiers.

Les entrepreneurs de pavé.

Les entrepreneurs de chaussées et routes.

Les marchands de musique et de cartes de géographie.

Les poêliers.

Les fumistes.

Les marchands de cannes.

Population.			Prix de la Patente.
100,000 ames et au-dessus			40 fr.
50,000	à	100,000	32
30,000	à	50,000	24
20,000	à	30,000	16
10,000	à	20,000	10
5,000	à	10,000	8
Au-dessous de 5,000			5

Sixième classe.

Les teinturiers, dégraisseurs, parcheminiers, imprimeurs en taille-douce, fourbisseurs, chaudronniers, potiers d'étain, tonneliers, boisseliers, coffretiers-malletiers, cordiers, rubaniers, fondeurs, doreurs, argenteurs, fruitiers en boutique, grainiers, herboristes, potiers de terre, plâtriers, marbriers, marchands d'eaux minérales, vanniers, arpenteurs, maréchaux-ferrans ; les fabricans à métiers pour leur compte ; marchands de tabac, gibier et volailles ; de fourrages, de salins et potasse ; les crêmiers.

Les voiliers.

Les tondeurs et friseurs de laine.

Les nattiers.

Les laniers.

Les carreleurs.
Les revendeurs.
Les restaurateurs de tableaux.
Les marchands de parasols.
Les bouquinistes.
Les distillateurs d'eau-forte.
Les fabricans de colle.
Les laveurs de cendres.
Les marchands de peaux pour l'habillement et l'armement.

Population.			*Prix de la Patente.*
100,000 ames et au-dessus		. . . .	30
50,000	à	100,000	24
30,000	à	50,000	18
20,000	à	30,000	12
10,000	à	20,000	8
5,000	à	10,000	5
Au-dessous de	5,000	. . . .	4

Septième classe.

Les tailleurs, gainiers, brodeurs, passementiers, tourneurs en bois, graveurs sur métaux, balanciers, perruquiers, cordonniers, tisserands, vitriers, couturières, cloutiers, épingliers, marchands de poisson frais et salé, de sabots, de sel, tailleurs de pierres, ferrailleurs, vendeurs de bierre, cidre et eau-de-vie en détail, conducteurs de voitures pour le transport des voyageurs, les patachiers, les pompiers, les fontainiers, les voituriers et bouviers pour le transport des marchandises.
Les bimbelotiers ou marchands de jouets d'enfans.
Les galochiers.
Les relieurs.
Les charbonniers et marchands de charbon de terre en détail.

Population.			*Prix de la Patente.*
100,000 ames et au-dessus		. . . .	20 fr.
50,000	à	100,000	16
30,000	à	50,000	12
20,000	à	30,000	8
10,000	à	20,000	5
5,000	à	10,000	4
Au-dessous de	5,000	. . . .	3

(Note 4, page 8).

Les tableaux désignés en l'article 22 sont rapportés à la note 2, ci-dessus.

(Note 5, page 9). — *Loi du 20 mars 1813.* (Bulletin 489).

Art. 14. L'article 33 de la loi du 15 septembre 1807 (Bulletin 161), portant que la masse des contingens actuels, pour la contribution foncière des communes composant un canton définitivement cadastré, sera répartie entre elles au prorata de leur allivrement cadastral, est applicable à tous les cantons cadastrés d'un même département. En conséquence, la masse des contingens actuels de ces cantons sera répartie entre eux, à partir de 1814, au prorata de leur allivrement cadastral réuni.

(*L'exécution de cet article est suspendue pour 1816*).

(Note 6, page 11). — *Loi du 22 frimaire an VII* (Bulletin 248).

Art. 35. Les greffiers qui auront négligé de soumettre à l'enregistrement, dans le délai fixé, les actes qu'ils sont tenus de présenter à cette formalité, paieront personnellement, à titre d'amende et pour chaque contravention, une somme égale au montant du droit.

Ils acquitteront en même temps le droit, sauf leur recours , pour ce droit seulement, contre la partie.

36. Les dispositions de l'article précédent s'appliquent également aux secrétaires des administrations centrales et municipales, etc. etc.

37. Il est néanmoins fait exception aux dispositions des deux articles précédens , quant aux jugemens rendus à l'audience , qui doivent être enregistrés sur les minutes, et aux actes d'adjudication passés en séance publique des administrations, lorsque les parties n'auront pas consigné aux mains des greffiers et des secrétaires, dans le délai prescrit pour l'enregistrement, le montant des droits fixés par la loi. Dans ce cas , le recouvrement en sera poursuivi contre les parties par les receveurs, et elles supporteront en outre la peine du droit en sus.

Pour cet effet, les greffiers et les secrétaires fourniront aux receveurs de l'enregistrement, dans la décade qui suivra l'expiration du délai, des extraits par eux certifiés des actes et jugemens dont les droits ne leur auront pas été remis par les parties, à peine d'une amende de dix francs par chaque décade de retard , et pour chaque acte et jugement, et d'être en outre personnellement contraints au paiement des doubles droits.

Voyez page 174, l'ordonnance du Roi du 22 mai 1816, relative aux droits de timbre et d'enregistrement auxquels sont assujettis les procès-verbaux , actes et jugemens en matière criminelle, etc.

(Notes 7 et 8, pages 14 et 15). — *Loi du 22 frimaire an VII* (B. 248).

Art. 68, Les actes compris sous cet article seront enregistrés, et les droits payés ainsi qu'il suit , savoir :

Paragraphe II. *Actes sujets à un droit fixe de 2 francs.*

6°. Les ordonnances des juges des tribunaux civils, rendues sur requêtes ou mémoires ; celles de référé, de compulsoire et d'injonction ; celles portant permission de saisir-gager, revendiquer ou vendre ; et celles des commissaires du Directoire exécutif, dans les cas où la loi les autorise à en rendre ;

Les actes et jugemens préparatoires ou d'instruction de ces tribunaux et des arbitres ;

Et les actes faits ou passés aux greffes des mêmes tribunaux, portant acquiescement, dépôt, décharge, désaveu, exclusion de tribunaux, affirmation de voyage, opposition à remise de pièces, enchère, sur-enchère, renonciation à communauté, succession ou legs (*il est dû un droit par chaque renonçant*), reprise d'instance, communication de pièces sans déplacement, affirmation et vérification de créance, opposition à délivrance de jugement;

7°. Les ordonnances sur requêtes ou mémoires, celles de réassigné, et tous actes et jugemens préparatoires ou d'instruction des tribunaux de commerce ;

Et les actes passés aux greffes des mêmes tribunaux, portant dépôt de bilan et registres, opposition à publication de séparation, dépôt de sommes et pièces, et tous autres actes conservatoires ou de formalité.

Voyez page 174, l'ordonnance du Roi du 22 mai 1816.

(Note 9, page 18). — *Loi du 22 frimaire an VII* (Bulletin 248).

Art. 42. Aucun notaire, huissier, greffier, secrétaire ou autre officier public, ne pourra faire ou rédiger un acte en vertu d'un acte sous signature privée, ou passé en pays étranger, l'annexer à ses minutes, ni le recevoir en dépôt, ni en délivrer extrait, copie ou expédition, s'il n'a été préalablement enregistré, à peine de cinquante francs d'amende, et de répondre personnellement du droit, etc.

Voyez page 174, l'ordonnance du Roi du 22 mai 1816.

(Note 10, page 19). — *Loi du 27 ventôse an IX* (Bulletin 76).

L'article premier de cette loi porte qu'à dater du jour de sa publication, les droits d'enregistrement seront liquidés et perçus suivant les fixations établies, *quelle que soit la date des actes à enregistrer.*

Voyez page 174, l'ordonnance du Roi du 22 mai 1816.

(Note 11, page 20). — *Décret du 21 août 1806.*

Les certificats de vie délivrés aux rentiers et pensionnaires... seront expédiés sur papier du timbre de 25 centimes.

(Nota. *Suivant la loi du 28 avril 1816, le papier du timbre de 25 centimes est remplacé par le papier du timbre de 35 centimes.*)

Voyez page 165, l'ordonnance du Roi du premier mai 1816.

(Note 12, page 20). — *Loi du 13 brumaire an VII* (Bulletin 237).

L'art. 10 de la loi du 13 brumaire an 7 (Bulletin 237) donne le tarif du timbre proportionnel sur les effets de commerce, billets simples, dépôts de sommes chez des particuliers, etc.

Voici ce tarif, augmenté de deux cinquièmes, en exécution de l'article 34, première série, de la loi du 28 avril 1816.

				fr.	c.
Pour 1,000 fr. et au-dessous.				»	70
de	1,000	à	2,000.	1	40
de	2,000	à	3,000.	2	10
de	3,000	à	4,000.	2	80
de	4,000	à	5,000.	3	50
de	5,000	à	6,000.	4	20
de	6,000	à	7,000.	4	90
de	7,000	à	8,000.	5	60
de	8,000	à	9,000.	6	30
de	9,000	à	10,000.	7	»
de	10,000	à	11,000.	7	70
de	11,000	à	12,000.	8	40
de	12,000	à	13,000.	9	10
de	13,000	à	14,000.	9	80
de	14,000	à	15,000.	10	50
de	15,000	à	16,000.	11	20
de	16,000	à	17,000.	11	90
de	17,000	à	18,000.	12	60
de	18,000	à	19,000.	13	30
de	19,000	à	20,000.	14	»

Au-dessus de 20,000 fr., le visa pour supplément de droit de timbre, autorisé par l'art. 11 de la loi du 13 brumaire an 7, aura lieu en payant le droit à raison de 70 cent. pour 1,000 fr., sans fraction.

(Note 13, page 20). — *Loi du 28 juillet 1791.*

Les affiches des actes émanés de l'autorité publique seront seules imprimées sur papier blanc ordinaire ; et celles faites par des particuliers ne pourront l'être que sur papier de couleur, sous peine de l'amende ordinaire de police municipale.

Voyez page 166, l'art. 6 de l'ordonnance du Roi du premier mai 1816.

(Note 14, page 20). — *Loi du 6 prairial an VII* (Bulletin 282).

Art. 1ᵉʳ. Les avis imprimés, quel qu'en soit l'objet, qui se crient et distribuent dans les rues et lieux publics, ou que l'on fait circuler de toute autre manière, seront assujettis au droit de timbre, à l'exception des adresses contenant la simple indication de domicile, ou le simple avis de changement.

2. Le droit établi sera, etc.

3. Les feuilles de supplément jointes aux journaux et papiers-nouvelles paieront le droit de timbre comme les journaux même.

4. Les contraventions aux dispositions de la présente seront punies, indépendamment de la restitution des droits fraudés, d'une amende de 25 fr. pour la première fois, de 50 fr. pour la seconde, et de 100 fr. pour chacune des autres récidives.

Voyez page 166, l'art. 6 de l'ordonnance du Roi du premier mai 1816.

(Note 15, page 21). — *Code Pénal.*

Art. 464. Les peines de police sont, l'emprisonnement d'un à cinq jours ; l'amende d'un à quinze francs, et la confiscation de certains objets saisis.

(Note 16, page 21).

On peut recourir aux dispositions de la loi du 9 vendémiaire an VI, conservées par l'article 39 de celle du 13 brumaire an VII, à l'arrêté du 29 fructidor an IX, au décret du 22 brumaire an XIV, etc.

(Note 17, page 22). — *Code de Commerce.*

« Art. 8. Tout commerçant est tenu d'avoir un livre-journal qui *présente*, jour par jour, ses dettes actives et passives, les opérations de son commerce, ses négociations, acceptations ou endossemens d'effets, et généralement tout ce qu'il reçoit et paye, à quelque titre que ce soit ; et qui *énonce*, mois par mois, les sommes employées à la dépense de sa maison : le tout indépendamment des autres livres usités dans le commerce, mais qui ne sont pas indispensables. »

« Il est tenu de mettre en liasse les lettres missives qu'il reçoit, et de copier sur un registre celles qu'il envoie. »

« 9. Il est tenu de faire, tous les ans, sous seing-privé, un inventaire de ses effets mobiliers et immobiliers, et de ses dettes actives et passives, et de le copier, année par année, sur un registre spécial à ce destiné. »

« 10. Le livre-journal et le livre des inventaires seront *paraphés* et *visés* une fois par année. »

« Le livre de copies de lettres ne sera pas soumis à cette formalité. »

« Tous seront tenus par ordre de dates, sans blancs, lacunes ni transports en marge. »

« 11. Les livres dont la tenue est ordonnée par les articles 8 et 9 ci-dessus, seront *cotés*, *paraphés* et *visés*, soit par un des juges des tribunaux de commerce, soit par le maire ou un adjoint, dans la forme ordinaire et sans frais. Les commerçans seront tenus de conserver ces livres pendant dix ans. »

L'art. 3 de la loi du 13 brumaire an 7 détermine la dimension des divers papiers timbrés, et par conséquent celle du papier des registres.

Loi du 13 *brumaire an* 7 (Bulletin 237).

Art. 3. Les papiers destinés au timbre qui seront débités par la régie, seront fabriqués dans les dimensions déterminées suivant le tableau ci-après :

DÉNOMINATIONS.	Dimensions (en partie du mètre de la feuille déployée, supposée rognée).		
	hauteur.	largeur.	superficie.
Grand registre.	0,4204	0,5946	0,2500
Grand papier.	0,3536	0,5000	01,768
Moyen papier (moitié du grand registre).	0,2973	0,4204	0,1250
Petit papier (moitié du grand papier). . .	0,2500	0,3536	0,0884
Demi-feuille (moitié du petit papier). . .	0,2500	0,2768	0,0442
Effets de commerce (moitié de la demi-feuille du petit papier, coupée en long).	0,0884	. . . .	0,0221

(Note 18, page 23). — *Loi du* 22 *frimaire an VII* (Bulletin 248).

Art. 63 La solution des difficultés qui pourront s'élever relativement à la perception des droits d'enregistrement, avant l'introduction des instances, appartient à la régie.

64. Le premier acte de poursuite pour le recouvrement des droits d'enregistrement et le paiement des peines et amendes prononcées par la présente, sera une contrainte : elle sera décernée par le receveur ou préposé de la régie; elle sera visée et déclarée exécutoire par le juge de paix du canton où le bureau est établi, et elle sera signifiée.

L'exécution de la contrainte ne pourra être interrompue que par une opposition formée par le redevable, et motivée, avec assignation, à jour fixe, devant le tribunal civil du département. Dans ce cas, l'opposant sera tenu d'élire domicile dans la commune où siége le tribunal.

65. L'introduction et l'instruction des instances auront lieu devant les tribunaux civils de département : la connaissance et la décision en sont interdites à toutes autres autorités constituées ou administatives.

L'instruction se fera par simples mémoires respectivement signifiés.

Il n'y aura d'autres frais à supporter pour la partie qui succombera, que ceux du papier timbré, des significations, et du droit d'enregistrement des jugemens.

Les tribunaux accorderont, soit aux parties, soit aux préposés de la régie qui suivront les instances, le délai qu'ils leurs demanderont pour produire leurs défenses : il ne pourra néanmoins être de plus de trois décades.

Les jugemens seront rendus dans les trois mois, au plus tard, à compter de l'introduction des instances, sur le rapport d'un juge, fait en audience publique, et sur les conclusions du commissaire du Directoire exécutif : ils seront sans appel, et ne pourront être attaqués que par voie de cassation.

d

66. Les frais de poursuite payés par les préposés de l'enregistrement pour des articles tombés en non-valeur pour cause d'insolvabilité reconnue des parties condamnées, leur seront remboursés sur l'état qu'ils en rapporteront à l'appui de leurs comptes. L'état sera taxé sans frais par le tribunal civil du département, et appuyé de pièces justificatives.

Nota. La loi citée, du 27 ventôse an IX (Bullet. 76), ne contient aucune disposition qui se rapporte directement, soit au recouvrement des droits du timbre, soit aux poursuites à exercer contre les redevables en cas d'opposition.

(Note 19, page 25). — *Loi du 2 ventôse an XIII* (Bulletin 34).

Art. 16. Les receveurs généraux fourniront en outre, pour la garantie de la recette des contributions indirectes versées entre leurs mains par les préposés des régies de l'enregistrement et des douanes, un cautionnement particulier en numéraire, tel qu'il est fixé, etc

17. Lorsqu'un receveur cessera ses fonctions, ce cautionnement particulier lui sera restitué, ou à sa famille, en justifiant par le compte de clerc à maître accepté par le successeur, qu'il a compté desdites recettes.

Voyez page 167, l'ordonnance du Roi du premier mai 1816, relative aux supplémens de cautionnement.

(Note 20, page 25). — *Loi du 2 ventôse an XIII* (Bulletin 34).

Art. 18. Le cautionnement des receveurs particuliers d'arrondissement est porté à la proportion du douzième des quatre contributions directes réunies. Ils fourniront, en conséquence, le supplément réglé pour chacun d'eux par l'état, etc

19. Lorsqu'ils cesseront leurs fonctions, la totalité du cautionnement sera restituée à eux ou à leurs familles, en justifiant du *quitus* du receveur général.

Voyez page 167, l'ordonnance du Roi du premier mai 1816.

(Note 21, page 26). — *Loi du 27 ventôse an 9* (Bulletin 76).

Art. 1er. A compter du 1er. floréal prochain, les prisées des meubles et ventes publiques aux enchères, d'effets mobiliers, qui auront lieu à Paris, seront faites exclusivement par des commissaires - priseurs-vendeurs de meubles.

Ils auront la concurrence pour les ventes de même nature qui se feront dans le département de la Seine.

2. Il est défendu à tous particuliers, à tous autres officiers publics, de s'immiscer dans lesdites opérations qui se feront à Paris, à peine d'amende, qui ne pourra excéder le quart du prix des objets prisés ou vendus.

3. Lesdits commissaires-priseurs-vendeurs de meubles pourront recevoir toute déclaration concernant lesdites ventes, recevoir et viser toutes les oppositions qui y seront formées, introduire devant les autorités compétentes tous référés, auxquels leurs opérations pourront donner lieu, et citer, à cet effet, les parties intéressées devant lesdites autorités.

4. Toute opposition, toute saisie-arrêt formées entre les mains des commissaires-priseurs-vendeurs, relatives à leurs fonctions; toute signification de jugement prononçant la validité desdites opposition ou saisie-arrêt, seront sans effet, à moins que l'original desdites opposition, saisie-arrêt ou signification de jugement n'ait été visé par le commissaire-priseur-vendeur, ou, en cas d'absence ou de refus, par le syndic desdits commissaires.

5. Les commissaires-priseurs-vendeurs auront la police dans les ventes, et pourront faire toute réquisition pour y maintenir l'ordre.

6. Il sera alloué auxdits commissaires, pour frais de prisée, six francs par chaque vacation de trois heures.

7. Il leur sera alloué, pour tous frais de vente, vacation à ladite vente, rédaction de minute et première expédition du procès-verbal, droits de clercs et tous autres droits, non compris les déboursés faits pour annoncer la vente et en acquitter les droits, savoir, 8 fr. pour 100 fr., lorsque le produit de la vente s'élevera jusqu'à 1,000 fr.; 7 pour 100 lorsque le produit s'élevera jusqu'à 4,000 fr.; et 5 pour 100 lorsque le produit s'élevera au-dessus de 4,000 francs.

8. Le nombre des commissaires-priseurs-vendeurs sera de quatre-vingts.

9. Ils seront nommés par le Roi sur une liste de candidats qui sera soumise au gouvernement par le tribunal de première instance du département de la Seine, devant lequel les commissaires nommés prêteront serment.

10. Ils auront une chambre de discipline qui sera organisée par un réglement; ils seront sous la surveillance du commissaire du gouvernement établi près le tribunal.

Ils verseront au trésor public, et par forme de cautionnement, une somme de 10,000 fr., dont il sera payé un intérêt conformément à la loi du 9 frimaire an 9.

(*Le cautionnement a été doublé par la loi du 28 avril 1816. Voyez l'état n°. 10, page 64*).

11. Le tribunal ne pourra admettre à la prestation du serment que ceux qui justifieront de la quittance dudit cautionnement; le jugement qui donnera acte du serment mentionnera la quittance.

Loi du 17 septembre 1793.

Art. 3. Il ne pourra être perçu à Paris, par lesdits officiers, lorsqu'ils procéderont aux ventes, que 3 fr. par vacation, dont la durée sera de trois heures, et 25 cent. pour l'enregistrement d'une opposition; il leur sera accordé en outre les deux tiers du prix des vacations pour l'expédition du procès-verbal de chaque séance, sans y comprendre les droits d'enregistrement et de timbre.

Une ordonnance du Roi du 28 juin 1816 (Voyez page 211), établit définitivement les commissaires-priseurs désignés en l'art. 89 de la loi sur les finances, du 28 avril 1816, et règle leurs attributions, leurs devoirs, etc.

Voyez aussi les autres ordonnances contenant les noms des commissaires-priseurs des différentes villes des départemens.

(Note 22, page 31). — *Loi du 5 décembre 1814* (Bulletin 58).

Art. 2. Les biens, (provenant d'émigrés) qui auraient été cédés à la caisse d'amortissement, et dont elle est actuellement en possession, seront rendus lorsqu'il aura été pourvu à leur remplacement. (*Cette condition est révoquée*)

(Note 23, p. 31). — *Lois du 14 ventôse an VII* (Bull. 263), *et du 11 pluviôse an XII* (Bulletin 340).

La loi du 11 pluviôse an 12 étant abrogée en son entier, il est inutile de la rapporter ici. Quant à celle du 14 ventôse an 7, quoiqu'elle soit maintenue presque en son entier, comme d'une part elle n'intéresse que peu de personnes, et que de l'autre elle est fort longue, nous nous contenterons de citer le paragraphe second de l'art. 15, lequel paragraphe est abrogé; le voici :

« Le présent article (art. 15), ainsi que le 12°. et le 14°., ne s'appliquent point aux concessions des forêts au-dessus de 150 hectares, ni des terrains enclavés dans les forêts nationales ou à 715 mètres d'icelles, sur lesquels il sera définitivement statué par une résolution particulière.

(Note 24 , page 101). — *Code pénal.*

Art. 142. Ceux qui auront contrefait les marques destinées à être apposées au nom du Gouvernement sur les diverses espèces de denrées ou de marchandises , ou qui auront fait usage de ces fausses marques ;

Ceux qui auront contrefait le sceau, timbre ou marque d'une autorité quelconque , ou d'un établissement particulier de banque ou de commerce, ou qui auront fait usage des sceaux, timbres ou marques contrefaits ,

Seront punis de la réclusion.

143. Sera puni du carcan quiconque s'étant indûment procuré les vrais sceaux , timbres ou marques ayant l'une des destinations exprimées en l'art. 142 , en aura fait une application ou usage préjudiciable aux droits ou intérêts de l'Etat, d'une autorité quelconque , ou même d'un établissement particulier.

(Note 25, page 109). — *Loi du 24 décembre* 1814 (Bulletin 65).

Art. 44. Tout particulier qui aura chez lui des ustensiles de fabrication , tels que moulin , râpe , hache-tabac , presse à carotte, et autres, de quelque forme qu'ils puissent être , sera tenu d'en faire, dans les quinze jours, à compter de la publication de la présente, la déclaration au bureau de la régie le plus voisin de son domicile, pour être lesdits ustensiles mis sous le scellé.

Tous ces ustensiles de fabrication qui, passé ledit délai, seront découverts, seront saisis et confisqués, et les détenteurs condamnés à une amende qui ne pourra être moindre de cinq cents francs, ni excéder cinq cents francs.

(Note 26 , page 110).

L'art. 178 du code pénal, cité dans la loi du 28 avril 1816 , et dans celle du 24 décembre 1814 , n'a évidemment aucun rapport avec le délit de falsification prévu par ces deux lois. Nous ignorons si le législateur a voulu indiquer l'article 168 , relatif aux infidélités commises par les dépositaires publics, ou l'article 198 , relatif aux fonctionnaires qui , chargés de surveiller certains délits , s'en rendraient eux-mêmes coupables. Quoi qu'il en soit, l'application de ces articles nous a paru contestable ; et dans l'incertitude, nous n'en rapporterons aucun.

(Note 27 , page 110).

La loi du 24 décembre 1814 (Bulletin 65), se compose de 55 articles ; sa longueur ne nous permet pas de la rapporter.

(Note 28, page 110). — *Loi du 22 août* 1791.

Voyez page 93, l'ordonnance du Roi du 11 juin 1816 , relative au mode d'exécution de l'article 230 de la loi du 28 avril 1816 , sur les acquits-à-caution.

(Note 29, page 110). — *Loi du 6 prairial an VII* (Bulletin 182).

Art. 1er. A compter du jour de la publication de la présente loi, il sera perçu au profit de la république , à titre de subvention extraordinaire de guerre, pour l'an VII , un décime par franc en sus des droits d'enregistrement , de timbre, hypothèque , droits de greffe, droits de voitures publiques , de garantie sur les matières d'or et d'argent , amendes et condamnations pécuniaires, ainsi que sur les droits de douane à l'importation, l'exportation et la navigation.

2. La subvention établie par la présente loi sera perçue en même temps que

le principal, et par les mêmes préposés, sans donner lieu à aucune retenue pour ceux-ci. Il en sera compté par un article séparé.

(Note 30 , page 211.) — Code pénal.

Art. 209. Toute attaque, toute résistance avec violences et voies de fait envers les officiers ministériels, les gardes champêtres ou forestiers, la force publique, les préposés à la perception des taxes et des contributions, leurs porteurs de contraintes, les préposés des douanes, les séquestres, les officiers ou agens de la police administrative ou judiciaire, agissant pour l'exécution des lois, des ordres ou ordonnances de l'autorité publique, des mandats de justice ou jugemens, est qualifiée, selon les circonstances, crime ou délit de rebellion.

210. Si elle a été commise par plus de vingt personnes armées, les coupables seront punis des travaux forcés à temps ; et s'il n'y a pas eu port d'armes, ils seront punis de la réclusion.

211. Si la rebellion a été commise par une réunion armée de trois personnes ou plus, jusqu'à vingt inclusivement, la peine sera la réclusion ; s'il n'y a pas eu port d'armes, la peine sera un emprisonnement de six mois au moins et de deux ans au plus.

212. Si la rebellion n'a été commise que par une ou deux personnes, avec armes, elle sera punie d'un emprisonnement de six mois à deux ans ; et si elle a eu lieu sans armes, d'un emprisonnement de six jours à six mois.

(Note 31 , page 111).

L'art. 137 de la loi du 8 décembre 1814 (Bulletin 60), est conçu absolument dans les mêmes termes que l'art. 240 de la loi du 28 avril 1816, dans lequel il se trouve cité. Il serait superflu de le rapporter.

(Note 32 , page 112).

L'article 144 de la loi du 8 décembre 1814 (Bulletin 60), est également conçu dans les mêmes termes que l'article 244 de la loi sur les finances, dans lequel il se trouve cité.

(Note 33 , page 117).

Le décret du 5 août 1810 contient le tarif des droits d'entrée de diverses denrées et marchandises. Quant aux lois des 23 avril et 17 décembre 1814, dont un petit nombre de dispositions sont encore conservées, l'espace qu'elles occuperaient serait excessif en raison de leur peu d'importance. Nous nous dispenserons conséquemment de les insérer ici.

(Note 34 , page 125).

Le décret du 8 février 1810 nous est inconnu. Il y a probablement erreur dans la citation.

(Note 35 , page 130).

La loi du 6 prairial an VII se trouve déjà rapportée dans la note 29 : on peut y recourir.

(Note 36, page 132). — Loi du 8 floréal an XI (Bulletin 276).

Art. 23. Il y aura un entrepôt réel de marchandises et denrées étrangères, coloniales et autres, dans les ports de Marseille, Cette, Bayonne, Bordeaux, la Rochelle, Nantes, Lorient, Saint-Malo, Cherbourg, Rouen, le Havre, Honfleur, Dunkerque, Ostende, Bruges et Anvers. Ledit entrepôt aura lieu à la charge de réexporter, ou de payer les droits à l'expiration de l'année

24. Il pourra être reçu, dans l'entrepôt réel, des marchandises prohibées dites de *traite*, ci-après désignées, savoir : couteaux de traite, flacons de verre, rasades et autres verroteries, grosse quincaillerie, tabac de Brésil à fumer, toiles dites de *guinées*, des bajulapaux, néganepaux, et autres toiles à carreaux des Indes, cauris, fers de Suède, pipes de Hollande, platilles de Breslau, vases de cuisine venant de Saxe, barbuts, mogues de faïence bariolées, poteries d'étain, rum, tafia des colonies françaises ou de l'étranger, féveroles de Hollande, neptunes, bassins, chaudrons, baguettes, manilles, trompettes, cuivre rouge, clous de cuivre, verges rondes et barres plates, plomb de deux points, gros carton brun de quarante-trois à quarante-neuf centimètres sur cent dix-neuf à cent trente centimètres ; les bonnets de laine, grelots, clochettes en métal, les baïettes.

25. Les villes auxquelles l'entrepôt est accordé n'en jouiront qu'à la charge de fournir, sur le port, des magasins convenables, sûrs et réunis en un seul corps de bâtiment, pour y établir ledit entrepôt ; à l'effet de quoi le plan du local sera présenté au Gouvernement, qui, après avoir fait examiner s'il est propre à sa destination, l'y affectera, s'il y a lieu, par un arrêté spécial.

26. Tous les magasins servant d'entrepôt seront fermés à deux clefs, dont l'une restera entre les mains des préposés à l'administration des douanes, et l'autre dans les mains du commerce, qui fournira et entretiendra lesdits magasins.

Voyez page 191, l'ordonnance du Roi du 11 juin 1816, concernant l'admission des marchandises étrangères non prohibées et des denrées coloniales à l'entrepôt de Lyon ; et, page 196, l'ordonnance du même jour, qui détermine la condition sous laquelle les soies du Piémont et de l'Italie jouiront du transit dans le royaume.

(Note 37, page 133). — *Loi du 22 août* 1791 (n°. 1235).

TITRE II. — Art. 9. Les déclarations contiendront la qualité, le poids, la mesure ou le nombre des marchandises qui devront les droits au poids, à la mesure ou au nombre ; et la valeur, lorsque les marchandises devront les droits suivant leur valeur. Elles énonceront également le lieu du chargement, celui de la destination, et dans les ports, le nom du navire et celui du capitaine ; les marques et numéros des ballots, caisses, tonneaux et futailles, seront mis en marge des déclarations.

(Note 38, page 134). — *Loi du 8 floréal an XI* (Bulletin 276).

Art. 40. Les marchandises étrangères, autres que celles dont l'entrée est prohibée en France, importées par le pont du Rhin à la destination de Strasbourg, pourront y être entreposées.

Les marchandises destinées pour lesdits entrepôts ne seront point vérifiées à leur passage au bureau du pont du Rhin, mais les conducteurs seront tenus de représenter des lettres de voiture, indicatives des espèces, poids, quantités et marques de chaque colis, aux préposés dudit bureau, qui les viseront, plomberont les voitures par capacité, et les expédieront sous la conduite d'un employé, et sous la formalité d'un acquit-à-caution portant lesdites espèces, poids, quantités et marques pour la douane de Strasbourg, où les déclarations en détail fournies par les propriétaires ou consignataires seront aussitôt transcrites.

Les objets déclarés, après vérification immédiatement faite par les visiteurs et autres préposés, seront portés sur un registre qui sera tenu par le receveur de l'entrepôt , et sur lequel chaque propriétaire ou consignataire signera pour les objets qui le concerneront.

41. Les marchandises étrangères arrivant à Strasbourg par le Rhin ou la rivière d'Ill , seront dispensées de la visite au bureau de la Wentzenau ; mais les bateliers seront tenus, avant l'abordage , d'en prévenir les préposés de la régie des douanes , et de représenter des connaissemens ou manifestes qui indiqueront les espèces, poids et quantités des marchandises, ainsi que la marque de chaque colis. Ces connaissemens ou manifestes seront visés par les préposés de la Wentzenau, et les marchandises seront conduites par l'un d'eux , avec acquit-à-caution , spécifiant les espèces , poids , quantités et marques, à la douane de Strasbourg, où les déclarations détaillées , vérifications et enregistremens, se feront dans la forme indiquée par l'article précédent.

42. Pour empêcher les abus auxquels les facilités accordées par les articles précédens peuvent donner lieu, s'il y a déficit de colis, ou s'il est constaté qu'une marchandise a été substituée à celle qui aura été déclarée, le voiturier ou le batelier sera condamné à deux mille francs d'amende par chaque colis manquant, ou dans lequel on aura mis une marchandise autre que celle déclarée ; pour sûreté de laquelle amende , les voitures , chevaux et bateaux seront saisis. S'il s'agit de colis qu'on aura vu décharger dans le transport de la douane et à l'entrepôt , ou lors de la réexportation dans le trajet de l'entrepôt à l'étranger , le colis sera saisi , et le voiturier ou batelier condamné à l'amende de cinq cents francs ; si c'est un colis qu'on a voulu échanger , le colis qui aura été vu déchargé , et celui qui lui aura été substitué , seront saisis avec pareille amende de cinq cents francs; le tout conformément à l'article 14, de la loi du 7 septembre 1791.

(Note 59, page 137). — *Loi du 22 août 1791* (Dépôt des Lois, n°. 1235).

Titre XIII. — Art. 41. Il ne pourra être formé dans l'étendue de deux lieues des frontières , à l'exception des villes , aucune nouvelle clouterie, papeterie ou autre grande manufacture ou fabrique , sans l'avis du directoire de département.

Loi du 21 ventôse an XI (Bulletin 260).

Art. 1ᵉʳ. Le déplacement des fabriques et manufactures qui se trouveront dans la ligne des douanes pourra être ordonné, lorsqu'elles auront favorisé la contrebande , et que le fait sera constaté par un jugement rendu par les tribunaux compétens.

2. Il sera accordé, pour effectuer le déplacement, un délai qui ne pourra être moins d'un an.

Loi du 30 avril 1806 (Bulletin 89).

Art. 75. L'autorisation nécessaire, d'après l'article 41 titre XIII, de la loi du 22 août 1791 , et l'art. 37 du même titre de la même loi, et d'après la loi du 21 ventôse an XI, pour établir des manufactures et construire des moulins, soit à vent, soit à eau, ou d'autres usines, ne sera accordée dans l'étendue du territoire formant la ligne des douanes près la frontière de terre, que sur le rapport des préfets et l'avis des directeurs des douanes, constatant que la position de ces établissemens ne peut favoriser la fraude.

(Note 40, page 138). — *Loi du 22 août 1791* (Dépôt des Lois, n°. 1235).

Titre XIII. — Art. 36. Lesdits préposés pourront, dans le même cas , faire leurs recherches dans les maisons situées dans l'étendue des deux lieues des côtes ou des frontières de terre pour y saisir les marchandises de contrebande et autres, mais seulement dans le cas où, n'ayant pas perdu de vue lesdites marchandises, ils seraient arrivés au moment où on les aura introduites dans lesdites maisons; si alors il y a refus d'ouverture de portes, ils pourront les faire ouvrir en présence d'un juge ou d'un officier municipal du lieu, qui, dans tous les cas, devra être appelé pour assister au procès-verbal. Toutes autres recherches à domicile leur sont interdites, si ce n'est au cas de l'article 39 du présent titre.

(Note 41, page 141). — *Code de Commerce.*

Art. 457. Le jugement sera affiché ou inséré par extrait dans les journaux, suivant le mode établi par l'article 683 du code de procédure.

Code de Procédure.

Art. 683. L'extrait... sera inséré... dans un des journaux imprimés dans le lieu où siége le tribunal..., et s'il n'y en a pas, dans l'un de ceux imprimés dans le département.

(Note 42, page 141).

Le titre III de la loi du 17 décembre 1814 (Bulletin 62), ne contient que des dispositions pénales en répression de la contrebande.

(Note 43, page 167).

Le n°. 7 du tableau annexé au décret du 21 septembre 1810 (Bullet. 317), fixe le salaire du conservateur des hypothèques, pour la transcription des actes de mutation, à 1 *franc* par rôle d'écriture du conservateur, contenant 25 lignes à la page, et 18 syllabes à la ligne.

(Suivant l'ordonnance du 1er. mai 1816, la moitié de ce droit doit être portée en recette pour le compte du trésor royal).

FIN DES NOTES.

TABLE ALPHABÉTIQUE

DES MATIÈRES

DE LA LOI DU 28 AVRIL 1816.

Nota. La loi du 28 avril 1816 contient trois séries de numéros. Mais par le soin que nous avons eu de toujours indiquer la page en même temps que l'article auquel il faut recourir, nous croyons avoir prévenu toute erreur, et dégagé les recherches de toute difficulté.

Ayant pris à tâche de n'introduire dans la table ci-dessous que des chefs essentiels, nous n'avons dû y comprendre, ni les extraits de lois, décrets et réglemens rapportés dans les notes finales, ni les ordonnances du Roi relatives à l'exécution de la loi sur le budget, qui ne sont en quelque sorte que l'appendice de cette loi.

---

pour ouillage, coulage et affaiblissement de degrés, *p.* 86, *art.* 103. Déduction sur l'évaluation d'un brassin, pour ouillage, coulage, déchets, etc., *p.* 88, *art.* 110. Il ne sera plus accordé aucune déduction aux fabricans de cartes pour avarie, déchets, etc., *p.* 100, *art.* 161.

DÉMARQUE. Voyez *Marque.*

DÉPARTEMENS. Secours et dégrèvemens accordés aux départemens qui ont le plus souffert pendant l'occupation, *p.* 4, *art.* 8. Comment il sera pourvu aux dépenses variables des départemens, *p.* 8, *art.* 23 et 24. Diminution sur les contributions directes des départemens qui ont éprouvé une distraction de territoire, *p.* 9, *art.* 30. Division et classement des départemens pour la perception des droits de circulation et d'entrée sur les boissons, *p.* 115, Ce classement est sujet à rectification en cas d'erreur reconnue, *p.* 69, *art.* 20. Autre division relative au tarif des droits de licence pour les brasseurs, *p.* 116.

DÉPENSE. Voy. *Arriéré, Budget.*

Dépenses communales. Comment il y sera pourvu, *p.* 9, *art.* 28.

DÉTAIL. Voy. *Abonnement, Débitans, Vente.*

DIRECTEUR-GÉNÉRAL de la caisse d'amortissement. Voy. *Caisse,* etc.

DISTILLERIES. Voy. *Bouilleurs, Distillateurs.*

DISTILLATEURS. Déclaration qu'ils sont tenus de faire avant de commencer à distiller, *p.* 95, *art.* 138 et 139. Autre déclaration relative à la contenance de leurs vaisseaux, *p.* 96, *art.* 140. Visites et vérifications des employés, etc., *ibid.* Ils sont tenus de se munir de licence, *p.* 96 et 101, *art.* 141 et 171. Droit de licence, *p.* 110. Les distillateurs ne peuvent vendre des boissons au détail pendant le temps de leur fabrication; disposition modificative; *p.* 79, *art.* 69. Voy. *Bouilleurs, Entrepôt.*

DOUANES. Droits d'entrée à percevoir sur certaines marchandises, avec les modifications et dispositions spéciales applicables à certains cas, et les variations de droits résultant, soit du mode d'importation, soit de toute autre circonstance déterminée, *p.* 11 et *suiv.*, *art.* 2, 3 et 4. Disposition qui régularise l'application du décret du 8 février 1810, et modifie la perception des droits antérieurs à ce décret, *p.* 125, *art.* 5, *p.* 145, *Tabl.* Disposition relative aux droits d'entrée qui n'ont été changés, ni par le décret du 8 février 1810, ni par aucune disposition postérieure : augmentations proportionnelles au moyen desquelles ces droits seront mis en rapport avec les autres fixations du tarif, *p.* 125, *art.* 6, *et p.* 148, *tableau.* Tarif du droit supplémentaire à percevoir sur les marchandises importées autrement que par navires Français, à l'égard desquelles il n'est fait aucune distinction d'origine par la présente loi; disposition particulière relative au mode de perception, *p.* 125, *art.* 7.

Douanes. Droit de sortie à percevoir sur certains produits exotiques dont l'exportation est permise, *p.* 126, *art.* 8. — Sur les produits agricoles et industriels, bestiaux, denrées, etc. *p.* 126 *et suiv.* *art.* 9, 10 et 11.

Douanes. Dispositions concernant les droits de balance du commerce : déclaration à faire, soit à l'entrée, soit à la sortie des marchandises assujetties au simple droit de balance *p.* 129, *art.* 12 et 13. Classement des marchandises qui ne devront à l'entrée que le droit de balance; fixation de ce droit, *p.* 153, *Tableau* n°. 3. Les marchandises non dénommées au tarif de sortie ne devront à la sortie que le droit de balance; fixation de ce droit, *p.* 129, *art.* 13 et 14. Marchandises dont les droits doivent être appliqués à des unités nouvelles, soit parce qu'ils sont actuellement fixés sans nécessité à la valeur, soit parce que l'unité adoptée pour les droits d'entrée et l'unité adoptée pour les droits de sortie ne sont pas les mêmes, *p.* 129, *art.* 15, *et tableau* n°. 4, *p.* 157. Dispositions relatives aux marchandises omises au tarif d'entrée et qui payent maintenant à la valeur, 20, 10 ou 3 pour cent, *p.* 130, *art.* 16.

Douanes. Décime additionnel, *p.* 130, *art.* 17. Taxe de consommation sur les sels, *p.* 130, *art.* 18. Timbre des expéditions de douanes; dispositions y relatives; droit à percevoir, *p.* 130, *art.* 19. Bureaux d'entrée et ports désignés pour l'importation des marchandises dont le droit d'entrée est fixé à plus de 20 fr. par 100 kilog., *p.* 130, *art.* 20. Exceptions, *p.* 131, *art.* 21. Marchandises dont l'importation n'aura lieu que par les ports d'entrepôt et sur des bâtimens de grandeur déterminée; exception pour Bayonne, *p.* 131, *art.* 22. Disposition relative aux importations de denrées des colonies qui auront lieu par le Légué, St.-Brieux ou Caen, *p.* 131, *art.* 23 et 24. Les ports de Morlaix, Caen et Saint-Valery, sont déclarés ports d'entrepôt, *p.* 132, *art.* 25.

Douanes. Déclaration à faire au premier bureau d'entrée des marchandises importées par terre, *p.* 132, *art.* 25. Formalités qui seront remplies à ce bureau avant qu'aucune desdites marchandises en soit retirée, *p.* 133, *art.* 26. Exception à l'égard des marchandises qui, d'après des ordres particuliers, devront être transférées au second bureau pour y remplir ces formalités, *p.* 133, *art.* 27. Déclaration sommaire qui sera faite en ce dernier cas: exhibition des lettres de voiture; vérification du nombre et des poids du colis, et autres formalités, *p.* 133, *art.* 28. Acquit-à-caution pour le second bureau; plombage par capacité des voitures ou bateaux; escorte, *p.* 133, *art.* 29. Déclaration définitive à fournir au deuxième bureau; en quel points seulement elle pourra rectifier la première déclaration, *p.* 134, *art.* 30. Appréciation du poids indiqué dans les lettres de voiture, *ibid.* Seront réputées introduites en fraude, les marchandises prohibées qui n'auront pas été désignées dans la première déclaration, et celles qui se trouveront dans les colis non déclarés, *ibid.* Disposition concernant les importations faites par Strasbourg, *p.* 134, *art.* 31. Autre, relative à la translation des marchandises du premier au deuxième bureau, *ibid.* Rechargement des marchandises après toutes formalités remplies; délivrance des acquits de paiement et autres expéditions, *p.* 134, *art.* 32. Formes et contenu des acquits de paiement pour marchandises importées par terre *p.* 135, *art.* 33; énonciations relatives au transport des marchandises dans le lieu de leur destination, *p.* 135, *art.* 34 et 35.

Douanes. Etendue fixe du rayon des frontières de terre, *p.* 136, *art.* 36. Augmentation d'étendue en cas de nécessité; tableau qui déterminera cette augmentation, *ibid.* Formalités et délai, moyennant lesquels l'exécution des réglemens de douanes deviendra obligatoire sur toutes les parties du territoire ainsi ajoutées au rayon des frontières, *ibid.* Denrées et objets de consommation qui peuvent circuler sans passavant dans le rayon des frontières, *p.* 136, *art.* 37. Pourront être réglés par des ordonnances du Roi : 1°. les formes, l'emploi et la délivrance des passavans; 2°. la désignation des villes du rayon où il sera permis de recevoir en magasin et de réexpédier moyennant les formalités prescrites, les marchandises pro-

et seront exemptes du droit, etc.: exception, *p.* 73, *art.* 42.

PLANTEURS. Voy. *Tabacs.*

POIRÉ. Voy. *Circulation, Entrée, Entrepôt,* etc.

PONTS (Passage de). Disposition générale relative à la perception des droits sur les passages de ponts et écluses, *p.* 110, *art.* 231.

PORTS. Voy. *Bayonne, Caen, Douanes, Le Légué, Saint-Brieux, Saint-Valery.*

PORT-D'ARMES. Le droit sur les permis de port-d'armes est réduit à 15 fr., *p.* 23, *art.* 77. Disposition générale relative à la perception de ce droit, *ibid.*

PORTES ET FENÊTRES. Perception extraordinaire de 50 centimes sur les portes et fenêtres, *p.* 10, *art.* 34. Voy. *Contributions.*

POSTES. Le revenu des postes est attribué à la caisse d'amortissement: mode de versement, *p.* 29 et 30, *art.* 104 et 106. Disposition générale relative aux perceptions concernant les postes, *p.* 32, *art.* 121.

POUDRES ET SALPÊTRES. Disposition générale relative à la perception des droits sur les poudres et salpêtres, *p.* 110, *art.* 231.

PRÉLÈVEMENT à titre de subvention sur le produit net des octrois: déductions préalables, *p.* 98, *art.* 153. Tout autre prélèvement sur les octrois ou autres revenus des communes demeure interdit, *ibid.* Comment sera fixé le montant de ce prélèvement: voies de recouvrement: versement dans les caisses de la régie, *p.* 99, *art.* 157.

PRÉPOSÉS. Les préposés de l'octroi peuvent être chargés de la perception des droits établis aux entrées au profit du trésor, *p.* 98, *art.* 154. Les préposés aux droits d'entrée, commissionnés par la régie, auront place dans les bureaux établis aux portes des villes pour les préposés de l'octroi, *ibid.* Préposé en chef de l'octroi: mode de nomination; traitement, etc., *p.* 98, *art.* 155. Nomination et révocabilité des autres préposés de l'octroi, *p.* 99, *art.* 156. Cautionnement à fournir par les préposés comptables des octrois, *p.* 99, *art.* 159. Devoirs de tout préposé qui découvrira des fraudes ou contraventions sur les tabacs, *p.* 109, *art.* 223 et 224. Peines contre les préposés aux entrepôts et à la vente des tabacs, qui falsifieraient des tabacs de manufacture royale, *p.* 110, *art.* 227. Les préposés ou employés de la régie n'ont aucun droit au produit net des amendes et confiscations; exception, *p.* 111, *art.* 240. Comment

seront poursuivis les crimes ou délits commis par lesdits préposés ou employés; mandat d'arrêt; avis qui en sera donné, etc. *p.* 112, *art.* 244. Les employés de la régie pourront requérir, dans l'exercice de leurs fonctions, aide et assistance de la force publique et des autorités civiles et militaires, *p.* 112, *art.* 245. Etablissement de nouveaux postes de préposés aux douanes sur la ligne de démarcation des frontières, *p.* 138, *art.* 40. Les forfaitures commises par les préposés aux douanes seront jugées par les cours prévôtales; poursuites et peines, *p.* 141, *art.* 55 et 56. Voy. *Circulation, Douanes, Procès-verbal, Saisie, Visites,* etc.

PRESSES à carotte. Voy. *Ustensiles.*

PRIME. Voy. *Exportation.*

PROCÈS-VERBAL de saisie de marchandises et tissus fabriqués à l'étranger et prohibés, etc. Sa forme et son contenu, *p.* 142, *art.* 61. Foi accordée aux procès-verbaux des employés des douanes, *p.* 139, *art.* 49 et 50.

PROPRIÉTAIRES. Remise sur les droits à percevoir accordée aux propriétaires vendant en détail les boissons de leur cru, *p.* 82, *art.* 85. Déclaration préalable, *ibid.* Règles particulières, *ibid.,* et *p.* 83, *art.* 86. Exemption de visites et exercices, *p.* 83, *art.* 86. Disposition générale, *ibid.* Saisie des boissons qu'ils auront mises en vente sans déclaration; autres dispositions pénales, *p.* 84, *art.* 94, 95, 96. Défense à tout propriétaire de maisons d'y laisser entrer des boissons appartenant à un débitant, s'il n'y a bail pour les caves, celliers, etc., *p.* 77, *art.* 61. Règles suivant lesquelles les impositions destinées à couvrir les dépenses extraordinaires résultant de l'occupation de 1815, seront réparties entre les propriétaires et les fermiers, *p.* 5, *art.* 5. Voy. *Circulation, Entrepôt,* etc.

RAPES à tabac. Voy. *Ustensiles.*

RAPÉ. Quantité que peuvent en avoir les débitans, *p.* 77, *art.* 60. Il leur est défendu de verser du vin sur ce rapé hors la présence des commis, *ibid.*

RAYON des frontières. Dispositions y relatives, *p.* 136, *art.* 36 et suiv. Voy. *Douanes.*

REBELLION. Peines encourues pour voie de fait et rébellion contre les employés de la régie, *p.* 111, *art.* 238. Disposition particulière à l'égard des rébellions commises par un débitant de boissons, *ibid.* Les rébellions armées, et contrebandes armées

en matière de douanes et de tabacs, seront jugées par la cour prévôtale, *p.* 110, *art.* 226; *p.* 141, *art.* 54. Poursuites et peines, *p.* 141, *art.* 56.

RECETTE. Voy. *Budget, Recouvrement.*

RECEVEURS. Voy. *Cautionnement, Remise, Traitement.*

RECHERCHES de marchandises, etc. Voy. *Douanes.*

RÉCLAMATIONS relativement au classement des villes pour la perception des droits sur les boissons: mode à suivre: comment il y sera statué, *p.* 69, *art.* 22.

RÉCOLTE. Voy. *Tabacs.*

RECOUVREMENS qui seront faits sur l'exercice de 1814, accroîtront les recettes de 1816, *p.* 3, *art.* 2.

RÉDUCTION sur les contributions, etc. Voy. *Contributions, Patentes.*

RÉEXPORTATION. Voyez *Douanes.*

RÉGIE *des contributions indirectes.* Voyez *Abonnement, Bières et Brasseries, Débitans, Préposés, Tabacs,* etc.

REGISTRE. Timbre spécial pour les registres de commerce: dispositions y relatives, *p.* 22, *art.* 52. Enregistrement du paraphe d'un registre de commerce, *p.* 22, *art.* 53. Registre particulier d'un brasseur, *p.* 92, *art.* 126: son usage, *ibid.* et page 94, *art.* 135. Registre particulier d'un débitant de boissons, *p.* 76, *art.* 55. Registres des charges des planteurs de tabacs, *p.* 107, *art.* 205. Formalités auxquelles sont assujettis les registres portatifs des employés de la régie, *p.* 112, *art.* 241: — les registres de perception, de déclaration, et autres, servant à établir les droits du trésor et ceux des redevables, *ibid.* Foi accordée aux actes inscrits par les employés sur leurs registres portatifs, *p.* 111, *art.* 242.

REMBOURSEMENT de l'emprunt de cent millions, *p.* 6, *art.* 9 et 10: — Des vingt millions avancés par les départemens pour l'équipement des troupes étrangères, *p.* 6, *art.* 11.

REMISES des receveurs et percepteurs seront imposées en sus dans les rôles des quatre contributions, *p.* 8, *art.* 25. Retenues dont elles seront passibles, *p.* 23, *art.* 59.

REMISE sur les droits à payer, accordée aux propriétaires vendant en détail des boissons de leur cru, *p.* 82, *art.* 85.

REMPLISSAGE. Les débitans ne peuvent faire aucun remplissage, si ce n'est en présence des commis, *p.* 77, *art.* 50.

RENTES *sur l'État.* Les rentes acquises par la caisse d'amortissement (*p.* 30, *art.* 107 et 108)

FIN DE LA TABLE.

*B*ON pour toutes les ORDONNANCES DU ROI relatives à la Loi du 28 avril 1816, à partir de ce jour premier septembre 1816 jusqu'au premier janvier 1817, que nous livrerons, au fur et à mesure qu'elles paraîtront dans le Bulletin des Lois, GRATIS, au porteur du présent, feuille par feuille, même format et mêmes caractères que les Ordonnances contenues dans le Manuel du Percepteur et du Contribuable.

Ledit Bon ne vaudra que jusqu'au premier avril dix-huit-cent-dix-sept.

Paris, ce 1er. septembre 1816.

GUILLAUME et Compagnie.

* 9 7 8 2 0 1 9 3 1 6 3 8 9 *